规范与超越
高中教师师德养成研究

伏世全 ◎ 著

清华大学出版社
北京

内容简介

规范与超越是高中教师师德养成的重要之维。规范维度是指教师对职业角色和行为的规定性，超越维度是指教师通过个人的实践和反思，对职业角色和行为的规定性赋予个人意义的过程。从规范到超越的师德养成路径，其本质是教师在角色和行为的规定性中不断充实个人意义与价值观念，在教师角色中逐渐实现本真自我的呈现，在"破"和"立"中达到职业角色与本真自我的圆融。

本书的最大特色是关注教师的日常生活，从教师生活的世界切入，借助教师的道德叙事，探寻师德的意义及其在教师专业发展和生命成长中的作用，所以书中呈现出来的师德养成理论是"自下而上"生长出来的，具有本土色彩。本书主要面向的读者群体是广大一线教师、师范生、教育管理者以及从事教育研究的专业人员。

本书封面贴有清华大学出版社防伪标签，无标签者不得销售。
版权所有，侵权必究。举报：010-62782989，beiqinquan@tup.tsinghua.edu.cn。

图书在版编目（CIP）数据

规范与超越：高中教师师德养成研究/伏世全著.—北京：清华大学出版社，2023.5
（清华汇智文库）
ISBN 978-7-302-63535-2

Ⅰ.①规… Ⅱ.①伏… Ⅲ.①高中—中学教师—师德—研究 Ⅳ.① G635.16

中国国家版本馆 CIP 数据核字（2023）第 087071 号

责任编辑：徐永杰
封面设计：汉风唐韵
责任校对：王荣静
责任印制：丛怀宇

出版发行：清华大学出版社
网　　址：http://www.tup.com.cn，http://www.wqbook.com
地　　址：北京清华大学学研大厦 A 座　　邮　编：100084
社 总 机：010-83470000　　邮　购：010-62786544
投稿与读者服务：010-62776969，c-service@tup.tsinghua.edu.cn
质量反馈：010-62772015，zhiliang@tup.tsinghua.edu.cn

印 装 者：涿州市般润文化传播有限公司
经　　销：全国新华书店
开　　本：170mm×230mm　　印　张：14.5　　字　数：208 千字
版　　次：2023 年 5 月第 1 版　　印　次：2023 年 5 月第 1 次印刷
定　　价：98.00 元

产品编号：100106-01

前言
Preface

师德研究在国内外教育研究领域早已成为显学。通过梳理国内已有研究发现，师德研究尚存在一些领域空白以及有待深入挖掘的理论空间。首先，已有研究多从理论建构入手，缺少实证关注，特别容易忽视教师自身的声音，对"教师如何理解师德"这一关键问题的现实观照不够，尤其缺乏对教师在践行师德规范过程中的真实体验和心理过程的关注。其次，已有研究缺少从时间维度对师德及其养成进行的探讨，包括师德养成的时代背景、教师的生涯阶段和所处的学段，导致师德养成理论模糊化、抽象化、概念化。最后，去情境化探讨师德及其养成。师德养成是教师在具体时空和情境下进行的，学校和地方的文化环境、道德秩序，甚至人与人之间的交往方式对师德养成都会产生重要影响。

针对已有研究中存在的问题，本书在以下三个方面力图做到创新。首先，采取质性研究取向，通过深度访谈、参与式观察获得大量资料。在为期两个月的田野调查中，研究者和学校的教师同吃同住，访谈了40位高中教师，组织学生焦点小组访谈3次，每次8~9名学生，访谈学生家长4人，收集包括图片、课堂录像、学生作业等实物资料，并与师德研究领域的一位专家进行了访谈。其次，本研究立足新高考方案实施背景，将高中教师作为研究的目标群体，结合不同生涯阶段的高中教师分析归纳其师德养成规律。作为高考的"陪考人"和学生成人成才的"把关人"，高中教师在学生成长和发展过程中发挥的作用与扮演的角色有别于其他学段的教师，享有特殊的社会地位和职业地位。随着新高考改革的推进、高中育人方式的变革，高中教师被赋予新的角色和时代使命，其对我国人才培养质量的关键作用越发凸显，而师德作为高中教师的核心素养，其重要性不言而喻。

面对升学率、学校间和学校内部同行间的竞争，高中教师处在巨大的工作压力下，甚至有学校喊出"成绩就是高中教师最大的师德"，以上种种情况反映出高中教师身处"特殊"的教育生态与生存环境。最后，研究中所涉及的高中教师是在特定时空和文化场域下具体的、整全的个体，师德养成是具有知、情、意、行的教师与环境互动的结果。每一位高中教师的师德养成都是一个复杂的动态生成过程。书中有的教师在现实与理想之间进行自我谋划，有的教师为获得"承认"而进行自我斗争，有的教师为平衡各方利益做出让步。借着教师们个性化的师德叙事，高中教师的师德及其养成不再是抽象的，而是鲜活地呈现在我们面前。本书作者正是希望借助扎实的田野调查，通过翔实的资料，向读者呈现一个真实的高中教师师德养成群像。

本研究透过教师的视角，呈现高中教师真实的教育环境和伦理生存状态，剖析师德养成的内在机制，为高中教师队伍师德建设提供有力支撑。

伏世全

2022 年 10 月 7 日

目录

第一章　绪论 1
第一节　研究背景 1
第二节　研究意义 13
第三节　核心概念界定 15
第四节　研究目的与问题 22
第五节　研究方法与研究设计 23

第二章　文献综述 35
第一节　师德研究进展 35
第二节　师德内涵 38
第三节　传统师德 42
第四节　教师职业的道德本质 43
第五节　师德养成的影响因素 45
第六节　师德养成及其规律 47
第七节　师德与师能 52
第八节　师德研究方法 63

第三章　理论基础 71
第一节　规范理论 72
第二节　承认理论 87
第三节　分析框架 97

第四章　师德养成的文化场域……99
　　第一节　J市的社会经济状况……99
　　第二节　J市的社会文化与道德秩序……103

第五章　学校师德规范再生产：话语与实践……107
　　第一节　师德规范的来源：群体共识……109
　　第二节　师德规范的维系：群体实践……116
　　第三节　小结……121

第六章　十位教师的师德叙事……128
　　第一节　努力寻求外界承认的S老师……129
　　第二节　得不到承认的F老师……133
　　第三节　自我认同的G老师……137
　　第四节　追求卓越的K老师……141
　　第五节　拥有教育智慧的L老师……145
　　第六节　师德与师能相统一的M老师……148
　　第七节　在群体生活中彰显个人价值的Y老师……152
　　第八节　善于自我反思的H老师……154
　　第九节　深得学生喜爱的C老师……158
　　第十节　为承认而行动的D老师……161
　　第十一节　十位教师的跨个案分析……163

第七章　高中教师师德养成及其规律……170
　　第一节　由他律到自律……170
　　第二节　理性思考和经验的相互印证与统一……174
　　第三节　在解决道德冲突中实现自我超越……176
　　第四节　兼顾整体与长远利益……180

第八章　师德养成的影响因素……………………………………**183**
　　第一节　道德体验…………………………………………… 183
　　第二节　道德反思…………………………………………… 186
　　第三节　道德秩序…………………………………………… 192
　　第四节　道德榜样…………………………………………… 204

第九章　结论与反思………………………………………………**208**
　　第一节　主要结论…………………………………………… 208
　　第二节　研究的反思………………………………………… 220

第一章 绪论

师德是教师之魂,师德师风作为评价教师的第一标准,是教师专业发展的软实力。国家出台了《关于全面深化新时代教师队伍建设改革的意见》《关于加强和改进新时代师德师风建设的意见》等重要政策文件,强化师德监督、规范师德行为。各级教育主管部门通过表彰师德标兵、将师德纳入教师绩效考评、组织师德师风主题教育活动、通报师德违规典型案例等方式,试图借助细致完备的外在规范实现对师德的综合治理。但是,师德最终的达成者是教师,在特定的环境下,师德规范与教师有着怎样的互动关系?师德养成遵循怎样的规律?这些问题是本研究关注的重点。

第一节 研究背景

当今社会充满了各种规范以维持其秩序,人们被各种规范所要求。生活在今天的教师同样被各种规范所包围。社会大众期望教师承担更多的责任,更好地履行教育教学任务,新时期教育发展对教师提出更高的要求,学生和家长希望教师成为专业上的能人与道德上的圣人,各种规范和要求给教师带来了沉重的心理压力,这些外在的声音让很多教师陷入迷茫与无助。

一、师德建设遭遇现实困境

2020年12月,《中国教师发展报告2019》成果出炉。报告指出,我国有关师德建设的政策文件有四个方面的特征:①正面倡导与禁令规约并重。②重视长效机制建设,形成常态监测。③师德要求落实与尊师氛围形成双向引导。④师德规范更强调针对性。报告显示,有近六成教师热爱教师职业。新时期,师德规范接连出台,对师德的综合治理力度之大前所未有。当前我国教师队伍职业道德的整体状况良好,绝大部分的中小学教师能够履行好教师的职责。但是必须承认,新形势下,教师职业道德出现新的问题,存在新的状况。当前我国师德建设面临的现实困境可以概括为以下几个方面。

(一)底线抑或崇高:师德建设双重困境

师德发展规律和经验证明,师德建设需兼顾底线要求和高标准要求,教师师德养成需平衡"崇高"与"底线"两个价值层面。在思想意识层面,人们对"崇高师德与底线师德应当合理共存"这一观点已达成基本共识。但在现实当中,师德建设却遭遇新的问题,教师师德养成对崇高性和底线性的现实动态把握遇到了新的状况。[1]

有学者指出,底线师德过分夸大教师作为人的基本需求和社会人的基本需要,忽略了教师这个职业的神圣性和专业性,导致的结果是师德标准走向庸俗化[2],从而使得师德出现"下移"的倾向。在师德建设过程中,要强化底线和边界,同时要激发教师追求道德的内在动力,重视和培养道

---

[1] 李敏,檀传宝.师德崇高性与底线师德[J].课程·教材·教法,2008,296(6):74-78.
[2] 蔡婉怡.追求"高标"抑或退守"底线"——对当前教师专业道德的再审视[J].中国德育,2021,293(5):17-22.

德自觉，引导教师进行自我反思和自我超越，防止教师师德养成沦为一种被动、消极的外在约束[①]，使教师丧失追求卓越的精神动力。

崇高师德观对教师的职业道德提出高标准、高要求，试图把教师塑造成圣人形象，不容许教师有道德瑕疵，将教师视为集各种美德于一身的道德楷模。现实中，不乏这样让人尊敬的教师，但相比整个教师群体，其所占比重并不高。崇高师德观把教师的道德境界拔得过高，以致架空了师德的现实感和实践品格。事实证明，崇高性师德如果仅限于抽象的表达，便会从整体上无限拔高师德的评价标准，这可能会让广大教师长期处于一种道德负重之中，教师被外界要求如"圣人般"忘我和奉献，只管付出、不计收获。对师德崇高性的过分要求和错误理解，让师德建设陷入误区，如树立"不食人间烟火"的病态师德形象等。[②]

（二）"表现主义"社会对师德建设的影响

表现主义是根据个人和组织的表现来判断其价值，"产出/投入比值的最大化"是表现主义的一个原则。[③]表现主义渗透教育领域、进驻学校的表现之一是把教育市场化运作，通过市场逻辑管理教师，包括以量化的标准衡量教师工作成绩；强调学校对教师的外部督查；通过营造市场环境激励和约束教师。[④]表现主义以利益最大化作为衡量教师工作质量的核心标准，进而塑造了教师以市场和利益为内在驱动力的"商业性"身份认同。当表现主义文化盛行，教师在决定日常教学活动时，不再关注该活动是否"有价值"或是否"具有重要性"，而将关注的重点转变为其结果是否能被标准化测量、是否能使教学活动本身"看起来很棒"、是否能够得

---

① 吕狂飚. 警惕从崇高师德简单转向底线师德[J]. 中国教育学刊, 2018, 307（11）: 84-88.
② 李敏, 檀传宝. 师德崇高性与底线师德[J]. 课程·教材·教法, 2008（6）: 74-78.
③ 卢乃桂, 曾艳. 表现主义中的"教师领导"[J]. 教育发展研究, 2012, 32（12）: 48-52.
④ 张华, 许斌. 大学英语教师身份认同的现状与分析：基于浙江省5所大学的调查研究[J]. 教育科学, 2017, 33（4）: 69-76.

到校内督导的认可以及是否能超过比较对象（通常为其他教师或班级）。[1] 教师投身教育过程中的信念、承诺、困顿等内在声音淹没在追求效率的呼声之中[2]，在表现主义主导的环境下，教师考虑的是怎样更好地表现自己。被竞争意识所支配导致相互之间的关系紧张，教师始终是指向外在的，即处在向外观望的状态中，被外界的各种声音所吸引和左右，缺乏反观自身、反求诸己的意识，过分受制于外在的规范和评价体系。

当前，师德评价侧重于教师的行为表现，遵循以道德行为推断道德水平的逻辑，以教师的外在行为表现作为师德判断的依据，将科学、精确、可观察、可测量作为师德评价的首要原则，注重教师行为结果的"功效性"，这种做法，一方面方便对教师进行绩效问责，另一方面有利于对教师进行外部规训，使教师成为符合外界期待的"柔顺化"个体。[3] 师德评价的技术主义取向迎合了部分教育行政管理部门和学校管理者对教师公平问责与奖惩的需要。[4]

问责机制使评价者只关注师德行为本身的符码意义，忽略了师德行为与师德观念之间的联系，进而忘却了对师德行为背后师德观念状况的追问。如此，师德行为和师德观念之间便发生断裂。评价者只关心师德行为是否符合绩效标准，而并不关心它是否真正由教师内心的道德观念所激发。教师有可能只是为了达到绩效标准而非真正受道德观念感召做出师德行为[5]，这种建立在工具性目的之上的行为，有滑向道德伪善的潜在可能。[6]

---

[1] 黄亚婷，桑文娟."表现主义"改革进程中的英国教师身份认同[J].教师教育研究，2014，26（4）：106-112.

[2] 林小英.素质教育20年：竞争性表现主义的支配及反思[J].北京大学教育评论，2019，17（4）：75-108，186.

[3] 姜添辉.生物政治学视角下的教师表现力：一个全球性议题[J].华东师范大学学报（教育科学版），2020，38（10）：1-20.

[4] 苏启敏，刘晶.师德评价困境的成因及其超越：基于道德哲学视角的考察[J].教师发展研究，2020，4（3）：34-42.

[5] 苏启敏，刘晶.师德评价困境的成因及其超越：基于道德哲学视角的考察[J].教师发展研究，2020，4（3）：34-42.

[6] 邓晓芒.从康德的道德哲学看儒家的"乡愿"[J].浙江学刊，2005（1）：80-86.

（三）师德治理重他律轻自律

当前，我国的师德建设正从"单一约制"走向"合力共治"[①]，包括师德教育、榜样宣传、加强惩戒等方式。自2018年11月起，教育部相继出台了各级各类《教师职业行为十项准则》以及各级各类《教师违反职业道德行为处理办法》等师德规范性文件，希望通过文件的制定和落实，让一线教师有规可循，教育行政部门有法可依。

通过对1984年到2019年我国各相关部门颁布的有关师德建设的国家政策文件（表1-1）的梳理发现，我国师德建设的政策演进呈现出从抽象模糊转向具体清晰，从总体适用转向分类适用，[②]从崇高师德转向底线规范的整体趋势。

表1-1　1984—2019年述及师德建设的国家政策文件（部分）

年份	发布机构	名称
1984	教育部、全国教育工会	《中、小学教师职业道德要求（试行）》
1991	国家教委、全国教育工会	《中小学教师职业道德规范》
1993	中共中央、国务院	《中国教育改革和发展纲要》
1997	国家教委、全国教育工会	《中小学教师职业道德规范》（1997年修订）
2000	教育部	《关于加强中小学教师职业道德建设的若干意见》
2005	教育部	《关于进一步加强和改进师德建设的意见》
2008	教育部、中国教科文卫体工会全国委员会	《中小学教师职业道德规范》（2008年修订）
2010	教育部	《国家中长期教育改革和发展规划纲要（2010—2020年）》
2011	教育部	《全国教育人才发展中长期规划（2010—2020年）》
2011	教育部、中国教科文卫体工会全国委员会	《高等学校教师职业道德规范》

---

① 傅维利，于颖．教师职业道德的独特品性及其价值实现[J]．教育研究，2019，40（11）：151-159．

② 苏启敏．师德建设的国家政策演进：1984—2012[J]．教师教育论坛，2014，27（8）：70-76．

续表

年份	发布机构	名　　称
2012	教育部	1.《幼儿园教师专业标准（试行）》 2.《小学教师专业标准（试行）》 3.《中学教师专业标准（试行）》
2012	国务院	《关于加强教师队伍建设的意见》
2013	教育部	《关于建立健全中小学师德建设长效机制的意见》
2014	教育部	《关于建立健全高校师德建设长效机制的意见》
2018	中共中央、国务院	《中共中央 国务院关于全面深化教师队伍改革的意见》
2018	教育部	《新时代中小学教师职业行为十项准则》
2018	教育部	《新时代幼儿园教师职业行为十项准则》
2018	教育部	《中小学教师违反职业道德行为处理办法（2018年修订）》
2018	教育部	《幼儿园教师违反职业道德行为处理办法》
2018	教育部	《关于高校教师师德失范行为处理的指导意见》
2019	中共中央、国务院	《中共中央 国务院关于深化教育教学改革全面提高义务教育质量的意见》
2019	教育部	《中小学教师实施教育惩戒规则（征求意见稿）》
2019	教育部等七部门	《关于加强和改进新时代师德师风建设的意见》

师德相关政策通过明确教师职业行为增强师德建设的可操作性。例如，在2008年修订版《中小学教师职业道德规范》中，"爱岗敬业"被具体化为"三认真一不得"，即"认真备课上课，认真批改作业，认真辅导学生。不得敷衍塞责"。而在《新时代中小学教师职业行为十项准则》中，"坚守廉洁自律"被具体化为"不得索要、收受学生及家长财物或参加由学生及家长付费的宴请、旅游、娱乐休闲等活动，不得向学生推销图书报刊、教辅材料、社会保险或利用家长资源谋取私利"。美国《优秀教师行为守则》对教师伦理方面的要求甚至细化到"记住学生的姓名""不得使用威胁性语言""不得当众发火"等一系列相当具体的行为要求。[1] 这些看似微不足道的行为细节恰恰体现了教师职业的实践品格和伦理特性。教师的专业

---

[1] 邱哲. 美国教师专业伦理的制定及其启示[J]. 教育研究与实验, 2010（2）：38-41.

品性被刻画为"可预见的行为类型",师德规范给教师行动提供一个理想范本,所谓良好师德表现便是对这些范本的"摹刻"。① 在师德规范的陈述方式上,政策文件中多采用祈使句和限制性用语(如不准、不得之类)使其操作性得到增强,权威性、合理性也得到了提升。②

近几年,教育部以及各省市级教育主管部门连年通报《违反教师职业行为十项准则典型案例》,为一线教师敲响警钟。曝光的违反师德师风的典型案例,根据内容、性质,大致可以分为三类:一是学术造假,二是体罚学生,三是性骚扰、猥亵、性侵学生。其中,2019年浙江省安吉县民办天略外国语学校教师许某某因为性侵学生,被判无期徒刑。从师德标兵和师德事迹的表彰与宣传,到师德违规行为和个人的通报与处罚,从教师的职前培养、职后教育,到教师的聘任管理、晋级考评,对师德的治理力度不可谓不大,借助外界强制性手段对师德进行综合治理是师德建设中的重要举措。为配合师德建设国家政策性文件,各地方推出相应举措,为师德建设提供有力支持。例如,很多地区将师德教育贯穿教师培养、岗前和职后培训、管理的全过程,将师德表现作为岗位聘用、职称评审、评优奖励等的重要指标,实行一票否决。对于违反师德行为发现一起、查处一起,从根本上遏制违反师德行为的发生。全面推进中小学教师资格考试和定期注册制度改革,师德上有偏差的教师一律一票否决。该政策试行5年来,有近2 000位教师没有通过注册,已按要求转岗。师德建设一方面通过正面引导的方式,营造良好的尊师氛围,引领广大一线教师以身垂范、修己安人。另一方面,通过法律法规的形式标明师德红线,对以身试法者绝不姑息。

但是,仅靠外在的强制手段难以构建师德建设的长效机制。道德与法律有着明显区别,前者属于软制度,后者属于硬制度。道德主要凭借个体的自律,法律执行主要靠他律,法律多为约定,道德多为俗成。道德更多侧重于精神性价值观念的养成,法律则是价值观念的技术性落实方式。③ 法律的贯彻主要通过国家特设的强力机构,使用强制性手段和他律的方式

---

① 周坤亮. 教师专业伦理决策研究[D]. 上海:华东师范大学,2016.
② 徐廷福. 美国教师专业伦理建设及启示[J]. 比较教育研究,2005(5):71-75,83.
③ 赵汀阳. 伦理的困惑与伦理学的困惑[J]. 道德与文明,2020(3):5-16.

发生作用，道德的贯彻与治理主要通过社会舆论、民俗习惯、内心信念、榜样感化、思想教育等发生作用，并最终借助道德主体的反思与认同，将外在规范内化为自身的行为准则，执行了这些规定将给个体带来道德愉悦，麦金太尔称这种因践行道德而获得的内在欢乐与尊严为"内在利益"，一种"只有靠参加那种特定实践的经验才可识别和认识到的利益"。[①]而违背了道德规范将给个体内心带来不安和"良心"上的谴责[②]，所以，对道德失范的惩罚很大一部分是来自道德主体内在的自我惩罚。

教师不是抽象的存在，把个体教师当作师德规范的容器，忽视教师主体性，仅靠他律的方式难以在教师内心深处扎下道德的种子。当仅仅站在第三人称的立场上要求教师做出预期的"正当行为"时，教师往往会保持很远的距离来质疑或忽视"正当要求"。这类劝诫和批评的空洞无物的政策性规定没有解决"正当行为"必然会出现的问题。[③]师德不仅仅反映在教师的行为层面，更体现在教师的精神层面。仅靠外在规范的做法忽视了师德建设的主体——教师，淡化了教师的内在自我，导致师德在建设过程中丧失了灵魂。道德的根基还是在人心[④]，只有让师德观念在教师心中生根，在行为中结果，才能为师德建设的长效性提供根本保障，为教师专业发展提供不竭动力。在师德建设过程当中，无论是法律惩戒、榜样引领，还是政策宣传、荣誉奖励，从康德的角度来看，都是通过他律的方式引导教师遵守师德规范，促进教师师德养成。

二、社会道德环境与教育生态变迁

鲁洁教授指出当下时代的顽症是物质主义泛滥。人类历史的发展曾经

[①] 麦金太尔. 德性之后 [M]. 龚群, 戴扬毅, 等译. 北京: 中国社会科学出版社, 1995: 239.
[②] 傅维利. 教师职业道德教育指南 [M]. 2版. 北京: 高等教育出版社, 2009: 3.
[③] 林小英, 宋鑫. 促进大学教师的"卓越教学"：从行为主义走向反思性认可 [J]. 北京大学教育评论, 2014, 12 (2): 47-72, 190.
[④] 高德胜. 再论道德学习在生活中是如何发生的 [J]. 中国教育科学, 2018, 1 (2): 51-61, 139-140.

有过道德的失落，人类曾因迷惘，沉醉于现实世界而进入不了道德的可能世界。在当代，这种情况显得尤为突出。人们越来越成了自己所创造的物质的奴隶，陷入了物质主义的泥坑。鲁洁教授指出，当代物质主义主要表现为科技至上、经济至上、消费至上。科技至上的表现在于，对于人类来说，科学技术成了一种新型的社会统治力量。经济至上表现为把经济增长作为社会发展的唯一因素和唯一目标，市场法则在社会生活各个领域的僭越，人异化为"经济人"，人格异化为"商品人格"。消费至上的表现在于高消费、超前消费、攀比消费等非理性消费成为社会通病，享乐主义盛行。[①]

今天的教师所处的是一个被技术包围并掌握话语权的"智能"时代，5G技术、移动互联网、知识生产自动化、人工智能等颠覆传统教育的技术手段让教师不得不重新适应新的教育环境、重新思考教育的本质。另外，教师所处的还是一个价值多元的时代，不仅各种文化群体的价值观得到关注，个人的价值观也得到彰显。今天的学生和青年一代追求个性，主体意识强，注重个人的价值利益和自我表达。这种主体至上的价值取向真实反映了整个社会个人主义思想的流行。其价值目标更加现实和功利，体现了青年一代在学业发展、择业就业、道德评判、友情婚恋选择等方面更加注重外部的物质条件，更加注重能够为自己带来多少实惠和好处。[②]教师面临着价值多元、道德相对主义的时代命题与挑战，对价值的取舍、选择伴随着教师专业发展的全过程，影响教师的价值选择和师德养成。

顾明远先生在《中国教育路在何方：顾明远教育漫谈》一书中总结当前师德问题集中体现在几个方面：一是对教师事业缺乏热情；二是对教师的神圣职业缺乏认识；三是缺乏教书育人的能力，观念陈旧、方法落后；四是名利驱动，知法不依。[③]

有研究指出，教师的道德身份从道德教授者转向道德学习者[④]、从道

---

① 鲁洁. 鲁洁德育论著精要[M]. 福州：福建教育出版社，2016：6-7.
② 樊泽民. 价值多元时代的当代青年群体特征[J]. 人民周刊，2016（2）：59.
③ 顾明远. 中国教育路在何方：顾明远教育漫谈[M]. 北京：人民教育出版社，2016：122.
④ 高德胜，章乐，唐燕. 接上童气：小学《道德与法治》统编教材研究[M]. 北京：人民教育出版社，2019：195-252.

德榜样转向道德能动者。①教师发挥德育作用进行德育实践，并非仅仅根据课程标准和学生的需要机械地进行道德知识的传授，而是作为道德学习者，与学生一起追求和构建有道德的生活，这就意味着师德养成永远不是完成时，而始终是正在进行时。教师专业发展始终在路上，如于漪老师所说，一辈子做教师，一辈子学做教师。教师对教育实践中道德意义的觉察和理解，更有益于学校伦理文化的建构，它凸显了教育过程的道德性，更有利于师生共同的道德成长。

同时，教师还面临着表现主义的管理文化和社会评价。通过量化、可视化的方式对教师的师德进行评价。现实当中，受到竞争——表现主义的影响，教师本该将关怀、正当性等道德议题置于工作的首要地位，却逐渐受困于各种评比、考核。②教师职业作为一种道德实践，逐渐异化为事务性工作，师生关系由原本的情感性关系转变为工具性关系。教师的职业角色由原本的道德榜样和道德教育者降格为知识的兜售者与成绩的贩卖者。一些教师忽视了教学的育人性和道德性特点，将教师工作仅仅视为谋生的手段。

真实的教育情境当中，家长维权、学校压力、社会舆论、学生特点、价值冲突……种种因素牵制着教师，导致教师在教育实践过程中不断进行价值权衡，使整个教育场域中的利益牵涉者达到利益最大化。这就需要教师由"道德榜样"变成"道德能动者"，对教师的道德行为能力进行全面提升。③教育者应该努力寻求伦理困境中的最优解，这就又回到教师专业道德的"专业"二字上。教师作为专业人员，需要通过专业实践服务于目标对象，这里的专业实践主要指教学，目标对象主要指学生。教师的专业实践活动帮助教师完善自我，实现以德育人，促进学生发展。专业能力和

---

① 李琰，易连云. 从"道德榜样"到"道德能动者"：教师道德形象的当代变迁[J]. 教育发展研究，2014，33（10）：75-80.
② 林小英. 素质教育20年：竞争性表现主义的支配及反思[J]. 北京大学教育评论，2019，17（4）：75-108，186.
③ 李琰，易连云. 从"道德榜样"到"道德能动者"：教师道德形象的当代变迁[J]. 教育发展研究，2014，33（10）：75-80.

专业素养是教师专业道德实现的前提与保证。作为道德教育者的教师，道德意识和道德行动能力是师德的具体体现。正是由于道德意识和道德行动能力的不同，不同教师的师德存在差异。不同的教师对潜藏在教育生活实践中的伦理问题的认识和解读存在差异，对伦理问题的应对策略不同、反思不同，产生的教育结果也不同。提升教师的道德意识和道德行动能力，提高教师的专业道德，成为教师师德养成过程中的重要任务。

三、新高考方案实施对教师职业的影响

调研学校所在的江苏省 2019 年启动高考综合改革，"3+1+2"高考方案的推行，其积极作用显而易见，包括增加学生的选择性、促进高中办学多样化、分散学生的考试压力、倒逼高校优化专业等。作为新鲜事物，一些省区市还处在摸索阶段，在具体实施过程中，难免遇到一些新的情况、新的问题。有研究指出，新高考实施之后，出现了学生学习负担加重、弃考物理、操作复杂等问题。[1] 这其中，因新高考的实施对高中教师的工作产生的影响尤为明显。

（一）新高考对教师工作负担的影响

新高考对教师工作负担的影响表现在以下三个方面：一是考试科目改革后学生的选科偏好，导致生物、地理教师结构性缺编，在职教师工作压力大。二是语、数、外三科的教师和选考（等级考）三科教师之间工作量与工作时间不匹配，造成语、数、外三科教师工作压力与强度增加。教师工作压力呈现出结构性的不平衡，物理学科教师出现剩余，教师绩效考核评价面临挑战。三是高考改革初期，因为对改革政策、考试难度等目标不明确，教师压力感觉增加。有研究针对某高考改革试点省份高中教师发放的问卷调查显示，84% 以上的高中教师认为，新高考以来教学压力和心理

---

[1] 刘海峰. 新高考改革的实践与改进 [J]. 江苏高教, 2019, 220（6）: 19-25.

压力"比以前更重"或者"多数时间觉得在加重"。①

（二）新高考对教师工作内容的影响

新高考方案的实施对教师工作的方式和内容产生了很大影响。首先，新高考实施之后，原本的行政班教学很难满足选科的需要，选科走班教学成为很多学校尝试应对的办法。但是对于习惯于行政班教学的教师来说，适应选科走班这一"新鲜"的教学组织形式，无疑是一个从心理到能力的巨大挑战。②其次，聚焦核心素养的新高考对教师的教育教学提出了更高的要求。有研究通过分析新高考之后的高考试题指出，从一定意义上说，聚焦核心素养的高考试题，使得原本的所谓"应试技巧"丧失了原有价值，难以应对新的题型，这就倒逼教师在教学上做出调整和创新。教师需要通过创新问题情境，让学生经历知识创生的过程，明了知识符号背后所携带的方法、思想与思维，体验知识创生所蕴含的价值旨趣，最终学会学习、学会创造。③

（三）新高考对教师角色地位的影响

新高考背景下，选科走班制的出现，使得教师需要与具有多种背景、需要、期望、动机和志向的学生建立关系。针对不同学生的不同需求，教师需要扮演多种角色，包括学科教育者、全面管理者和课程建设者等。④在新的背景下，社会对教师有了更多的期待，如教师要学会课程设计并成为学生学习的设计师、学会学业与发展评估并成为学生成长的测评师和学会学习与生

---

① 钟秉林，王新凤．新高考的现实困境、理性遵循与策略选择［J］．教育学报，2019，15（5）：62-69.

② 王润，章全武．选科走班背景下高中教师教学转变及其应对［J］．中国教育学刊，2018，302（6）：82-87.

③ 李润洲．新高考背景下普通高中面临的挑战与应答［J］．南京社会科学，2018，368（6）：131-138.

④ 王润，章全武．选科走班背景下高中教师教学转变及其应对［J］．中国教育学刊，2018，302（6）：82-87.

涯辅导并成为学生发展的导师等。[①] 新高考模式中，学生各门学科的选择意向存在很大分化，有些科目组合受到未来填报志愿的限制，选择人数较新高考实施之前发生了很大变化，进而对相应学科的教师产生了很大影响。有研究指出，由于种种原因，选择物理学科学生人数大幅下降，物理学科教师过剩，生物、地理、通用技术教师紧缺，造成教师队伍结构性失衡。[②]

新高考对高中教师的专业知识和能力素养提出了新的要求，本研究的样本学校所属的江苏省是新高考的实施省，新高考方案的实施是研究的背景之一。

第二节 研 究 意 义

本研究立足于本土化的教育现实，关注当下高中教师校园生活，通过微观的道德叙事，深入解读师德对于学生成长与教师专业发展的意义。本研究理论和实践意义主要体现在如下方面。

（1）深化对师德的认识和理解，促进师德建设。作为道德主体，教师在职业生活中通过不断与学生和周围世界的互动产生价值意义，在规范与超越的发展过程中，建构教师的道德自我。道德世界不是远离行动主体或独立于个体日常生活世界的领域，而是行动主体在实际情境中通过与他者的互动和自我实践不断建构出来的世界。本研究对师德及其养成持建构主义的立场，主要表现在两个方面：首先，从话语表征的角度而言，教师的道德判断和道德术语直接来自生活，具有真实鲜活和个性化特征。所以，在试图勾勒中国教师的师德画像时，本研究有意识地使用教师自己的本土概念。这么

---

① 韩映雄. 基于新高考的教师培训目标与角色期待 [J]. 教师教育研究, 2019, 31 (2): 48-53.
② 刘海峰. 新高考改革的实践与改进 [J]. 江苏高教, 2019, 220 (6): 19-25.

做是因为它不仅表征了教师的思维方式和行动样态,而且塑造了他们眼中的"师德"。在强调文化自信的当下具有特殊意义,因为当前学术专家的话语和作为舶来品的西方道德概念压过了教师的话语①,丧失了师德研究的本土特色。其次,从道德的形成机制角度而言,道德建构主义主张基于道德主体的能动性和个人实践。所以,建构主义道德观主张以行动者的自主能动性和实践为基础,相比于道德实在论把道德的起点置于某种独立于心灵的客观真理或事实,建构主义道德观针对的是具有经验实在性和主体依赖性的道德真理或道德事实。② 所以,本研究更加关注个体教师的道德实践,回归教师自身的生活与经验。

(2)丰富和扩充师德知识库。本研究立足本土,审视当下高中教师师德建设过程中存在的问题,运用理论工具对现象做出解释和分析,从而丰富和扩充师德知识库。西方有关教师职业伦理的研究,多借助道德哲学的理论对研究问题加以解读。有研究用义务论和功利主义深入剖析"何为教师的正当行为""为什么教学是一种道德实践""什么样的道德目的或伦理考量适用于教学实践""道德准则在多大程度上可以转化为教师的行为准则"等有关教师专业伦理的元问题,并从学理上对教师的正当行为进行辨析。克拉拉·萨巴格(Clara Sabbagh)基于规范伦理学三大支柱理论(功利主义、义务论、德性伦理),探讨了"何为教师的正当行为"。不同流派的道德哲学,对教师正当行为背后的合法化理由解释也不同。义务论认为正当行为产生于理性存在者对绝对命令的服从,功利主义认为正当行为来自主体对幸福最大化的考量,德性伦理认为正当行为即有德之人的典型行为。③ 王夫艳指出教师专业伦理建构的两大取向分别为规则取向与美德取向。④ 李长伟站在柏拉图、亚里士多德、康德等道德哲学家的立场,探讨了教师的本质,认为真正的教师是朝

---

① 陈向明. 优秀教师在教学中的思维和行动特征探究[J]. 教育研究, 2014, 35 (5): 128-138.
② 文贤庆. 理解道德建构主义[J]. 道德与文明, 2019 (4): 21-28.
③ Clara sabbagh. Ethics and teaching[M]. International Handbook of Research on teachers and teaching. Berlin: Springer, 2009: 683-693.
④ 王夫艳. 规则抑或美德:教师专业道德建构的理论路径与现实选择[J]. 教育研究, 2015, 36 (10): 64-71, 97.

向永恒之善的好人,引导学生灵魂向善的导引者,是一个与学生有着决定性差异的优秀之人。[1]这些已有的研究,从不同的角度丰富了我们对师德的认识。

(3)建构本土化师德话语体系。教师专业伦理的讨论在国外已有近30年的发展。休·索科特于1992年发表在《课程研究手册》上的《课程的道德层面》掀起了教师专业伦理的研究热潮。[2]在这以后,有关教学的伦理维度、教师的道德角色、教师道德敏感性、教师伦理决策等研究将这一领域不断拓展、深化。我国在21世纪初已有研究将目光转向教师专业道德,经过近20年的发展,在吸收借鉴外国研究成果的基础上,获得了理论和实践上的进步。但大部分研究没有突破舶来理论框架和方法论的规约。很多理论存在水土不服的倾向,如中西方不同语境下,人们对道德领域中理性与情感、德行与德性的认知与定位是不同的。在西方,道德推理和伦理决策主要诉诸人的健全理性,而在中国教育语境下,师生关系中的情感成分需要特别关注。在建构中国教育学话语体系的今天,中国教育学研究者应基于中国文化,尝试运用本土概念和理论揭示根植于中国本土情境中的师德问题,形成教育学研究的中国概念、中国理论、中国思想和中国经验以贡献于世界教育学术的发展,进而赢得世界教育学术界的尊重。[3]

第三节 核心概念界定

一、"道德"与"伦理"

对于"道德"与"伦理"的内涵及其关系的理解,学界一直存在争议。

---

[1] 李长伟. 谁是教师?[J]. 山西大学学报(哲学社会科学版),2016,39(6):97-103.
[2] 坎贝尔,王凯. 教学的伦理维度[J]. 教育科学论坛,2015(1):4,9-13.
[3] 安富海. 中国教育学本土化研究的困境及超越[J]. 教育研究,2019,40(4):50-57.

从词源上,"伦理"与"道德"便有所区分。古希腊是先有 ethos 这个名词,意为"符合人伦关系的习俗"。由部落联盟发展到城邦后,研究治理城邦的学问,亚里士多德称之为"政治学"。而研究城邦之自由民,即公民应符合城邦人伦的学问叫伦理学(ethica)。另有希腊文 arete,相当于中文的"善""好"。凡"物""动物""人"尽其本性,发挥最好的功能,就叫"其对象应有的 arete"。对人而言,就是"有德""有品位"。作为公民,在待人接物之方方面面的具体规范就叫"德性伦理""道德规范"。但到了古罗马思想家、希腊文拉丁化的代表西塞罗那里,情况发生了变化,他用拉丁文 mos(意为习惯,习俗)译希腊文 ethos,同时又用 mos 的复数第一格 mores 译"德性伦理""道德规范"。于是"伦理"与"道德"就被后人等同使用了。这种情况的产生,既有西塞罗的责任,也有语言形式方面的原因。因为古典拉丁文的名词有五种变格法,近代西方语言深受希腊文和拉丁文的影响,所以出现了 ethics 与 morality 两个混用的英语词汇。二者的关系就成了一个学术问题。①

西方伦理思想史上将"道德"与"伦理"做了区别,最具代表性的就是黑格尔。在"伦理"与"道德"范畴区分的意义上,"伦理"立足于社会,强调客观方面,"道德"则立足于个体,更强调主观内在精神方面。在这方面,黑格尔给后人留下了丰富的思想资料。② 黑格尔在《法哲学原理》中,将"自由"的"客观精神"发展过程归为"抽象法"—"道德"—"伦理"三个阶段。在"抽象法"阶段,人的"自由"只是外在的、抽象的。在"道德"阶段,人才取得了自身的内在精神,才确立了人的"主体性",即具有了对自由的自我意识,但这时的人的主体性"自由"还不是现实的,因而必须进入"伦理"阶段。黑格尔认为,法和道德单就本身来说是没有现实性的,它们"必须以伦理的东西为其承担者和基础",才具有现实性。就是说,作为主观的内心自由意志的道德,既须以伦理为自身客观

---

① 朱贻庭."伦理"与"道德"之辨:关于"再写中国伦理学"的一点思考[J]. 华东师范大学学报(哲学社会科学版),2018,50(1):1-8,177.

② 高兆明. 道德失范研究:基于制度正义视角[M]. 北京:商务印书馆,2016:52.

内容，又在客观伦理关系中成为现实。所以"伦理"是主观与客观的统一，是现实的"实体"。在黑格尔那里，"伦理"作为"实体"，体现为三种形态，即"家庭""市民社会"和"国家"。"道德"正是在"伦理"实体中才获得了现实性的存在。它反映了黑格尔的一个重要的思想——诚如高兆明教授所转述——"伦理是现实生活世界及其秩序，而道德是主观精神操守，不是主观精神决定现实生活世界及其秩序"。① 黑格尔将"道德"与"伦理"相区分，自由意志在内心中实现就是道德，自由意志既通过外物又通过内心，获得充分的现实性就是伦理。伦理是主观与客观的统一，是绝对精神在客观精神阶段的真理性存在，伦理赋予道德客观内容。②

在中国，"道"与"德"最初是两个概念。孔子说："志于道，据于德，依于仁，游于艺。"（《论语·述而》）道是行为应当遵循的原则，德是实行原则而有所得，亦即道的实际体现。后来，道与德经常并举，于是逐渐联结为一词。作为一个完整的名词，道德是行为原则及其具体运用的总称。③ 在汉语当中，伦理语源上指人伦之理，即人与人的关系的道理或准则，它的准则、规范和被视为恰当的态度等都发生了相互的关系，是对于一个人同其他人的关系说的。④ 在古典中国伦理学当中，"伦理"一词主要是指称客观的宗法等级"关系"范畴。道德和德性属于"伦理"中角色个体的内在精神。但"道德"离不开"伦理"，不能将道德从伦理关系中抽离出来、孤立起来，否则就弄不清"道德"为何物。作为现实的角色个体来说，也弄不清自己应尽的道德义务是什么。中国古代语境中"伦理"与"道德"的关系，体现了中国文化的特点。中国文化突出"伦理本位"，讲道德不离世俗的人伦实体关系。在中国古代，"伦理"是宗法等级关系的实体存在，而"道德"是这个"伦理实体"中角色个体的内在德性，是

---

① 高兆明. 心灵秩序与生活秩序：黑格尔《法哲学原理》释义 [M]. 北京：商务印书馆，2016：28.
② 黑格尔. 法哲学原理 [M]. 范扬，张企泰，译. 北京：商务印书馆，1982：156.
③ 张岱年. 中国伦理思想研究 [M]. 南京：江苏教育出版社，2005：2.
④ 廖申白. 伦理学概论 [M]. 北京：北京师范大学出版社，2009：21.

以"伦理"的存在为前提和基础的"角色道德",这个"角色道德"的"角色"是不具个人独立性的"依附人格",其"道德"是与个人权利相分离的"义务"。所谓有"伦理"才有"道德"可言。"伦理"正则"道德"兴,"伦理"乱则"道德"衰。人们常说的"道德失范",其实正在于"伦理失序"。不讲"伦理"而只讲"道德",是本末倒置。①

本研究中,针对"伦理"与"道德"的差异,总结了以下几点:首先,道德是指个体的品性,强调的是个人的品德修养。而伦理是指客观的人伦实体关系,强调的是处理人际关系的规范和准则。其次,"伦理"一词述说的是一个人与他者的关系及其规范,这些规范往往带有主体间的交互性和外在强制性。而道德是一个人向着他的内心述说的他的行为准则,包括他重视什么、把获得什么样的好品质、成为什么样的人等视为至关重要的。最后,在日常用法中,"道德"更多地用于人,更具有主观、主体、个人的意味。而"伦理"更多地用于事和物,更具有客观性、现实性、实体性的意味。②

二、师德

师德就其本质来说,可以看作教师作为职业人的道德品性。师德是建立在个体德性之上的职业德性,与普通人德性相比具有职业特殊性,是教师立足教育职场所形成的职业精神品质,是指向教师职业道德生活的能动性内在力量,并以职业品德状态表现出来的职业人格特质,是教师在职业生活中逐步养成的追求卓越的职业品性。③师德是指教师内在品质在各种因素的影响下,逐渐以教育促进学生发展这一内在理念为核心,养成的一种值得称赞的优良品质,是一种能够担当起教师角色职责的专业道德品质。④

---

① 朱贻庭. "伦理"与"道德"之辨:关于"再写中国伦理学"的一点思考[J]. 华东师范大学学报(哲学社会科学版), 2018, 50(1): 1-8, 177.
② 尧新瑜. "伦理"与"道德"概念的三重比较义[J]. 伦理学研究, 2006(4): 21-25.
③ 李清雁. 教师德性养成的本质释义[J]. 教育伦理研究, 2018(1): 175-186.
④ 杨建朝. 教师德性的内涵、核心表征与培育[J]. 教师发展研究, 2018, 2(3): 16-21.

师德是一种能使教师个人担负起教师角色,实现其社会实践活动的特殊性目的,并有可能充分实现其潜能的内在精神品质,是与教师个人的自然感情相关并约束其自然感情的破坏作用的个人内在的意志能力,表现为教师对为师之道有着深刻的体验和理解,并且能够对其运用自如而内化为教师实践道德性教学的一种精神力量,是培养和教育学生、提升教育质量所必需的一种职业需求。① 师德与公民的社会公德既有联系又有区别。师德的特殊性由教师劳动的特殊性决定。② 教师德性就其外延来说,包含诸多条目内容。无论是"教师职业道德规范",还是"教师职业行为准则",都对教师德性进行了条目化,我们可以将其视作教师德性的具体表征,包括甘为人梯、乐于奉献、秉持公正、自觉自律、潜心育人等内容。有学者对教师诸多的德性条目进行了再概括,提出教师德性的核心内容主要表现为教师的善、公正和责任。③ 国外有学者认为,公正、关怀与真诚是教师德性的三个核心维度。④ 这些不同的德性可以被认为是教师的专业品性,因为没有它们,教师作为教育者的专业地位便会被削弱。有学者就德性条目提出批评,认为诸如"善良""平等""正义"等笼统性、模糊性提法对指导教师日常工作作用不大。他们认为,对于教师来说,需要更丰富和更具体的伦理规范,如对孩子的需求具有敏感性和洞察力、了解和领会学习者的困难所在、知道如何倾听、深谙每个孩子都是独一无二的,理解一部分学生内心因何而恐惧以及他们的弱点,适时适度给予学生鼓励,提高儿童福祉的教学等。⑤ 叶澜教授认为,师德是指教师在教育教学过程中不断修养而形成的一种获得性的内在精神品质,它既是教师人格特质化的品德,

---

① MANEN M V. Pedagogy, virtue, and narrative identity in teaching[J]. Curriculum inquiry, 1994, 24 (2): 135-170.
② 陈大伟. 师德修养与教育法规[M]. 北京:北京师范大学出版社, 2012: 28-29.
③ 高慧斌. 新时代教师德性的内涵与提升[J]. 中国德育, 2019 (3): 19-22.
④ OSER F, ALTHOF W. Trust in advance: on the professional morality of teachers[J]. Journal of moral education, 1993 (3): 253-275.
⑤ MANEN M V. Pedagogy, virtue, and narrative identity in teaching[J]. Curriculum inquiry, 1994, 24 (2): 135-170.

也是教师教育实践性凝聚而成的品质。①

作为外在规范的师德与作为教师个人道德的师德,两者之间是伴生互动的关系。教师必须首先领会、理解、内化、运用教师职业的各种道德规范。同时,教师道德准则和规范又在教师的教育实践过程中得到丰富、修正与完善。

由于教师在我国历史上的特殊地位,我国传统师德不仅是对教师个人品德和才智学识的要求,而且上升到劝君臣、正民风、安邦国的高度。师德的特点大致可以归纳为:①国家十分重视教师的地位及其培养工作,老百姓将"师"与天地君亲并举,体现了教师强烈的责任感和使命感。历代思想家和教育家十分强调教师对本职工作的热爱与专注投入。②中国传统师德注重严于律己、言传身教的示范作用。教师既要传授知识(如"道问学"),又要扶植品德(如"尊德性")。因此,教师本人要说到做到、起模范作用。更要督促、规范弟子的性情、品质,注重学文与践行的一致,培养全面的人。②

本研究对师德的界定为:教师立足教育职场形成的一种获得性品质,表现为教师对职业规范的尊重、认知、内化与践行,因此师德具有主体性和个性特征,是教师在自觉自律状态下对他律的超越,其价值和功能在于促进学生发展和教师的个人成长。

三、师德养成

师德养成是教师良好道德品质的形成过程,道德认识、道德情感、道德意志、道德行为习惯是构成教师道德品质的基本要素,师德养成实际就是提高教师的师德认识、陶冶师德情感、磨炼师德意志、培养师德习惯的过程。③

---

① 叶澜,白益民,王枬等.教师角色与教师发展新探[M].北京:教育科学出版社,2001:44.
② 罗国杰.中国传统道德(规范卷)[M].北京:中国人民大学出版社,2012:252.
③ 陈大伟.师德修养与教育法规[M].北京:北京师范大学出版社,2012:29.

师德认识是教师对职业道德关系、职业道德行为规范及其执行意义的认识，提高教师师德认识是师德养成的必要前提。师德情感是指教师心理上对师德规范所产生的一种爱憎好恶荣辱美丑等的情感体验，它是师德品质形成的条件和因素，在师德的培养中起着重要的调节作用。师德意志是教师要履行教师道德原则和规范时所表现出来的，自觉克服一切困难和障碍，做出抉择的力量和坚持的精神。陶冶教师师德情感和磨炼教师师德意志，是把教师师德认识转化为师德行为习惯的重要保障，而养成良好的教师师德行为习惯，是师德养成的最终目标。通过这四个环节的有机配合，使得教师逐渐形成良好的师德品质。

师德养成是从熟悉和遵守基本的行为规范层次向师德的理想层次发展进步的过程。对于师德养成所涉及的各要素间关系和层次进展，傅维利指出，一个比较完整有序立体式的教师职业道德养成体系应包括四种基本关系和三个基本层次。四种基本关系是教师与教育事业的关系，教师与受教育者的关系，教师与其他教师及教师集体的关系，教师与家长及其他社会相关人员的关系。三个基本层次是理想层次、原则层次和规则层次。理想层次着眼于从较高层次的理想状态对教师职业道德定位，它代表教师职业道德发展方向，是社会对教师职业伦理行为的高要求。原则层次着眼于从理想主义与现实主义相结合的角度对教师职业道德的定位，它既表达了现实社会，特别是教育工作，对教师职业伦理行为的基本要求，同时又考虑到我国教师现有的师德水平，以及如何促进教师职业道德向更高层次迈进。规则层次体现了对教师职业伦理行为的底线要求，是每一个教师在教育工作中必须遵守的职业伦理要求，这些要求一般直指教师的外显行为特征，有很强的观察性和操作性，教师职业道德规则通常采用否定式语言格式，以明确在教育工作中的哪些行为是不允许采用和出现的。[①]

综上，教师的师德养成过程是包含知、情、意、行全方位的职业道德建构过程，是个人努力和外界因素共同作用、相互影响的结果。

[①] 傅维利. 教师职业道德教育指南[M]. 2版. 北京：高等教育出版社，2009：97-98.

第四节 研究目的与问题

本研究关注微观视角下高中教师的伦理生活，通过高中教师的道德叙事揭示其师德状况和师德养成规律。本研究的目的有以下两个方面。

首先，通过本研究描述和揭示高中教师师德现状与存在的现实问题，即回答"是什么"的问题。本研究站在教师本位的立场，通过教师的视角来解读师德，而不是拿师德的理想模型去框定高中教师的师德。一直以来，我国师德建设通过榜样宣传、政策激励、制度规范等方式取得了一定的成效。新的时期，师德建设内涵式发展需要寻求方式方法上的创新以及相关理论的突破。道德养成有其自身规律，其过程涉及行为者知、情、意、行多个维度的协同发展，达成内在统一。所以，师德建设过程中，提高教师道德意识是基础，提升教师道德能力、发挥育人价值是关键，触发教师的道德行为是目的。师德建设是一个系统工程，着力点在教师个人，生长点在教师的道德体验。师德建设要有力量，这种力量来自道德本身，来自善的至高性带给人的感召力，来自教师因信称义的道德勇气所成就的一段段动人故事，来自教师借助道德实践，发挥能动性，解决教育实践中的伦理困境而收获的成就感。

其次，揭示高中教师师德规范的内化机制及其师德养成规律，即回答"如何"的问题。已有的师德研究多采用问卷的形式，对师德的一般状况做概括性描述，这种"宏观描述"的研究范式有助于把握师德整体现状，揭示的是一种"大师德观"，不对具体的师德规范做细致的剖析，难以深入师德养成的机理。本研究采用质性研究中常用的方法，解释框架来自社会学和哲学，采取人文科学的研究立场和路径。如果说，自然科学寻求的是事物发展的因果性，那么人文科学寻求的是揭示意义、促进理解、获得智慧。[1]通过对已有的研究梳理发现，有关师德的研究很少涉及人际关系互动，而在中国的社会背景下，人与人之间的关系往往会触及道德的根本，所以有学者称中国是"伦理本位""伦理优先"的社会，人们的社会行为往往受到人际关系影响和制约。所以，本研究充分考虑教师所处的外部环境、生存空间，关涉教师人际关系，深度剖析高中教师师德养成的内在机制及其规律，通过"关系维度"全面立体地呈现高中教师的师德景观。

本研究借助道德发生学的理论视角，聚焦高中教师的道德生活，通过问卷调查、观察、访谈资料，并辅以对师德案例的剖析和解读，探讨师德的问题与养成。

正是在这样的社会现实和学术背景下，本研究对高中教师师德问题进行了理论和实证的探究。研究在中国师德传统和当代社会道德环境的背景下，以承认理论作为理论基础和分析框架，探讨微观层面教师的人际互动，对高中教师的师德及其养成加以探究。本研究的主要问题有以下三个。

（1）高中教师师德现状如何？有何具体表现？存在哪些问题？

（2）高中教师师德养成遵循哪些规律？

（3）高中教师师德养成受到哪些因素影响？

第五节 研究方法与研究设计

一、质性研究取向

近年来，师德研究在方法上越来越受到社会学、人类学的影响和启发，

---

[1] 张华军.重新想象教师本质和教学研究：专访美国哥伦比亚大学大卫·汉森教授[J].教师教育学报，2017，4（2）：52-61.

而对伦理学研究范式有着决定性影响的不得不提社会学家涂尔干。作为道德社会学的代表人物，涂尔干认为人类社会的道德现象作为一种社会事实，有别于哲学、生理学、心理学，具有独立的研究对象和方法。道德现象具有不同于自然现象、生理现象的特征和特殊的决定因素。它先于个体的生命而存在，比个体生命更持久。它的存在不取决于个人，是先行的社会事实造成的。道德"强制"和作用于人们，塑造了人们的意识。这种"强制"既指人们无法摆脱其熏陶和影响，又指对于某些道德规范拒不遵从将受到惩罚。涂尔干认为，一切道德都具有这种强制力。人类大多数的意向不是个人自己生成的，而是在外界的引导、熏陶和压迫下形成的。道德规范高于个人，道德现象无法用生理学、个体心理学以及其他研究个体的方法来解释，而必须用社会学的方法、观点解释。涂尔干认为，宗教、道德、法律、社团、协会、语言，以及服装样式均属社会现象，都是社会学特定的研究对象。所以，对于道德的考察需要关注结构性因素和条件性因素，需要特别关注道德生发的历史脉络和具体的道德发生场域。把道德发生的背景挖掘清楚，犹如建造房屋先把地基筑牢一样，让道德的言说和解释具有可理解性。除此之外，道德研究需关注道德主体的生活史。道德涉及人的实践，实践关涉人的生存，人的生存是具体且与环境和情境紧密相连的，所以，对道德如果仅仅持一种普世化的立场和观点，便往往容易陷入抽象的窠臼。从师德规范的制定和探讨，转向关注普通教师真实的校园伦理生活。在文史领域，年鉴学派经历了"从阁楼到地窖"的方法论革新，意指研究者关注重心与使用资料的转向，从关注上层政治到关注下层人民的生活。[①] 师德研究同样需在方法论上革新。

已有的关于师德的实证研究，多以问卷调查的方式收集资料。而通过问卷的形式调查个人的道德态度、道德行为等涉及精神世界的事实真相远不像调查家庭的经济状况和个人的职业选择等那样简单易行。一个直接可以感知的现象是，人们在道德态度的表达和道德行为的实践之间存在着相

---

① 葛兆光. 思想史研究课堂讲录 [M]. 北京：生活·读书·新知三联书店，2019：20.

互矛盾或冲突的情形。一个人可以在问卷中表达出向善的道德态度，也会在问卷中表达践行道德义务的意愿，但是，当遇到实际的道德行为选择时，就可能出现道德态度和道德行为的不一致，"所说"与"所做""应然"与"实然"的矛盾由此产生。在这样的情形下，如果一味地信任调查问卷的结果，以调查问卷获得的资料来评价个人的道德素养和社会的道德状况，就可能带来不准确甚至错误的判断，而由此判断提出的对策性建议，其针对性和有效性就值得怀疑。有研究发现，教师对师德现状的自我评价明显好于社会大众对其的评价。[①]所以，问卷调查是具有一定效度的调研方法，但绝不能视为唯一有效的方法而迷信之，应当清醒地意识到问卷调查在研究道德问题上的局限性，更不能以一两千份对单一或少数群体的区域性调查问卷的结果就对教师们的道德状况做出轻易的评价，要深入剖析教师行为背后的动机，需要研究者深入现场，进行长期的观察和深度访谈。

如何才能做到尽可能真实地把握高中教师现实道德生活的实际状况？问卷调查的方法论意义不可否认，但不能仅此而已，需要辅之以其他的研究方法，多管齐下。人类学的研究方法值得借鉴。

首先，借助道德主体的微观叙事（micro-narrative）。人类学学者选择的研究区域一般都比较小，诸如一个较小的社区或乡村，这样做的最大益处是能够比较详细地、全面地了解研究对象的真实状况。借鉴人类学微观叙事的研究方法，对师德问题的研究应当转变普遍性宏大叙事的学术倾向，从一个较小社区或一个具体的文化场域开始研究，从当地教师的生活开始描述。如果通过对一个微观案例进行比较深入和具体的研究，从而了解和认识当地教师真实的道德生活样态，那么，这样的师德实证研究所获得的结果，也许不具有普遍性意义，但却是关涉教师道德生活世界的"真问题"。将众多的道德生活微观叙事集结起来，一个社会教师道德生活的总体状况就会变得清晰而明确。[②]

---

① 朱晓伟，周宗奎，谢和平，等. 中小学教师师德的社会期望与评价：基于公众与教师视角的实证调查[J]. 北京师范大学学报（社会科学版），2019（1）：53-58.
② 孙春晨. 走向伦理文化的广袤田野[J]. 道德与文明，2012（5）：154-155.

其次，研究者深入研究区域和对象之中，亲身观察当地人的生活方式，研究当地的经济和社会结构对文化生活的影响，了解当地人的宗教、法律或道德观念，在此基础上实现研究者设想的工作目标。在日常生活中，不同文化背景下的不同群体或共同体所建立起来的复杂伦理关系网络和多样道德生活形态显示了人类道德现象丰富多彩的特征，人们在处理道德生活事务中的无穷的伦理智慧是有限的普遍性伦理原则所不能完全解释的。[1]

因此，本研究站在文化主位的立场，从高中教师的角度解读师德，从对师德规范历史演变的宏大叙事转向关注个体教师的道德生活。通过高中教师的微观道德叙事诠释其道德认知和道德情感，通过观察、分析其道德行为，进一步解释师德养成的内在规律。经过为期两个月的田野调查，研究者获得研究对象的信任，教师们真实的生活世界自然而然地呈现在研究者面前，教师在道德上的本真性得以呈现。人文学科的人文性既体现在学科本身，同时也体现在研究立场、研究视角、研究方法以及研究者自身方面。大卫·汉森教授在新近的著作中提出教师研究方法的"人文化"观点，提出"亲证"(bearing witness)的研究方法，即研究者与研究对象之间在相互信任的基础上，进入心灵世界的言说，让研究对象的心向研究者敞开，来深度剖析和诠释教师职业的本质以及教师的专业成长。[2]

本研究站在解释学的立场，通过道德叙事的文本呈现方式对教师的道德生活加以"深描"，试图勾勒出教师们的道德心理，展现教师真实的伦理生活。研究者抛出有关师德的问题作为"引子"，帮助研究对象进行道德思考与言说。对于师德问题，本研究关注的重点不是教师们"应当怎样"的问题，而是"实际怎样"以及"为什么这样"的问题，对教师们的伦理生活做文化意义和符号学意义上的解读。格尔茨把文化视为符号学的一个概念，认为文化是人们自己编织并且生活于其中的"意义之网"。[3] 因此，

---

[1] 孙春晨. 走向伦理文化的广袤田野[J]. 道德与文明，2012（5）：154-155.
[2] 张华军. 重新想象教师本质和教学研究：专访美国哥伦比亚大学大卫·汉森教授[J]. 教师教育学报，2017，4（2）：52-61.
[3] 克利福德. 文化的解释[M]. 韩莉，译. 南京：译林出版社，2014：5.

对这些问题的回答，本研究首先站在文化主位的立场，内容不仅涉及作为道德主体的教师们的生活史的观照，也涉及教师们置身其中的社会环境的描绘，包括当地社会的文化、道德秩序、人们的价值追求等方面。这些客观因素在无形中影响教师们对自我的理解和道德判断。其次，本研究突出典型个案，彰显研究对象的个体差异性，采用"自下而上"的观察视角和研究路径。

以人类学田野工作方法研究现实道德问题，能够发现生活世界中真实的道德现象和道德文化生态。通过对不同地方、不同民族的民间生活习俗的研究可以发现，这些民间生活习俗就是维持当地人的伦理秩序、处理当地人的人际关系的地方性道德知识，这些地方性道德知识也许有别于甚至迥异于"学院式"的理性主义伦理观以及普遍性的伦理原则，然而，它们却是为当地人所自觉认同和主动遵守的道德规则。[①] 多元的研究方法有助于研究者和教育行动者加深对师德深度上的认识，能为今后的师德建设提供更好的思路。[②]

二、研究设计

（一）研究对象选择

个案的选择有随机抽样和非随机抽样两种方式，而最适合质性研究的抽样策略是非随机抽样，也叫目的性抽样，其基于的假设是研究者想要发现、理解和深入探索。据此，本研究采用目的性抽样的策略选择个案。研究者将抽取能够为研究问题提供最相关及丰富信息的个案，由此深化对研究问题的理解。[③]

学校的选择：所选学校位于我国新基础教育课程改革的前沿阵地，坐落于东部沿海地区，在最新的PISA测试中，江苏省学生作为中国内地学

[①] 孙春晨. 走向伦理文化的广袤田野 [J]. 道德与文明，2012（5）：154-155.
[②] 刘万海，张明明. 师德研究的主题、特征与趋向 [J]. 课程·教材·教法，2014，34（2）：127.
[③] 陈向明. 质的研究方法与社会科学研究 [M]. 北京：教育科学出版社，2001：103.

生样本之一，表现优异，在阅读、数学和科学三个科目测试中均排名世界第一。江苏省也是我国社会经济发展的前沿阵地。所选学校在该省高考成绩、重本率、高分考生比例、学科竞赛获奖人数以及教科研成果均表现优异，因受到国家级奖励而受到广泛关注。除此之外，经济发展使得该学校所在地区的社会道德秩序和人们的价值追求发生了很大变化，这些都会对教师们的师德产生影响。

  调研学校N高中位于江苏省J市，是一所有着138年历史的百年名校。该校是江苏省首批高品质示范高中立项建设学校，是普通高中新课程新教材实施省级示范校，是江苏省首批重点中学、首批四星级高中、国家级示范性高中、全国教育系统先进集体。该校是教育部中学校长培训中心考察基地、中国教育科学研究院全国名校长名教师挂职研修基地、国家汉办基地学校、江苏省美育课程基地、江苏省微科技课程基地、哈佛大学学生社会实践基地，是清华大学、北京大学等国内外一流大学的优质生源基地。学校的前身是苏南一所有名的书院。清末，它是江苏全省的最高学府和教育中心。该校的优秀校友中有两位国务院副总理，十多名两院院士与共和国将军，另外还有著名的社会学家、文学家、教育家、艺术家、金融家……近年来，该校确立了"办关注师生生命幸福的教育"这一教育哲学主张，不断深化课程教学改革，形成了"以美育重构中学生活"的学校发展路径。学校坚持以发展科研来发展教师，以发展教师来发展学生，以发展师生来发展学校的教育发展观。《基于优秀传统文化的普通高中美育课程整合研究》等十多项国家和省级课题的研究及《顾明远基础教育思想研究与推广》等三项江苏省基础教育前瞻性教学改革实验项目的研究与实践稳步推进。学校逐渐形成了"自主为先、学科培优、审美见长、国际融合"的办学特色，明确提出了"有思想会表达，有责任敢担当，有爱心能宽容"的学生气质要求。目前，N高中50%以上的教师具有博士、硕士学位，特级教师、名教师等名特优教师占教师总数的40%以上。当这样的一所百年名校遭遇社会价值观变迁以及高考制度的变革时，生活在这里的教师其思想和行动发生了怎样的变化？该校作为典型的苏南名校，可以为研究者提供资料的丰富性和复杂性。

教师的选择：教师是最终的分析对象，对地区和学校的选择实际上更多的是为个案教师的选择做准备。对教师个案的选择主要考虑教龄、任教学科、教师在学校的职务，即是否担任班主任或分管学校德育工作等方面。此外，还会适当考虑学历和职称。

首先，教龄是选择教师个案要考虑的首要因素。因为不同教龄的教师由于其成长背景和教学经验的不同可能对师德有不同的理解。已有研究表明，教师在专业道德发展上表现出阶段性。[①]

其次是任教学科。研究对象包含语文、数学、外语三门核心课程和其余不同学科的任课教师，并将科目进行分类，如文科和理科。有研究发现，文科教师和理科教师的道德敏感性等表现方式是不同的。[②]

最后，所选的个案教师包括获得优秀班主任荣誉称号的教师和分管学校德育工作的领导。我国中小学长期把德育作为一项重要学校工作，而班主任和学校的德育处在其间发挥着重要作用。因此，班主任和学校德育管理者对师德的理解能够代表这一特殊群体的观点。基于上述考虑，研究者最终选择40位教师作为研究个案。

学生的选择：本研究学生访谈对象的选择通过随机抽样的方式，选择高三年级学生4人，N高中毕业生4人进行访谈。研究者组织学生焦点小组访谈3次，学生来自高一年级三个不同班级，每次按照学号随机选择8~9名学生。为避免影响学生的正常学习，每次访谈时间设置在放假回家前，这个时间段学生心情比较放松，每次访谈的地点选在远离教学区，环境相对安静舒适的活动室，目的是希望营造一种谈话氛围，让学生们畅所欲言。访谈涉及的问题包括师生关系如何、教师处理问题是否公平、教师对待学生是否平等、教师是否尊重学生等问题，探讨究竟什么样的教师

---

① 王丽娟. 教师专业道德的发展阶段初探[D]. 北京：北京师范大学，2003.
② TIRRI K et al. The moral matters of teaching: a finnish perspective [M]// CRAIG C J, MEIJER P C, BROECKMANS J. Teacher thinking to teachers and teaching: the evolution of a research community. Bingley: Emerald Group Publishing, 2013: 223-239.

能够获得学生的认可。访谈的效果比较理想，学生分享了很多自己真实的想法。

（二）研究方法

本研究采用多种数据收集方法对高中教师道德观念进行调查，通过多种方法收集的数据进行相互印证，包括问卷调查法、访谈法和观察法三种。

1. 问卷调查法

本研究的问卷调查是基于"问卷星"网上数据收集平台，共收集有效问卷354份，江苏省124份，甘肃省115份，河南省36份，黑龙江省20份，其他省份59份。问卷涉及男教师141人，女教师213人，有班主任经历的教师241人，获校级及以上优秀班主任称号的141人，担任校内行政职务的44人，参与调查的教师的其他信息如图1-1所示，收集的数据借助SPSS.11.0进行数据处理。

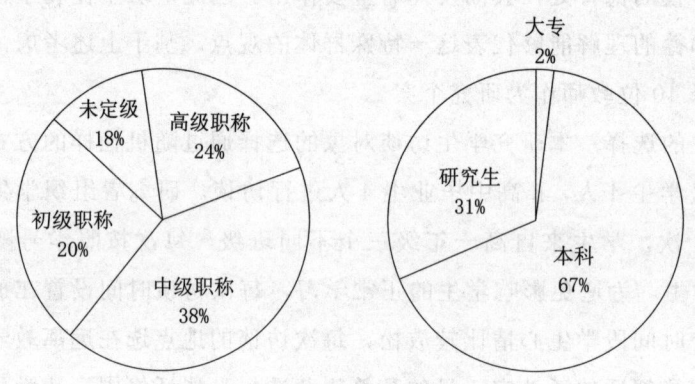

图1-1 参与调查教师的其他信息

2. 访谈法

本研究第二种数据收集方法是访谈法。虽然所有的访谈都是相对开放的，但大多数都围绕特定的主题，并以一些一般性问题为指导。最初访谈的目的是让教师讲述自己涉及师德方面的经历，然后根据教师的回答和反馈逐渐深入有关师德话题的探讨。在访谈中会涉及相关教师的生活背景，包括生平经历、职业发展、教学理念、自我认知等。研究者重点关注的是访谈中"浮现"出的"关键词"和特定主题。访谈探讨了教师对师德及其具体表现的最初理解。为了增加访谈的有效性和目的性，研究者会给教师出示一张师德品质的清单［包括《教师职业道德规范（2008修订版）》和《新时代中小学教师职业行为十项准则》］。教师针对他们的课堂教学描述和回忆他所认为的道德事件，解释其背后暗含的伦理思考。在访谈过程中，研究者的任务是了解教师们如何反观自己做出的伦理决策和道德考量，其背后的理由是什么。研究者请访谈对象详细阐明自己在某一特定伦理事件中的应对策略和反思。

运用三角互证法，从教师、学生、家长三个方面来收集关于师德的访谈数据，比较分析教师、学生、家长有关师德的观点。在进行资料比较时，研究者就观点不一致的地方，进行追加访谈，并组织多名学生进行焦点小组访谈，就教师的教学伦理和师生关系进行交流讨论。本研究共选择教师40人，男教师29人，女教师11人，涉及语文、数学、外语、物理、化学、生物、政治、历史、地理、美术学科，本研究个案教师的基本情况如表1-2所示。

表1-2 教师的基本情况

姓名	性别	年龄	学科	最高学历	学位	职称
YPM	男	52	语文	本科（函）	学士	中小学正高级
HQX	女	57	政治	本科	学士	中小学高级
ZLS	男	54	政治	本科	学士	中小学高级
JCX	男	56	政治	本科	硕士	中小学高级
GYC	男	53	历史	本科	学士	中小学高级
LGQ	男	56	地理	本科（函）	无	中小学高级
YXJ	男	53	地理	本科（函）	无	中小学正高级
LW	男	42	政治	本科	学士	中小学一级
CK	男	44	物理	硕士研究生	硕士	中小学高级
CGL	男	41	地理	本科	硕士	中小学高级
QS	男	41	地理	本科	学士	中小学一级

续表

姓名	性别	年龄	学科	最高学历	学位	职称
GLM	男	39	数学	硕士研究生	硕士	中小学一级
CM	男	39	生物	本科	硕士	中小学高级
YJP	男	40	政治	本科	硕士	中小学一级
XHL	男	39	地理	本科	硕士	中小学高级
WCL	男	38	历史	硕士研究生	硕士	中小学一级
GD	女	30	美术	本科	学士	中小学二级
FSY	男	34	数学	硕士研究生	硕士	中小学一级
LZJ	男	41	语文	本科	学士	中小学一级
XMH	女	30	政治	硕士研究生	硕士	中小学一级
CJ	女	28	英语	硕士研究生	硕士	未定级
GMY	女	39	英语	本科	学士	中小学一级
PYN	女	25	英语	本科	学士	中小学二级
WJJ	女	29	化学	硕士研究生	硕士	未定级
LY	女	27	生物	硕士研究生	硕士	未定级
ZRR	女	28	地理	硕士研究生	硕士	未定级
FKQ	男	28	英语	硕士研究生	硕士	未定级
LY	男	29	数学	硕士研究生	硕士	未定级
KYS	男	57	语文	本科	学士	中小学正高级
LYL	男	24	历史	本科	学士	未定级
HZQ	男	40	历史	本科	学士	中小学一级
SCY	男	24	数学	本科	学士	未定级
XQY	男	23	物理	本科	学士	未定级
FH	女	26	物理	研究生	硕士	未定级
SY	男	25	地理	硕士研究生	硕士	未定级
ZQN	男	34	语文	硕士研究生	硕士	中小学一级
QQ	女	44	政治	硕士研究生	硕士	中小学高级
MWL	男	45	历史	博士研究生	博士	中小学正高级
HXY	男	41	数学	本科	学士	中小学高级
CWM	男	38	政治	本科	硕士	中小学一级

对于访谈录音和访谈记录，借助专业软件转录后，进行二次核对，除了删除一些口语化特征的语气词外，确保访谈录音的准确性、完整性。访谈资料编号由两部分组成：访谈时间和受访者姓名简称。对于学生的访谈多为焦点小组访谈，因此没有记录学生姓名首字母，而是以组别+学生代码表示，如G1-S1表示第一组第一位学生。

3. 观察法

本研究的第三种数据收集方法是参与式观察。研究者被学校安排在教师公寓，和学校教师同吃同住。研究涉及三种观察，分别是描述性观察、聚焦性观察和选择性观察。在进行描述性观察时，研究者尽可能多地记录课堂上所看到的事物。观察在研究者进入现场时便开始，随着访谈和观察深入，进入选择性观察和聚焦性观察。

首先，观察的重点是教师们的校园生活，包括教师对各种人际关系的处理和教学问题的解决，涉及师生关系、同事关系、干群关系以及教师和家长的关系，观察的事件包括教师会见家长、教师和学生的互动，以及同事之间的日常交往（是否融洽以及交流的话题等）。课堂教学观察中，主要涉及教师和学生之间的互动，包括教学伦理等，例如教师在教学过程中的道德敏感性、教师的道德判断等。

其次，研究者会进行选择性的观察来寻找关键主题。在进行观察的过程中，研究者作为"旁观者"，不参与教师的决策和行动。观察伴随着田野笔记的记录，在观察过程中研究笔记，并在课堂上进行视频记录，这样有利于和教师进行有针对性的讨论。视频和录音可以让研究者不断回顾教师的行为表现。

本研究在田野数据收集过程中，总共参与观察课堂56节。其中，语文23节，地理30节，数学1节，物理2节，每节课都做了录音资料的收集，并且做了图片和视频记录。在学校的安排下，研究者在政、史、地三个学科组共有的办公室配有"办公桌"，研究者在这里观察教师们的日常生活并写田野笔记。

（三）研究数据分析

梅里安姆认为，数据收集和数据分析是定性研究中同时进行的活动。分析始于"第一次访谈""第一次观察""第一次文件阅读"。在这个不断进行的过程中，数据被组织起来，分解成单元并按照一定主题重新组合，并建构模型。通过这个系统的过程，师德的各个方面和不同层面被表现出来。

处理分析数据的第一个阶段是录音访谈的转录。本研究借助Nvivo12对访谈资料进行管理和处理。当某些关键词反复出现以后，这些词便成为分析的基本范畴和主题。分散复杂的数据不断凝练总结，进而概括出和研究主题相关的模型。当数据分析处理工作完成之后，便是跨案例分析并进行总结讨论。

（四）研究伦理

在研究的伦理方面，本研究将遵循如下原则。

第一，自愿原则。研究者在进入学校现场对受访教师进行访谈之前，会向受访教师表明自己的身份，并说明研究的目的和用途。在受访教师自愿参与的前提下，与他们确定具体的访谈时间和地点。

第二，保密的原则。研究者对参与教师的信息将予以绝对的保密，在处理相关资料和撰写论文时，也均会以匿名的方式呈现，对照片资料和其他实物资料进行保密处理。

第三，"研究对象优先"原则。在研究过程中，将以不打扰教师的正常工作为前提，尽量减少研究给研究对象带来的额外麻烦和负担。例如在访谈前和访谈对象就访谈地点与时间进行商议，选择访谈对象较为方便的时间和其感觉比较舒适的环境进行访谈。

第四，公平回报原则。研究者在能力范围内给予调查对象适当的公平回报。这种回报可以是物质上的，如赠予一些小礼物，但更多的是情感或意义上的，如给参与教师提供一些专业上的指导和帮助，如帮教师批改作业，或是让他们通过参与研究而获得一些自我提升。[1]

---

[1] 周坤亮. 教师专业伦理决策研究 [D]. 上海：华东师范大学，2016.

第二章 文献综述

第一节 师德研究进展

伴随着中国社会的深刻转型与教师专业化进程的推进，尤其是教育实践中师德问题的凸显，师德逐渐成为研究热点，并取得了实质性进展。基于中国知网的文献数据来源，对近十五年的研究成果进行收集和梳理，从而形成对 2004—2019 年教师专业道德研究进展的分析和判断。近十五年教师专业道德研究的整体特征体现在研究成果数量显著增加和研究内容不断深化两个方面。①

通过知网文献检索系统可知，2004—2019 年发表在核心期刊上的论文共计 148 篇。从图 2-1 可以发现，2004 年核心期刊有关教师专业道德

---

① 蔡辰梅，刘刚．近十年来教师专业伦理研究进展探析［J］．当代教育科学，2018（6）：39-44．

的论文发表数量仅为1篇，而2016年则达到了17篇，总体呈逐渐上升的趋势，特别是集中在近5年，说明教师专业道德这一研究领域越来越得到学界的关注，吸引了越来越多的青年学者投身到这一研究领域。

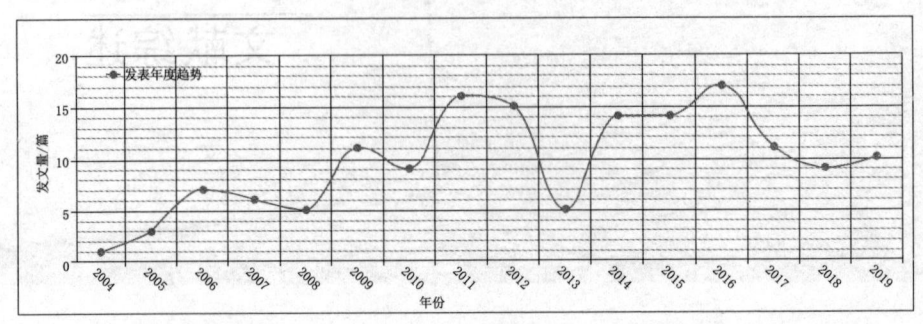

图2-1 近15年教师专业道德研究论文发表情况

通过对近15年教师专业道德研究关键词聚类图谱分析（图2-2），发现和教师专业道德关联度密切的高频词涉及教师专业伦理、师德规范、道德品质、道德行为、教师专业标准、教育实践、教师专业地位等。

通过这些高频关键词，结合具体文献，我们可以进一步对教师专业道德的研究内容进行概括梳理。根据时间划分，将教师专业道德研究分为前期和后期两个阶段。前一个阶段可以看作"概念确立期"，涉及的研究主题多为教师专业道德的概念确立和问题提出，后一个阶段为"对象分化期"，该阶段研究问题更加具体，涉及不同学段教师专业伦理决策、伦理制度等具体研究领域和门类。[①] 前期多涉及国外相关学者理论的介绍，例如汉森、坎普贝尔、希金斯、大卫·卡尔等对教学伦理维度的探讨，借助教学等道德实践揭示教师专业的伦理本质。后期则倾向于利用国外教师专业道德理论结合本土化问题开展研究。师德研究的前一阶段，研究主题多涉及"what"，即理论上的概念辨析，如学界关于"教师职业道德"和"教

---

① 蔡辰梅，刘刚. 近十年来教师专业伦理研究进展探析[J]. 当代教育科学，2018（6）：39-44.

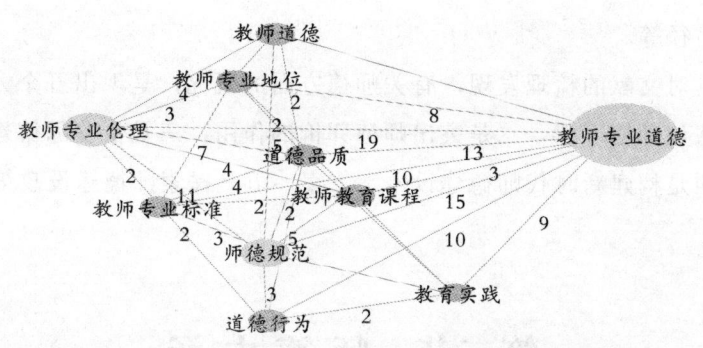

图 2-2　近 15 年教师专业道德研究关键词聚类图谱分析

师专业道德"的大讨论[①]，其结果使得人们对教师专业伦理的认识走向深入。后期，研究主题深入"how"，即对教师专业伦理形成内在机制的探讨。前期主要涉及师德政策制度、校园伦理共同体的建构，例如国内外教师专业伦理规范的比较研究[②]、师德建设的国家政策演进研究等。[③] 后期主要涉及教师道德实践[④][⑤]，关注教师的道德素养和能力，包括教师的道德认知[⑥][⑦]、道德敏感性的培育[⑧][⑨][⑩]、道德想象力的培养[⑪][⑫]、教师专业道德决策

---

① 檀传宝. 论教师"职业道德"向"专业道德"的观念转移 [J]. 教育研究，2005（1）：48-51.
② 苏启敏，陶燕琴. 美国教师专业道德守则的演进轨迹、理论旨趣与政策启示 [J]. 教育科学，2019，35（2）：91-96.
③ 苏启敏. 师德建设的国家政策演进：1984—2012[J]. 教师教育论坛，2014，27（8）：70-76.
④ 苏启敏. 论教师专业道德的实践品格 [J]. 教育研究，2013，34（11）：119-128.
⑤ 蔡辰梅. 在实践与研究中探析教师核心道德素养 [J]. 中国德育，2019（4）：43-49.
⑥ 张婷，王凯. 关于教师职业道德认知的三重区分 [J]. 上海教育科研，2018（2）：38-41.
⑦ 蔡辰梅. 中小学教师的偏差性师德认知及其重建 [J]. 中国教育学刊，2019（6）：83-88.
⑧ 王夫艳. 教师道德敏感性培育路径的新构想：来自西方描述视角的启示 [J]. 外国教育研究，2016，43（2）：72-82.
⑨ 蔡辰梅. 论教师的道德敏感及其实现 [J]. 中国德育，2017（24）：11-15.
⑩ 郑信军，吴琼琼. 论教师的教学伦理敏感性及其发展 [J]. 教育研究，2013（4）：97-104.
⑪ 高德胜. 道德想象力与道德教育 [J]. 教育研究，2019，40（1）：9-20.
⑫ 马智宇. 师德教育中的道德想象力及其培养 [J]. 文教资料，2013（28）：98-99.

的实现路径等。①②③

通过对文献的梳理发现，有关师德方面的研究，呈现出五个大点：一是全面认识师德现状，二是突出师德评价的作用，三是借鉴师德建设域外经验，四是构建新时代师德建设本土方案，五是探索师德建设政策逻辑。

第二节 师德内涵

教师道德简称"师德"，我国的教师道德经历了传统师德、职业道德、专业道德的历史发展脉络，三种师德形态在时空变化中出现了接续与并存的局面。对师德的研究从原来的本质探讨到内涵的分析，其内容越来越细化。

有研究对师德进行内容维度划分。檀传宝认为，教师专业道德包含四个范畴：教师幸福、教师公正、教师仁慈、教师良心。④林崇德认为，中华民族文化的师德内容十分广泛，在当前社会中，主要表现为教师的爱岗敬业（师业），关爱学生（师爱），严谨治学（师能）和为人师表（师风）四个方面。⑤随着社会变迁，师德内容既有变化的部分，也有不变的部分。究其原因，主要来自教师职业的本质要求和时代背景下人们对教育的期待。

有研究对师德的结构维度进行探讨。赵莉认为，师德以及所有的职业

---

① 周坤亮．论两种伦理理论视角下的教师专业伦理决策[J]．全球教育展望，2016，45（12）：102-113．

② 苏启敏．教师专业道德决策：概念、依据及实践推理[J]．教育研究，2015，36（1）：90-97，107．

③ 王凯．困境与决策：教师专业伦理研究的新取向[J]．现代基础教育研究，2017，28（4）：47-52．

④ 檀传宝．教师职业道德[M]．北京：北京师范大学出版社，2015．

⑤ 林崇德．基于中华民族文化的师德观[J]．西南大学学报（社会科学版），2014（1）：43-51，174．

道德，主要是由两部分因素复合而成的：一部分是做人的基本素养，另一部分是履职的特殊素养。二者融合为一体，构成职业道德，如同一幅画，先要有个底色（底色也可能就是白色），然后在底色上着以颜色。只有底色，构不成图画。没有底色，也构不成图画。职业道德就是在道德底色上作的道德图画。[①]不论是师德的底线性与崇高性[②]，还是将其划分为作为人的道德与作为教师的道德，[③]都表现出师德在结构上的特点。

教师专业道德作为教师职业的规定，是教师和一切教育工作者在从事教育活动中必须遵守的道德规范与行为准则。它既是社会向教师群体提出的相对客观的伦理规范，同时也是个体教师应当主动去吸收、内化和践履的道德准则。它既体现出一定的道德他律性，同时也体现出显著的道德自律性。[④]在现代语境下谈论师德，需明确以下几点：首先，现代意义上的师德是一种职业道德，职业本质以及外界对职业的要求往往随时间和社会发展变化而变化。其次，谈论师德要明确道德主体是教师，即道德发起者。在此基础上，谈论道德动机和行为结果对道德主体的影响才有意义。再次，道德关涉的价值判定和选择，关乎思想和心灵世界。道德判断告诉我们应当做什么不应当做什么，它与事实断定以及主观性的个人偏好相区别。一位教师是始终秉持诚实的原则，还是必要时施以善意的谎言？民主与独揽如何在班级管理中得以平衡？这些道德两难需要教师结合具体情境，基于一定的价值准则，做出审慎的选择。所以我们说，师德属于教师的专业精神范畴。有学者将教师职业区分为三个层次的境界：生存境界、责任境界和幸福境界。[⑤]第一个层次，教师把工作当作一种谋生手段，他之所以辛勤工作是出于生存的需要。第二个层次，教师把工作当作一条职业之路，他努力工作是出于履行责任的需要。第三个层次，教师把教育当作一种生

---

① 赵莉. 师德、做人与职业道德 [J]. 道德与文明, 2001 (3): 51-53.
② 李敏, 檀传宝. 师德崇高性与底线师德 [J]. 课程·教材·教法, 2008 (6): 74-78.
③ 金生鈜. 何为好教师？——论教师的道德 [J]. 中国教师, 2008 (1): 18-22.
④ 檀传宝. 教师职业道德 [M]. 北京：北京师范大学出版社, 2015: 14.
⑤ 朱小蔓, 等. 教育职场：教师的道德成长 [M]. 北京：教育科学出版社, 2004: 204.

活艺术，此时，教育工作融进了他的生命，他不再有工作之苦、践责之累，不是出于生存的压力、不是出于服从义务，而是为了彰显生命、享受幸福。①不难看出，教师职业境界的提升必然涉及教师职业道德的养成。最后，师德与教师行为规范有着本质的区别。规范有外在规范与内在规范之分。外在规范是出于外在他力强制性的约束，内在规范则是源于自身意志的自觉约束。外在规范是法在身外，内在规范是法在心中。教师行为规范属于外在规范，师德则属于内在规范。教师行为规范多以政策文件的形式呈现，它对于教师的职业行为和责任做了明确规定，对教师权利做出合法性保护。然而教师行为规范尽管具有普遍性、客观性之品质，但是它缺少主体性、自为性，不能保证每一个一线教师都能自觉遵守这种外在客观法。所以，教师行为规范必须有来自个体教师内在精神的诠释、激励与支撑，才能具有个人意义且持续对人产生影响。②师德的养成便是教师通过教育实践对教师职业本质的认知不断赋予个人意义，对外在规范的反思性认同的过程。

师德行为的产生诉诸教师的动机、情感、认知等多个层面，呈现出复杂性和统一性。如果个体在情感上排斥某项价值或某个道德规则，尽管他认识到某件事情是对的却未必采取相应的行动，所以此时很难明确地说该教师具备某一方面的师德。再比如某教师虽然排斥学校利用假期为学生无偿补课，但迫于学校的强制，而不得不按要求行动。道德情感主义认为，如果情感所占权重为零，认知、行为的得分实际上也就没有任何意义。而道德的理性主义看重人的认知成分在道德实践中的作用。道德理性又称"道德理智"（moral Intellect），是指有关道德的概念、判断、推理等道德思维活动，是道德认知中的高级成分。与道德情感、道德意志、道德行为一起构成个体的整体道德面貌，其核心是道德判断。康德哲学以提倡"纯粹理性"而闻名，其建构的道德形而上学同样具有"理性洁癖"，他通过纯

---

① 王家军．规约与关怀：当代师德建设的伦理冲突及价值选择[J]．江苏高教，2006（2）：111-113．

② 高兆明．黑格尔《法哲学原理》导读[M]．北京：商务印书馆，2010：209-210．

粹实践理性批判将已经发现的道德原则归结为自由意志的超越一切感性经验之上的自律原则，在纯粹逻辑的不矛盾律基础上建立起为义务而义务的绝对命令，以作为人类道德生活的实践法则。①康德《道德形而上学基础》一书中就道德发展上升的三个层次结构进行了详细的分析和解读，康德立足于普通人的道德意识而抽象出道德形而上学原理，即"定言命令"的道德法则，该法则所派生的三种表达形式把道德意识逐步引向自由意志的自我立法，树立起道德主体的尊严，而由实践理性批判确定了自由意志的至高无上的地位。②当代道德心理学研究的集大成者科尔伯格是在认知主义的基础上发展了康德道德哲学。道德"主知主义"（intellectualism）张扬人的道德思维、道德理性、道德智慧及道德主体意识，但存在知性至上、重知轻行的倾向和不足。当前师德建设过程中，主知主义依然盛行。国内外有关师德的研究多涉及教师的道德推理、伦理决策、道德想象力、道德认知、道德敏感性，其实质是关注教师道德知识的获得和道德资源的合理运用，探讨教师为自己的教育教学行为找到合法化理由的专业路径。

和道德基础建基于理性之上的观点不同，情感伦理学认为情感是道德的基础。作为情感伦理学的代表人物亚当·斯密用同情的基本原理来阐释正义、仁慈、克己等一切道德情操产生的根源。和缜密的道德理性相对，道德情感属于一种道德直觉，所谓的道德推理仅仅是一种事后推理，为已经发生的道德行为及其后果找到合法辩护。有研究认为，教师的道德判断是凭直觉快速做出的，而不是通过缜密的理性分析，因为教学需要教师依据情境迅速做出反应，教师要不失时机地对学生施以教育影响。教师始终是带着个人情感从事教育事业的。教师没有了情感，理性也失去了动力。道德情感主义要求我们更加关注教师心灵和教师的道德体验。柏拉图相信，理性能够主导一切。杰弗逊认为理性和情感是统治人类地位平等的伙伴（头脑代表理性，心灵代表情感）。休谟相信，理性是情感的仆人。教师每天

---

① 邓晓芒. 康德道德哲学的立论方式 [J]. 社会科学论坛, 2019（1）: 4-12.
② 邓晓芒. 康德道德哲学的三个层次：《道德形而上学基础》述评 [J]. 云南大学学报（社会科学版）, 2004（4）: 19-28, 94.

都会做出不计其数的判断,这些判断绝大多数都关乎对错好坏、正义与否,相当一部分判断是教师在不假思索的情况下受情感支配的产物,有关这些判断是否合情合理则是教师通过反思和策略性推理得出的。

第三节 传统师德

中华民族传统文化历来重视师德。战国时代就已经明确提出"师也者,教之以事而喻诸德者也。保也者,慎其身以辅翼之,而归诸道者也"(《礼记·文王世子》)。这是中国古代较早提出的教师应该遵循的职业道德规范。[①] 中华民族的师德观基于中华民族的优秀传统文化,其根基是中华民族的优秀传统美德。强调师德的重要性实质是对中国传统师德观的继承和发扬,符合社会发展要求,彰显中华民族文化自信,充分体现师德在教师素质中的重要地位。中华文化的师德内容非常广泛,在当前社会中,主要表现为教师的爱岗敬业,关爱学生,严谨治学和为人师表四个方面。[②]

我国传统师德的内容非常丰富,在教师品质上,要求"身体力行"与"严以律己"。在师德修养方面,强调"克己内省"与"改过迁善"。对待学生方面,要"诲人不倦"和"循循善诱"。在教师观上,提出"文质彬彬,然后君子"的理想人格。在师德规范方面,要求教师兼顾教书和育人,通过"立人达人"去启发每个人的内在自觉,教会学生如何"做人"。在师德养成方面,重视"慎独""内省""自律"。[③]

徐少锦概括出六大传统师德规范,包括有教无类,教育公正;爱生亲徒,

[①] 林崇德. 确立师德在教师队伍建设中的核心地位[J]. 中国高等教育, 2015 (18): 1.
[②] 林崇德. 基于中华民族文化的师德观[J]. 西南大学学报(社会科学版), 2014, 40 (1): 43-51, 174.
[③] 黄永刚, 张健华. 关于中国传统师德的批判与继承[J]. 道德与文明, 2001 (4): 61-62.

乐教不倦；言行一致，以身作则；循循善诱，耐心指导；教学相长，唯道是从；以情感化，激发兴趣。而四大教师伦理精神则包括教书育人、敬业勤业、疑旧求新、乐于奉献。在联系社会实际的基础上，徐少锦提出了在新的历史条件下塑造师德理想人格的设想，扬弃传统师德中狭隘的阶级思想内容与专制的教育方法，抽取、提升其人民性、民主性、科学性、整体性因素。①

王烁生指出，传统家训中延师垂训子弟的内容反映为择师为慎、师为人表、其品最正、德业兼资等师德理念。这些理念具有跨时代意义，对新时期我国师德建设方面有着重要的借鉴作用。②田爱丽梳理总结出中国传统教师职业道德的精华要素，分别是社会责任，教育信仰；德育为首，做人为先；修己以敬，为人表率；同事共处，切磋琢磨；学而不厌，专业大师。田爱丽指出，随着时代变化，传统师德也要做出相应调整，比如在义利关系上，重义无须避利。提倡师道尊严的同时要防止教师的妄自尊大。在学生管理方面，要适度惩戒，做到严而有格、宽而不松。既强调"礼之教化"，更注重学生内在潜能。③

第四节　教师职业的道德本质

教师专业的内涵包含"教会学生学习、育人、服务"等维度④，从本质上讲，教师职业具有利他属性。教育专业工作的内容可以总结为：专业工作目的是培养人、促进受教育者的健康成长；专业服务工作的对象是成

---

① 徐少锦.中国传统师德及其现代价值[J].道德与文明，2002（5）：73-78.
② 王烁生.传统私塾教育中的师德理念窥探[J].教育评论，2016（4）：161-165.
③ 田爱丽.中国传统教师职业道德的时代价值研究[J].教师教育研究，2012，24（5）：45-49.
④ 朱旭东.论教师专业发展的理论模型建构[J].教育研究，2014，35（6）：81-90.

长之中的儿童和青少年。教师以自己的知识和道德为手段影响学生。[①]陈向明认为,教育本质和教学活动的特点决定了教师最需要在复杂情境下"择宜"的素养。这也就是中国文化所推崇的"中庸",即遇到问题不走极端,遵循"善"的目的,通过实践推理,根据具体情形采取此时此地最恰当的策略[②],这种"择宜"的素养本质是教师的实践智慧。教育作为一种培养人的活动,要求教师对自己的行为负责,做出审慎的判断,因此需要教师结合具体情境,在面对复杂的矛盾和冲突时,能够进行全面细致的考察,在利弊得失中仔细权衡,从而实现最佳教学效果。教学实践确证着教师的价值立场,"就像任何真实的人类活动一样,教学不论好坏都发自内心世界"。教学要求教师在具体的情境中审慎地做出选择,在诸多的教学矛盾和冲突中选择一条适宜的中道,实际上是在教学的不确定性中寻求一种确定性,没有一定的规范意识,教师很难做出恰如其分的判断。[③]以审慎的态度从事教学工作会逐渐发展为教师个人的道德品质,教师个人美德通过教学实践得以体现。

作为教师主要职业活动——教学本质上是一项道德实践。首先,教学要求教师对学生负责。其次,道德因素遍及教师工作的方方面面。无论是教学目标、教学原则或教学方法,都经常要涉及公平、善、关怀、幸福等道德议题。最后,教学发生在师生的交往过程中,作为关系性实践的教学活动具有社会属性,有效教学来自良好师生关系的营造。教师作为道德教育者,需要注重自己的言行举止对学生产生的道德影响。

英国教育学家彼得斯认为,教师并非总是在进行教育。有时候,教师虽然在从事作为教学组成部分的活动,但是却完全没有考虑培养学生的道德,使用的方法也缺乏人文关怀或展示对道德的理解。有的时候,教师只是在指导,像独裁主义者表达内心观念一样。有的时候,教师的活动更加接近于训练,旨在让学生做一些无须解释原因的操作。有的时候,教师将

---

① 徐廷福. 论我国教师专业伦理的建构[J]. 教育研究,2006(7):48-51.
② 陈向明. 教师最需要什么素养[J]. 中国教育学刊,2018(8):3.
③ 徐继存. 论教学审慎[J]. 课程·教材·教法,2019(8):27-33.

学生置于一种情境中,期望学生"通过经验学习"而无须教师任何清晰的指导。[1] 所以,教师的工作是否具有教育性取决于教师们是否付出心力与智慧。

第五节 师德养成的影响因素

在我国传统的师德观念中,强调为师者"克己内省""改过迁善",重视教师的内省,即向内用力、反求诸己。这种师德养成的观念是儒家思想高度重视人的德性修养与境界提升的具体呈现。现代社会,师德养成受到教师个人特征、学校组织结构、社会文化等多方面因素的影响。教师个人特征是指个人早年经历所形成的关于什么是善的基本信条,作为教师个人一套相对稳定的价值准则,是师德养成的底色。学校组织结构影响教师的道德行为,例如合理的规则和制度可以鼓励与促进师德行为。而学校管理者对教师个人道德行为具有很大的影响,所谓上行下效。社会文化对教师的师德养成同样会产生影响,一个尊师重教的社会文化环境会提高教师的职业认同感。概括起来,师德的影响因素包含外部因素和内部因素。外部因素主要包括社会层面、学校层面。社会层面包括制度规约、舆论环境等。学校层面包括校园文化氛围、人际关系等。马娟认为,师德的形成受到主客观两大因素的影响,在主客观因素的互动中师德得以形成与发展,但客观因素通过主观因素发挥其作用。其中,客观因素既包括社会期望、职业声望、现实地位等宏观因素,也包括学校管理体制、人际关系、群体观念、集体目标等微观因素。而主观因素主要包括职业社会知觉、职业角色意识与个人特质三个方面,其中,角色意识对师德的发展起着非常重要的作

---

[1] 彼得斯.伦理学与教育[M].朱镜人,译.北京:商务印书馆,2019:35.

用。①朱小蔓认为，在良好的社会氛围、学校赋权的前提下，教师要立足教育活动职场磨炼教师的德性。②

坎普贝尔认为，教师师德养成与个人的道德知识有关。道德知识是教师在认识到自己作为道德行动者的角色时所用到和产生的知识。道德知识使教师在因材施教、尊重他人等日常行为和道德价值之间建立关联，帮助教师在道德上建立起概念和实践的联系。道德知识使教师不再仅仅从技术、教学、课程、学科和评价的角度来看待教学，而是从道德和不道德的角度来评价他们的实践，以及他们的行为对学生可能产生的道德影响。一旦我们认识到教师认真且迅速反馈学生的作业是尊重和关心学生的标志，而不是效率的标志，我们就会看到道德的意涵。一旦我们认识到教师允许所有学生在课堂上回答问题是为了追求公平，而不是一个合理的教学策略，我们就会意识到教学的道德复杂性。一旦我们看到教师同情和理解"惹麻烦"的孩子，进而改善其行为习惯，我们就不再只看到课堂管理技巧。一旦教师们自己看到了这些东西，他们就开始意识到教师职业的道德基础，并且开始宣称自己拥有所谓的道德知识。③

与西方相比，由于受到中国传统文化的影响，我们国家在师德养成上持一种整体的师德养成观，即重视教师的整体人格。叶澜教授指出，教师在学生面前呈现的是其全部的人格，而不只是"专业"。教师的一言一行都在呈现你是谁，学生也在判断你是谁。学生对你怀有敬意或"瞧不起"，抵触或亲近，都不是仅仅因为你的专业，而是因为你的全部人格。当然，没有专业是不行的，没有专业的教师连讲台都站不住。但是仅仅有专业，肯定也是不够的。重要的是教师作为整体人的全面发展。在中国古代，教师受敬重，排位在天地君亲之后，也属"圣"之列。孔子就被称为"孔圣

---

① 马娟，陈旭，赵慧. 师德发展的影响因素及其作用机制 [J]. 教师教育研究，2004（6）：23-28.

② 朱小蔓. 回归教育职场回归教师主体：新时期师德建设的思考 [J]. 中国教育学刊，2007（10）：5-7.

③ CAMPBELL E.Ethical knowledge in teaching: a moral imperative of professionalism[J]. Education Canada, 2015, 46: 32-35.

人"。孩子上私塾要向圣人、老师叩拜。对教师还有道德方面的高要求，那就是要"为人师表"。① 鲁洁教授认为，道德养成需要主体的"内省"。所谓"内省"是主体在道德修养中的自我认识和自我评价。教师通过内省的方式可以帮助其师德养成。孔子所谓"见贤思齐焉，见不贤而内自省也"以及曾子所谓"吾日三省吾身"都是要求人们经常从自己的道德表现来评价自己，经常通过反省来鞭策自己。需要强调的是，真正的道德自省不是脱离社会实践的闭门修养，而是让自己投入社会之中，通过实践来促进反思，提升自我道德境界。另外，"内省"还包括主体的自我思想斗争和自我克制。道德养成过程中必然要在人的主观意识中开展两种（或多种）思想斗争，用符合社会要求的思想观点去克服、战胜不符合社会要求的思想观点，其本质是主体各种思想、心理因素矛盾运动的过程。同时，人的本能欲求在社会实践中得到改造和约束，但并不意味着用道德消灭和否定人的正常欲求以及合理满足。②

第六节 师德养成及其规律

师德养成是多种道德要素多渠道合力作用的结果，师德认同是师德实践的前提，师德实践是师德认同的外显。同时，对师德的反思又是师德认同与实践的引擎，三者有机协同共同筑成师德大厦。师德养成要遵循其内在规律，使教师道德在教师的本性中自然生长，逐步实现教师的自我价值表达。师德建设需建立在教师真实的生活世界，尊重教师的主体性，发挥教师的主观能动性，帮助教师在自我发展与专业成长的同时实现自身道德

---

① 叶澜著，庞庆举选编. 俯仰间会悟：叶澜随笔读思录[M]. 北京：中国人民大学出版社，2019：124.
② 鲁洁. 鲁洁德育论著精要[M]. 福州：福建教育出版社，2016：18-20.

水平的提升。①潘新民认为，师德养成有四条重要途径：一是加强教师的自我修养，包括勤于读书、虚心求教和善于反思。二是注重综合素养的提升，包括树立正确的理想信念、具备高尚的道德情操、加强知识修养、加强爱心修养。三是在教师共同体中涵养师德。四是在实践中体验感悟师德。②于泽元认为，要促进教师师德的养成，在具体的实践路径方面需要做好四个方面的"强化统筹"，即"强化德性伦理和制度伦理的统筹，促进内在需求与外在要求的融合，强化教师'重要他人'关系的统筹，以'共同体'确保教师地位的平等性，强化理想角色与现实生活的统筹，允许教师接纳表达真实自我，强化道德认知与道德实践的统筹，鼓励构建'知行合一'的师德信念"，由此，教师才能够形成清晰稳定的道德自我。③穆惠涛认为，不断加强师德教育，提升教师职业幸福感，营造全社会尊师重教氛围，完善师德考核评价制度等措施有助于推动责任的落实，提升师德内化的成效。④所以，师德养成要打好组合拳，注重教师德性的整体提升。

曲中林指出，教师职业道德修养的过程是一个多因素、多矛盾相互交织、相互作用的运动过程。在这一过程中，教师应注意和把握如下原则：一是知行统一原则。知，即对教师道德的认识及其在这一基础上所形成的观念，是师德修养的前提。行即行为，也就是教师把职业道德的理论认识付诸行动，这是师德修养的目的。在教师职业道德修养中，知和行是统一的。二是动机与效果原则。动机是激励人们行动的主观原因，效果是人们行动所产生的客观结果和后果。动机体现在效果之中，并通过效果去检验。效果又是不断产生新的动机的基础。动机和效果相互依存、相互转化的过程相当于教师职业道德的修养过程。三是自律与他律原则。自律是教师依靠发自内心的信念对自己教育行为的选择和调节。他律是指凭借奖惩和各

---

① 吕琦，代建军. 论师德养成的内在机理 [J]. 教育科学研究, 2019 (7)：29-31.
② 潘新民. 关于师德养成路径的几点思考 [J]. 教育科学研究, 2016 (3)：19-22.
③ 于泽元，邱德峰. 自我统整的高校教师师德养成原理与实践路径 [J]. 湖南师范大学教育科学学报, 2021, 20 (2)：8-15.
④ 穆惠涛，张富国. 新时代我国教师队伍师德内化的突破口与实现路径：基于教师职业责任分析的视角 [J]. 现代教育管理, 2019 (4)：91-95.

种制度规范等外部手段对教师行为进行的调节与控制。自律和他律的关系实质上是内因和外因的关系。四是个人与社会统一原则。在教师师德修养过程中,个人与社会是相互作用的。教师要把个人与社会结合起来,把自我价值与社会价值结合起来。五是继承与创新统一原则。教师职业道德并不是一成不变的,它是随着社会经济关系的发展变化而不断发展变化的。因此,教师在进行师德修养中,必须坚持继承与创新统一的原则。①

教师职业道德修养的途径和方法,既包括传统的道德修养途径和方法,也包括现代教师职业道德修养的途径和方法。传统师德修养途径主要有学思行结合、内省、慎独。现代教师职业道德修养途径包括:加强理论学习,明确修养方向;投身实践锻炼,坚持知行统一;虚心向榜样学习,完善道德品质;他律与自律相结合。教师职业道德修养的过程是一个由他律到自律的过程。新手教师面临的主要任务是管理好班级、上好课或通过其他方式尽快适应教师这一角色,并期待得到同行和学生正面的评价,这些迹象表明教师仍然处在"道德他律阶段"。道德他律阶段,教师期望得到奖励和表扬,害怕和羞于受到批评与惩罚。而自律阶段,教师的自我要求会逐渐提高,凭着内在规范来调节自己的行为,减少外界环境和其他因素的干扰,自觉且审慎地进行价值判断,寻求外部规范与内在规范的统一。在教师道德修养的过程中,他律和自律是同一过程的不同阶段,两者紧密联系,他律是自律的基础和前提,自律是他律的发展和升华。在教师道德修养的一开始,教师处在他律阶段,随着不断地学习和实践,教师不断沉淀、发展、提升之后,逐渐转向自律阶段。教师的师德修养必须坚持以他律为基础和前提,以自律为目标和境界。②

王丽娟通过对教师职业道德的实证调查研究发现,师德养成在教师职业发展的不同阶段表现出明显的差异性:第一个阶段(从教时间0~4年)为入职期。这一阶段教师对即将要从事的职业、对于恪守"专业道德"

---

① 曲中林,李静. 教师职业道德[M]. 北京:北京师范大学出版社,2020:151-153.
② 曲中林,李静. 教师职业道德[M]. 北京:北京师范大学出版社,2020:154-158.

一般都持非常积极的态度。但是多数教师此时尚处于依从性的道德学习状态，容易产生懈怠的情绪，对于专业道德的认同有下降的趋势。第二个阶段（从教时间 5~16 年）为发展期。教师个体对于专业道德的认同随着自身教学实践经验的积累而加深，对专业道德的认同也逐渐向"认同性道德学习"状态过渡。第三个阶段（从教时间 17~21 年）为停滞期或重新评估期。教师多数处于一个停滞发展时期，教师的"认同性道德学习状态"可能正在完成一个内部的整合，正积攒着力量以完成从"他律"到"自律"的转变。或者可以说教师正重新评估自己对专业道德的认同、理解。第四个阶段（从教时间 22~27 年）为稳定期。教师一般处于比较稳定的高水平的认同阶段，一些教师专业道德的学习状态向"信奉性道德学习状态"转化，教师个体对于专业道德的认同逐渐提升为价值的内化。第五个阶段（从教时间 28 年以上）为保守期。在这一阶段，许多教师的职业心态下滑，开始为退休、离职作心理上的准备。但多数教师的专业道德基本上还是处于一个稳定的"信奉性道德学习状态"。[①] 该师德养成的阶段划分为师德建设提供了理论启示。

傅维利教授认为，师德养成的基本规律包含：①师德的形成、发展和变化受个体一般道德发展水平制约。②师德的形成是道德认知、道德情感、道德意志、道德行动和谐统一的过程。③师德是在解决道德冲突过程中渐次发展起来的。④师德发展的基本轨迹是由他律渐变为自律。师德自我修养的基本方法包括：学习与实践、尝试与自省、自省与交流、交流与慎独。[②] 胡锋吉认为，教师职业道德的养成应当更加关注教师的伦理生活和伦理冲突，而不仅是道德规则的灌输。师德养成的结果应当是教师个体伦理自主性的提高，而不仅是道德规则的习得。[③]

杜威认为，最好的和最深刻的道德训练，恰恰是人们在工作和思想的

---

① 王丽娟. 教师专业道德的发展阶段初探 [D]. 北京：北京师范大学，2003.
② 傅维利. 简论师德修养 [J]. 中国教育学刊，2001（5）：43-46.
③ 胡锋吉，潘宇峰. 基于责任承担的教师专业伦理教育 [J]. 中国高教研究，2011（4）：51-54.

统一中跟别人发生恰当的关系而得来的。① 而比较完备的教师专业伦理规范应当涉及四种关系范畴：教师与教育事业的关系、教师与受教育者（学生）的关系、教师与其他教师及教师集体的关系、教师与家长及其他相关人员的关系。② 教师专业伦理的建构和师德养成正是建立在处理好上述各种关系，把握好各个层次不同的要求和分寸的基础上，实现崇高师德和底线师德的统一。教师专业伦理的建构必须以广大教师的实际修养水平为出发点，要求适中，具有可行性。③

针对师德养成的特点，檀传宝认为，师德建设需要透析两个问题：一是从根源上解决自觉修养何以可能的问题，即动力问题。在师德建设过程中，教师们往往只是被动接受自上而下颁布的师德规范，被动接受这些看起来十分重要的职业规范。如果我们承认专业伦理的研习是"对我们自己的"道德教育，是我们人生幸福的基础，是"为己之学"，我们就应该为自己的教育人生去自我立法，而不是被动接受他律。二是自觉修养的路径问题。检验路径是否有效的重要标准是教师和学生的幸福体验。因此，就像德育讲究"因材施教"一样，师德建设也必须考虑具体的教育者的特殊性和教育对象的特殊性。教师的道德修养当然会因职业生涯阶段的不同而有所不同，师德建设也应该针对不同职业生涯阶段的特点有所侧重。每个教师都应自觉修养师德，使"对我们自己的"道德教育尽快变成"为我们自己的"道德教育。④

师德是我国文化语境下教师队伍建设的核心议题，必须植根于中华优秀传统文化才能够展开其应有之义，构建师德养成之道。在我国传统文化视野中，师德养成的本质是教师的自我立德树人，是一种"为己之学"，教师自身的成长是最大的师德所在。通过对"德"的文化发掘，可以发现

---

① 杜威. 杜威全集：第五卷 [M]. 杨小微, 罗德红, 等译. 上海：华东师范大学出版社, 2010：66.
② 傅维利, 朱宁波. 试论我国教师职业道德规范的基本体系和内容 [J]. 中国教育学刊, 2003（2）：55-59.
③ 徐廷福. 论我国教师专业伦理的建构 [J]. 教育研究, 2006（7）：48-51.
④ 檀传宝. 师德建设："对我们自己的"道德教育 [J]. 中国德育, 2017（1）：1.

师德之"德"应该由教师的道德转向教师的"德性",师德的养成要高扬本真自我的德性价值,让教师在日常实践和伦常关系中以身体道,通过知行合一、格物致知、自我统整、诗意栖居而涵养自身的知识之道、人生之道和价值之道。指向德性的师德养成之路让教师能够无违本心地进入自己的职业生涯,在成就学生的同时也成就自己。①

第七节 师德与师能

道德的彰显集中体现在伦理决策和价值判断过程当中。面对道德困境,行动者的选择、决策,反映其道德状况。科尔伯格正是通过道德两难故事,测定一个人的道德认知发展水平。教师在教育过程中,经常身处道德两难困境甚至"多难困境",这为彰显教师道德、锤炼师德提供了文化场域和环境。

一、教师伦理决策

柯希蒂里在《我们可以从教师的道德错误中学到什么?》一文中指出,学校最常见的道德困境与教师的行为有关,尤其是滥用职权。② 通常,这些冲突集中在惩罚学生、给学生等级考评,以及学生和教师的交往过程中。之所以会出现道德困境,跟教师的价值观念和处理问题的方式有关。学校可以利用教师的自主决策来解决道德困境。通过研究得到的启示是,应该

---

① 于泽元,王开升. 立德树人:师德的养成之道[J]. 教育研究,2021,42(3):149-159.
② TIRRI K. What can we learn from teachers' moral mistakes?[J]. Collegiality, 2001:10.

引导教师反思自己在解决与学生的冲突中的角色和权威性。[①]除此之外,可借助专业平台和协作机制解决道德困境。通过对文献的梳理,将教师面临的各种伦理困境及应对策略总结出来,见表2-1。

表2-1 教师专业伦理困境(冲突)分类与应对策略

研究者	研究方法	困境(冲突)类别	应对策略
Oser, F., & Althof, W.[②] (1993)	思辨(对虚拟典型案例分析)	教师如何平衡关怀学生与诚实原则	1. 规避 2. 委托他人 3. 独揽 4. 不完全对话 5. 完全对话
Strike, K.& Soltis, J.F.[③] (1998)	实证(对虚拟案例的分析)	1. 惩罚与正当程序 2. 心智自由 3. 机会均等与民主社会 4. 多样性:多元文化与宗教 5. 民主、专业主义与正直从教	1. 诉诸规范伦理学(效果论和义务论) 2. 反思均衡
Tirri, K.[④] (1999)	实证(量化、质性相结合)	1. 教师日常相关工作(包括惩戒学生,处理师生、同事关系等) 2. 与学校和学习相关的学生伦理行为(作弊、说谎、不礼貌、骚扰) 3. 少数群体学生权利(文化冲突、宗教信仰、课程设置) 4. 校规校纪(抽烟、打牌、学生权利)	1. 不依情境处理(遵循一贯性:最大学生利益原则、保护弱者) 2. 依情境处理 3. 伦理对话 4. 妥协 5. 规避 6. 委托他人 7. 独揽
Campbell, E. (2003)[⑤]	实证(对加拿大教师的个案研究)	1. 个人信念与学校规则间的冲突 2. 学校行政管理方式带来的困难 3. 伦理原则之间的冲突 4. 家长与教师理念的冲突 5. 同事相处时的困境	1. 树立标准与规范 2. 学会创造伦理型文化 3. 在实践中运用伦理知识

---

① TIRRI K. What can we learn from teachers' moral mistakes?[J].Collegiality, 2001: 10.
② OSER, F, ALTHOF W. Trust in advance: on the professional morality of teachers[J]. Journal of moral education, 1993, 22(3): 253-275.
③ 斯特赖克,斯索尔蒂斯.教学伦理[M].黄向阳,余秀兰,王丽佳,译.5版.上海:华东师范大学出版社,2018.
④ TIRRI K. Teachers' perceptions of moral dilemmas at school[J]. Journal of moral education, 1999, 28(1): 31-47.
⑤ 坎普贝尔.伦理型教师[M].王凯,杜芳芳,译.上海:华东师范大学出版社,2011.

续表

研究者	研究方法	困境（冲突）类别	应对策略
蔡辰梅[①]（2007）	思辨	1. 制度规约下专业自主权的缺失 2. 制度规制下的专业良知的困境 3. 制度伦理缺失下专业道德的脆弱	
Shapira-Lishchinsky, O.[②]（2011）	实证（对以色列初中、高中教师的访谈）	1. 关怀氛围与规则氛围的冲突 2. 分配公平与学校标准的冲突 3. 保密性与学校规则的冲突 4. 忠诚于同事与学校规范的冲突 5. 家庭要求与教育标准的冲突	1. 丰富道德知识 2. 发展多元态度 3. 深化道德认知 4. 建构校园伦理文化 5. 伦理对话
Helen Boom[③]（2011）	实证（对澳大利亚职前和实习教师的访谈）	1. 行为管理 2. 公平问题 3. 人权 4. 个人伦理与专业伦理间的冲突 5. 同事间的伦理问题 6. 与共同的利益相关者协商 7. 保密性问题 8. 系统的权力关系	1. 伦理学需要与教师专业标准相结合 2. 通过反思和实践加强教师的道德理解
王晓莉[④⑤]（2009、2011）	实证（对我国小学、初中、高中教师的访谈）	1. 与学生有关的道德冲突 2. 教师与学生的冲突 3. 教师与社会的冲突 4. 教师与同事的冲突 5. 制度之间的冲突	1. 规避：无奈的退路 2. 独揽：底线的捍卫 3. 商谈：不懈的坚持
李琰[⑥]（2014）	实证（对我国小学、中学教师的访谈）	1. 观念冲突困境 2. 忠诚冲突困境 3. 立场冲突困境	1. 专业化路径 （1）完善专业的伦理支持体系 （2）提升教师的专业伦理素养 2. 应对策略 （1）伦理决策策略 （2）实践对话策略 （3）自我更新策略 （4）复杂思维策略

① 蔡辰梅. 制度规约下的教师专业道德困境 [J]. 中国教师，2007（2）：16-17.

② SHAPIRA-LISHCHINSKY O. Teachers' critical incidents: ethical dilemmas in teaching practice[J]. Teaching and teacher education, 2011, 27 (3): 648-656.

③ BOON H J. Raising the bar: ethics education for quality teachers[J]. Australian journal of teacher education, 2011, 36 (7): 76-93.

④ 王晓莉. 教师对教学专业伦理的理解及其影响因素：中国大陆D市的个案研究 [D]. 香港：香港中文大学，2009.

⑤ 王晓莉，卢乃桂. 教师应对教学道德冲突的策略及其实证研究 [J]. 课程·教材·教法，2011, 31 (9): 84-89.

⑥ 李琰. 义务教育阶段教师专业实践中的伦理困境研究 [D]. 重庆：西南大学，2014.

续表

研究者	研究方法	困境（冲突）类别	应对策略
王夫艳[①]（2015）	思辨	1. 对抗性道德困境（教师和家长存在价值分歧、教师自身的角色冲突） 2. 非对抗性道德困境（具体情境下同一道德规范难以贯彻，如教育公平的实现）	1. 身份作为教师道德选择的基点 2. 关心学生作为教师道德选择的立场 3. 具体道德策略 （1）妥协应对对抗性的道德困境 （2）单方决策应对非对抗性道德困境
周坤亮[②]（2016）	实证（对小学、初中教师的访谈）	1. 公平问题 2. 学生行为管理问题 3. 课改与考试的冲突 4. 学校行政管理带来的冲突 5. 投入与回报的冲突 6. 教师信念与家长观念的冲突 7. 同事相处的冲突 8. 不同规则间的冲突	1. 三种伦理决策范式 （1）美德的驱动 （2）规则的遵守 （3）结果的衡量 2. 基于整合的教师专业伦理决策
王凯[③]（2017）	思辨	1. 教师缺乏丰富的伦理知识指导专业实践，以致他们在面临实践中相互冲突的情境时困惑不解、束手无策 2. 教师知道正确的道德选择，但不知道如何做 3. 教师不仅清楚地知道什么是正确的道德选择，而且还知道应该做些什么，但是由于安全、便捷、有效等原因，或者可能因为被某种学校文化胁迫，而不会选择那样去做	1. 教师需学习伦理推理 2. 掌握伦理决策模式

教师专业伦理实践置于真实的社会和文化脉络中，道德困境是教师专业实践中不可规避的问题。遭遇道德困境充分表明了教师工作的伦理属性，体现了教师专业实践的复杂性。教师道德困境的产生，既由教师专业实践

---

① 王夫艳. 教师的道德困境与道德选择 [J]. 全球教育展望, 2015, 44（8）：85-93.
② 周坤亮. 教师专业伦理决策研究 [D]. 上海：华东师范大学, 2016.
③ 王凯. 困境与决策：教师专业伦理研究的新取向 [J]. 现代基础教育研究, 2017, 28（4）：47-52.

的特征决定,也与个体教师的道德认知、道德信念和道德实践能力密切相关。[①]道德困境分布在教师专业实践的各个环节。就人际关系而言,教师与学生、家长、管理者、同事等在价值观、角色责任、主体利益、专业立场等方面存在着冲突。就结构性因素而言,教师在面对学校制度、专业要求、社会规范等方面也会产生伦理冲突。值得注意的是,多因素之间往往是彼此缠绕的,构成复杂的关系网。教师面临的伦理困境频繁且多样,在应对过程中有时让教师感到非常棘手。当代著名的美德伦理学家赫斯特豪斯根据能否做出正确决定和能否做出正确行为,将道德困境分为四种类型[②],见表 2-2。

表 2-2 道德困境类型

道德困境类型	能否做出道德正确的决定	能否做出道德正确的行为
1. 可以解决的悲剧性困境	是	否
2. 冲突仅具有表面性的困境	是	是
3. 令人愉快的不可解决困境	否	是
4. 令人沮丧的不可解决困境／不可解决的悲剧性困境	否	否

赫斯特豪斯站在道德哲学的高度对伦理困境进行的分析和解读,为我们理解教师教育教学中面临的伦理困境提供了有力的思想支撑。有些伦理困境,教师是难以解决的。当教师面对不能解决的伦理困境时,有时会感到沮丧和内疚,这便是赫斯特豪斯所说的道德"剩余物",具有非常重要的个人意义和价值,对于道德主体精神境界的提升至关重要。

现实中,教师伦理决策受到制度和社会环境的诸多规制,教师需要协调来自个人、专业、社会等多方价值规范。教师的道德判断受到道德困境

---

① 王夫艳. 教师的道德困境与道德选择 [J]. 全球教育展望,2015,44(8):85-93.
② 李义天. 正确行为与道德困境:赫斯特豪斯论美德伦理学的行为理论 [J]. 吉首大学学报(社会科学版),2014,35(5):34-40.

的内容、教师的信念系统、实践情境等因素影响。因此，关注多重道德规范中教师的道德考量，增强教师的道德选择主体性和能力，提升教师的道德认知水平，帮助教师妥善地管理道德困境、进行道德选择，是值得深思的理论和实践问题。①

伦理学不是一门精确科学，教师不能将其当作一种基本原则来机械地运用。教师们发现有时必须修正自己的道德原则以适应现实环境，原因在于社会流行的价值观和教师个人的价值观和道德准则不一致。这个过程不是单向的，而是辩证的。教师在道德推理上试图获得个人道德准则与道德直觉之间暂时的反思均衡。如果道德情境中所有的细节都被考虑到，教师能够在此基础上基于理性做出道德决策，此种状态可视为教师的反思均衡状态。

教师不是由一个整体一致的、统一的道德哲学体系或一个固定的道德价值等级体系来指导其教育实践和伦理决策的。为了做出道德判断，教师经常同时权衡几种相互冲突的伦理价值观，并以不同的方式将它们结合在一起，而不是一次使用一个连贯的、完备的伦理价值观。简而言之，不同教师可能会有不同风格的多维度的道德判断。基于这些原因，师德研究应该考虑这样一种可能性，即教师并不总是寻求道德原则的一致性，也不应该假设他们必须坚持单一的道德评价体系的逻辑。相反，他们的道德决策背后可能隐含着矛盾性，包括规范和反规范的动态变化。②

美国伦理学家汤姆·里根（Tom Regan）列出理想道德判断的六项要求：一是概念的清晰。使用含糊的或者需要进一步限定而没有被限定的观念做出的道德判断，在理论和实践上都有缺陷，无法达到交流、劝导的目的。二是信息准确、完整。道德问题是现实中的问题，准确、完整地把握相关事实对于回答道德问题是至关重要的。三是合理性。这项要求是逻辑上的，它要求我们探讨所做的判断如何与其他我们相信或不相信的事情在逻辑上是相关

---

① 王夫艳. 教师的道德困境与道德选择 [J]. 全球教育展望, 2015, 44 (8): 85-93.

② SABBAGH C. Ethics and teaching[M]//SAHA L J, DWORKIN A G. International handbook of research on teachers and teaching.Berlin: Springer, 2009 (1): 683-693.

的。四是公平性。某些情况下,如涉及家庭和朋友关系,偏向性不是坏事,但相似情形应该被相似对待是一个应该尽量被遵守的原则,如果要做出理想的判断的话。五是冷静。受情绪影响的判断容易失去合理性、公平性等。"头脑发热"绝对不利于理想的判断。六是使用正确的道德原则。这是不言而喻的,但也是最难满足的,因为正确的道德原则依赖于正确道德理论的建立。[①]

站在不同的道德哲学立场,道德主体所做出的道德判断或伦理决策是不同的。康德义务论要求决策者始终保持决策的一贯性和自我同一性,而功利主义则表现出一定程度的依情境性和决策的灵活性。美德伦理不是将道德视作一次性活动,道德要和人的完整生命发生内在联系。作为重要的道德资源,规范伦理学无疑帮助教师在道德判断和决策中发挥着巨大的理论价值。国内外已有相关研究涉及规范伦理视域下的教师伦理困境和决策。

在一般性伦理规范的框架下,教师如何实践,考验着每一位教师。不同的教师面对同样的问题往往会做出不同的决策,其结果有时会存在巨大差异,这里涉及更多的是教师的道德能力和能动性层面。而在国内外有关教师专业伦理的研究中,聚焦教师道德决策过程中能动维度的研究相对较少。

师德高尚的教师存在一些共性,同时也具有差异性。共性在于这些教师对道德往往经过深思熟虑,表现出对引领他们实践的德性和伦理原则的反思性认同。这些教师关注日常工作中的道德意涵,尽管他们更多地以自发且习惯性方式采取公正、和善、诚实和尊重他人的日常行为,注重与学生互动的教育性和道德性,并能在道德和伦理框架内去理解与解释其行为。[②] 差异性表现在这些教师有着个性化的道德能动性和风格化的道德行为。聚焦个体教师的伦理决策能力,有效地化解道德困境,提升教师的道德效能感,成为"有用的好人"[③],是未来师德研究和建设过程中的着力点。

[①] 程炼. 伦理学导论[M]. 北京:北京大学出版社,2008:140-141.
[②] 坎普贝尔. 伦理型教师[M]. 王凯,杜芳芳,译. 上海:华东师范大学出版社,2011:162-167.
[③] 杜威. 民主主义与教育[M]. 王承绪,译. 北京:人民教育出版社,1990:376.

从伦理的起源看,东西方都非常重视道德的实践品格。因为道德问题不仅是认识问题,更是行动问题。[①] 教育本身所具有的实践品格要求教师将善念转化成善行,知行合一影响学生。教师专业伦理的实践转向将师德建设的关注点集中在教师的道德行为能力,即教师的道德表达[②] 和教师的道德能动性。[③]

二、教师道德敏感性

(一)道德敏感性

1983年,以科尔伯格的学生Rest为代表的美国明尼苏达大学伦理发展研究中心提出了道德行为的四成分模型(Four Component Model),在明确人的道德行为是确定其德性的重要组成部分的基础上,认为道德行为的产生至少是由道德敏感性(moral sensitivity)、道德判断(moral judgement)、道德动机(moral motivation)和道德品性(moral character)四个心理成分所构成,并认为在道德行为发生的每一个心理成分中都包含着认知与情绪的复杂交互作用[④],从而使道德心理学在解释个体面对现实生活中复杂道德问题时的心理活动以及预测个体的道德行为时有了更为坚实的理论依据。道德敏感性也因此从道德心理结构中凸显出来,成为道德心理学继传统的道德判断和推理研究之后的一个崭新的研究领域。[⑤]

根据Narvaez的观点,道德主体在伦理实践中呈现出一种整体状态,即综合下面一个或多个过程和技能,包括道德敏感性、道德判断、道德动机和

---

① 张岱年. 中国伦理思想研究 [M]. 南京: 江苏教育出版社, 2005: 7.
② FALLONA C. Manner in teaching: a study in observing and interpreting teachers' moral virtues[J]. Teaching and teacher education, 2000, 16: 681-695.
③ JOHNSTON B, JUHÁSZ A, MARKEN J, et al. The ESL teacher as moral agent[J]. Research in the teaching of english, 1998, 32 (2): 161-181.
④ BEBEAU M, REST J, NARVAEZ D. Beyond the promise: a perspective on research in moral education[J]. Educational researcher, 1999, 28 (4): 18-26.
⑤ 郑信军, 岑国桢. 道德敏感性的研究现状与展望 [J]. 心理科学进展, 2007 (1): 108-115.

道德行动。① 尽管所有这些技能都是必不可少的，但是最重要的是道德敏感性，因为它是注意和理解伦理问题及其线索所必需的。道德敏感性是对情境中涉及谁、采取什么行动，以及可能产生什么结果的感知和理解。因此，可以将道德敏感性比作人的眼睛。即使它受到道德动机（人类心灵：优先考虑伦理目标）和伦理判断（人的大脑：伦理推理作为解决问题的工具）的影响。道德敏感性可以被视为先于道德动机、道德判断以及道德行动（人的双手：任务践行）。② 道德敏感性在一般情况下处于个人道德的中心地位，尤其是教师道德能力的关键组成部分。③ 根据 Narvaez 的研究，道德敏感性包括七个技能：①阅读和表达情绪，这意味着理解和识别自身与其他人的情绪，以及情绪的自我表达。学习何时和如何恰当地表达情绪与管理情绪。②从他人的角度看问题。这指的是从另一个角度看问题的能力，例如从一个文化群体内部或外部，或从弱势群体的角度看问题。③关爱他人。包括将自我关怀扩展到整个群体。④处理人际和群体的差异。包括对多样性的感知和反应，以及适应和认同多元文化，使一个人能够从使用一种文化符号转换到使用另一种文化符号。⑤预防社会偏见。包括识别、理解、积极应对和控制偏见。⑥解释和选择。这意味着拥有创造性回应的技能，人们经常重复同样的错误，是因为他们自动地回应，而不考虑另一种行为方式。⑦预判行动和选择的后果。④

根据 Muriel Bebeau 等人的观点，道德敏感性是关于我们的行为如何影响他人的意识。因此，如果没有道德敏感性，就很难看出日常生活中涉及哪些道德问题。然而，要以道德的方式对情况做出反应，一个人必须

---

① NARVAEZ D, ENDICOTT L G. Ethical Sensitivity: Nurturing Character in the Classroom, Ethex Series Book 1[M]. Notre Dame: Alliance for Catholic Education Press, 2009.

② NARVAEZ D, ENDICOTT L G. Ethical Sensitivity: Nurturing Character in the Classroom, Ethex Series Book 1[M]. Notre Dame: Alliance for Catholic Education Press, 2009.

③ KUUSIST E, TIRRI K, RISSANEN I.Finnish teachers' ethical sensitivity[J]. Education research international, 2012（2012）: 1-10.

④ NARVAEZ D, ENDICOTT L G. Ethical sensitivity: nurturing character in the Classroom, Ethex Series Book 1[M]. Alliance for Catholic Education Press, 2009.

能够以引起道德行动的方式来理解和解释事件。具有道德敏感性的人会注意到不同的情境线索，并能想象出几种不同的行为来应对这种情境。人们利用了许多方面的技能、技巧和人际敏感性来处理道德问题，[1]包括从他人的角度思考问题（角色扮演），培养同理心，建立与他人的联系，以及想象可能发生的事情和可能受到影响的人来解释问题情境。[2]

（二）教师道德敏感性

教师道德敏感性作为教师的一种专业实践能力，指教师观察、理解、领悟特定情境道德特征的能力，是教师对学生身心需求或表现做出必要反应的一种特质[3]，包含道德想象能力和道德问题的识别能力。[4]从结构上看，教师道德敏感性包含认知与情感成分、伦理觉察与伦理解释成分。[5]

一个具有较强的教学道德敏感性的教师，必然会在不断觉察伦理问题的过程中自觉地反思教学过程的每一个环节对学生会有什么影响，什么样的教学对学生是不利或有潜在危害的，什么样的教学对学生的发展是最合适、最有利的。这样的教师，即便教学经验匮乏、教学技能不成熟，也能在教学过程中聆听到学生们迫切的学习需求，从细微之处感受孩子们的思想和渴望。因此，当这些教师去学习教学技能和熟悉教学流程时，不会停留于照搬别人的经验，不会在意形式，而会更多地考虑因人、因时的教育意义和伦理性。这样的教师，对自己有要求，会自觉追寻和主动践行教学的伦理本真，更有可能将伦理直觉转化为教学实践智慧，从而迅速

---

[1] BEBEAU M, REST J, NARVAEZ D. Beyond the promise: a perspective on research in moral education[J]. Educational researcher, 1999, 28 (4): 18-26.

[2] TIRRI K, NOKELAINEN P. Ethical sensitivity scale[J]. Measuring multiple intelligences and moral sensitivities in education, 2011: 59-75.

[3] 何蓉，朱小蔓. 论教师道德敏感性与学校德育改善[J]. 教育科学, 2014, 30 (2): 48-52.

[4] 王夫艳. 教师道德敏感性培育路径的新构想——来自西方描述视角的启示[J]. 外国教育研究, 2016, 43 (2): 72-82.

[5] 郑信军，吴琼琼. 论教师的教学伦理敏感性及其发展[J]. 教育研究, 2013, 34 (4): 97-104.

地达到专家教师的境界。[1]

  教师道德敏感性的影响因素有主观因素和客观因素两方面。主观因素包括教师移情因素、人格因素、角色卷入因素和道德图式因素，而客观因素主要包括教师的性别因素和学校文化背景因素。[2] 教学反思是教师专业化发展的重要途径，也是教师道德敏感性生成与发展的内在机制。只有当伦理维度被明确纳入教学反思的内容并有效地呈现和组织起来，教学反思与道德敏感性之间的生成路径才能确立。从聚集伦理维度的教学反思到道德敏感性的生成与发展，外部环境的保障作用始终不可或缺，其中更为关键的是教师的教学自由。不断丰富的教学伦理样例，是教师道德敏感性保持活性的基础。学校的教学伦理氛围，不仅是教学伦理样例的生成土壤，也是教师保持与发展其道德敏感性的心理环境。频繁体验的道德情感是其得以启动、维护并转化为实践智慧的内部动力。教师保持其道德敏感性需要其内在的教学伦理价值观的支持，包括义务论和功利主义。[3]

  教师道德敏感性是教师专业道德实践的首要环节，为后续的伦理决策和道德行动奠定基础，是道德行为发生前在心理层面的逻辑起点。[4] 教师道德敏感性是道德心理学和教育伦理学的一个应用性交叉概念，是衡量教师教学伦理意识的重要心理品质。[5] 国内外对教师道德敏感性的研究多采用教师的自评量表和情景故事法[6]，但是教师道德敏感性涉及许多复杂的意义和维度，定量研究所涉及的一些量表工具，有可能不能完全应对这种复杂性。为了打破这一限制，有研究者建议进一步的定性研究，以获得更

---

[1] 郑信军，吴琼琼. 论教师的教学伦理敏感性及其发展 [J]. 教育研究，2013，34（4）：97-104.

[2] 任强. 教师教学伦理敏感性及其干预对策研究 [D]. 温州：温州大学，2010.

[3] 郑信军，吴琼琼. 论教师的教学伦理敏感性及其发展 [J]. 教育研究，2013，34（4）：97-104.

[4] 张添翼. 教师道德敏感性：概念、框架、问题与改善 [J]. 教育发展研究，2015，35（18）：15-19.

[5] 郑信军，吴琼琼. 论教师的教学伦理敏感性及其发展 [J]. 教育研究，2013，34（4）：97-104.

[6] 任强. 教师教学伦理敏感性及其干预对策研究 [D]. 温州：温州大学，2010.

多有关教师道德敏感性的洞察和意义诠释。①

第八节　师德研究方法

师德研究存在本体性研究缺乏，解释力不足的问题，有关师德的实证研究还有很多空白。研究大都大而笼统，采取自上而下的研究视角，没有深入教师的道德生活，观照教师的实践细节。有关师德的研究亟待一场方法和理论的变革。我国师德研究在范式上正经历着由理论研究向实证研究的转向。

一、实证转向

有关师德的研究，逐渐从量化走向质性，从关注教师的师德状况到关注师德养成机制，研究从对师德的理论探讨逐渐走向关注现实中教师的伦理生活。在一项为期两年半的学校调查中，研究者追踪考察了道德元素如何渗透到课堂生活。该研究除了为教师和教师教育研究者提供一个看待与思考学校教育中道德维度的新框架外，研究者就如何从道德角度审视课堂提出了具体建议。该研究让人们意识到学校环境中的道德复杂性，教师在面对道德问题时的模糊感和紧张感，在学校和教室里道德表达的重要性和迫切性。②

美国哥伦比亚大学大卫·汉森教授2011年至2014年主持的教师研

---

① GHOLAMI K, TIRRI K. The cultural dependence of the ethical sensitivity scale questionnaire: the case of Iranian Kurdish teachers[J]. Education research international, 2012 (2012a): 1-9.

② OSER F K, JACKSON P W, BOOSTROM R E, et al. The moral life of schools[J]. Educational research, 1995, 24 (3): 176-201.

究项目，该项目调查对象由美国某城市16位自愿参与此研究项目的资深教师组成。汉森教授观察了16位教师所讲授的近200节课，并与这些教师进行了21次的晚餐聚会讨论。汉森教授及他的两位博士研究生还与这些教师进行了42次单独交谈。讨论的主题围绕"作为个人与作为教师，究竟意味着什么"的问题。所有的聚会讨论和访谈都有录音并进行了转录。汉森教授在此研究项目中采用了哲学和人类学融合的研究方法。汉森教授提出一种命名为"亲证"（bearing witness）的研究方法，简单地说就是研究者亲自到现场去看，一种建立在彼此尊重、互信基础上的研究者与教师之间的持续对话。汉森教授总结道，带着深厚的伦理观与教师靠近，这样一种研究取向，在教育研究和政策制定中应该占有一席之地。[1]

（一）有关师德的质性研究

师德涉及教师的精神层面和意义世界，质性研究因其特有优势，成为探寻教师心灵、解读教师内在景观的主流研究范式。

加拿大学者坎普贝尔在《伦理型教师》一书中告诉我们如何开发伦理标准，为教师处理工作中的对与错提供更好的实践指导。书中还告诉我们，教师学习社群不仅能够集中分析有关成绩的资料，期望更好的考试结果，而且能就他们工作的伦理标准达成共识。最为根本的是，坎普贝尔劝告我们，当制度或学校仍旧顽固地维持不道德状态的时候，教师个体必须鼓足勇气，坚持伦理上正当的行为，即使因此遭受人身或专业上的痛苦。[2]

梳理中西方有关师德的研究发现，密尔的功利主义、康德的义务论、亚里士多德德性伦理、麦金泰尔美德伦理被广泛应用于师德研究领域，这些理论为我们思考和建构科学合理的教师专业伦理规范提供了思想源泉和理论基础。其中，规范伦理学作为伦理学的基本形态在教师专业伦理的价

---

[1] 张华军. 重新想象教师本质和教学研究：专访美国哥伦比亚大学大卫·汉森教授[J]. 教师教育学报, 2017, 4（2）: 52-61.
[2] 坎普贝尔. 伦理型教师[M]. 王凯, 杜芳芳, 译. 上海：华东师范大学出版社, 2011: 25.

值注入与实践应用方面发挥了巨大的作用。规范伦理学囊括功利主义、义务论和德性伦理，每一种道德哲学都有自己的价值立场和人性假设，为我们分析和建构教师专业伦理开辟了不同的路径。在国内外有关教师专业伦理的研究中，规范伦理学视域下的师德研究为广大学者所采纳并且取得了很大的进展。周坤亮在其博士学位论文[①]中对教师专业伦理决策进行了系统研究，他的研究基于对教师专业伦理困境的实证分析，对教师在现实职业生活中遇到的伦理决策难题进行了剖析，在此基础上，将规范伦理学的三大经典理论作为分析工具，对教师的专业伦理决策进行了解释和分析，同时提炼出影响教师专业伦理决策的相关因素，最后尝试性地提出了具有现实性的教师专业伦理决策模型。[②]

在质性研究中，涉及很多典型的教学伦理案例分析，然而，这种"解剖麻雀式"的案例分析，虽然呈现出教育实践的鲜活性与教师的个性化特征，但是很难在大范围推广。

（二）有关师德的量化研究

量化研究广泛应用于师德现状调查和教师道德心理分析等领域。张凌洋利用经济学中的成本—收益模型作为教师专业伦理的分析框架，探讨在道德成本与收益双重制约下，教师道德行为产生的条件。在义利博弈的状态下，为如何建构科学的教师专业伦理体系提供了新的理论视角和实践路径。[③] 蒂里和努克莱蒙（Tirri & Nokelainen）在2011年开发了一种自我测评量表（简称ESSQ）用来研究教师在教学中的道德敏感性。该测评量表已在不同文化背景下的国家如芬兰[④]、伊朗[⑤]教师群体中使用。整体来

[①] 周坤亮. 教师专业伦理决策研究[D]. 上海：华东师范大学，2016.
[②] 蔡辰梅，刘刚. 近十年来教师专业伦理研究进展探析[J]. 当代教育科学，2018（6）：39-44.
[③] 张凌洋. 经济学视域下中小学教师专业伦理研究[D]. 重庆：西南大学，2012.
[④] KUUSISTO E, TIRRI K, RISSANEN I. Finnish teachers' ethical sensitivity[J]. Education research international, 2012（2012），1-10.
[⑤] GHOLAMI K, TIRRI K. The cultural dependence of the ethical sensitivity scale questionnaire: the case of Iranian Kurdish teachers[J]. Education Research International, 2012（2012a）：1-9.

说，文科教师比理科教师的道德敏感性高，女性教师比男性教师的道德敏感性高，而且集中表现在关怀伦理方面。[1]研究还发现道德敏感性和智力水平与能力水平具有正相关性。[2]

Kuusisto等人采用7个维度28个子问题设计教师道德敏感性量表（ESSQ），对芬兰教师的道德敏感性（$N = 864$）进行了调查。分析了实习教师、师范生和不同学科教师道德敏感性自我评估的差异。结果表明，多数芬兰教师认为他们的道德敏感性水平高，这表明他们已经认同并内化了教学的道德属性。重视关怀和平等是芬兰教育的核心价值观，这一结论从教师自我评估中关怀维度得分较高可以得出。[3]

在这之后，Gholami和Tirri将视角转向异文化，测量不同文化和专业背景下的教师道德敏感性。根据这一需要，道德敏感性量表（ESSQ）被用于556名伊朗库尔德教师的样本，以检查其在不同文化中的有效性、描述目标人群的道德敏感性水平。[4]更深入的分析显示，在伊朗库尔德教师中，自我评估的道德敏感性最高和最低的维度分别是为他人着想、阅读他人情感和表达自我情感。这些结果可以用两个重要的现象来解释：首先，众所周知，伊朗人，尤其是库尔德人有一种集体文化和心态，在这种文化和心态中，照顾他人的观点占有重要地位。其次，关心他人是道德敏感性的主要内容。因此，从他人的角度看问题可能反映了库尔德集体文化的一部分，其中强调并认为对他人的承诺是一种基本价值。研究结果支持了先前的发现，即集体价值观预示着伊朗人会有更高的同理心。研究指出，当涉及文化、

---

[1] TIRRI K. The moral matters of teaching: A Finnish Perspective[M]//CRAIG C J, MEIJER P C, BROECKMANS J. Teacher thinking to teachers and teaching: the evolution of a research community. Bingley: Emerald Group Publishing, 2013: 223-239.

[2] TIRRI K, NOKELAINEN P. Measuring multiple intelligences and moral sensitivities in education[M]. Rotterdam Boston: Sense Publishers, 2011: 37-57.

[3] KUUSISTO E, TIRRI K, RISSANEN I. Finnish teachers' ethical sensitivity[J]. Education research international, 2012 (2012): 1-10.

[4] GHOLAMI K, TIRRI K. The cultural dependence of the ethical sensitivity scale Questionnaire: the case of Iranian Kurdish Teachers[J]. Education research international, 2012 (2012a): 1-9.

宗教信仰等因素时，包括道德敏感性在内的教师道德能力涉及许多复杂的意义和维度。因此，定量研究所涉及的一些量表工具，有可能不能完全应对这种复杂性。为了解决这一限制，研究者建议进一步的定性研究，以获得更多的洞察和意义的诠释。①例如通过现象学的观察和写作，描述教师在教育教学中的真实体验，发现其中未曾发现的教育意义。②

无论是质性研究还是量化研究，其各自优势都要在具体的研究主题下才能得以彰显。教师专业道德研究由理论思辨逐渐向实证研究范式转变，由应然的探讨转向实然的应用，这背后反映出人们对教师专业伦理认识的逐渐深入，以及对教师群体的理解和现实关怀。

二、理论拓展

凯瑟琳（Catherine Fallona）以亚里士多德的美德伦理学为理论框架，借助实证研究，考察教师道德行为，揭示其本质。研究发现，教师有些道德品质是"可见的"，所谓"可见"意思是容易观察和感受的，如友好、机智、勇敢、温和。有些则不那么容易，如宽容、节制、诚实、公正等，因为这些美德在实践中不容易直接显现。③该研究为教师专业伦理研究提供了一种思路，即借助经典伦理学理论来阐释师德。斯特赖克和索尔蒂斯（Strike & Soltis）在《教学伦理》一书中提出"效果论"和"非效果论"作为诠释教师道德决策的理论基础。"效果论"源于功利主义，主张教师伦理决策时要考虑学生利益，力求行为结果利益最大化，"非效果论"源于康德的义务论，主张把人本身当作目的，而不是实现某一目的

---

① GHOLAMI K, TIRRI K. The cultural dependence of the ethical sensitivity scale Questionnaire: the case of Iranian Kurdish Teachers[J]. Education research international, 2012 (2012a): 1-9.
② 朱小蔓. 全民教育全纳化：教师的准备与行动[J]. 教育学术月刊, 2009 (7): 3-5, 18.
③ FALLONA C. Manner in teaching: a study in observing and interpreting teachers' moral virtues[J]. Teaching and teacher education, 2000, 16: 681-695.

的手段[①]，所以要无条件尊重每个人及其人格[②]，教师要把平等尊重每个学生作为其教学的根本出发点。规范伦理学作为解释和分析教师伦理行为的理论框架，为我们理解教师专业伦理实践提供了一种视角。

上述以规范伦理学为理论基础，通过设定道德准则形成规范自身教育教学行为的意识和行动称为规范性师德（normative morality）。规范性师德具有两个重要特征：一是强调师德规范的理想性，二是强调师德实践的摹刻性。[③] 随着社会发展，整个教育生态环境发生变化，人们对师德的期待从德性品质与行为规范的养成转向如何有效解决教育实践中的伦理困境。师德建设的重心由教师道德规范养成转为构建化解伦理冲突、解决道德困境的专业且有效的程序。简言之，师德观由规范性师德向程序性师德转换，师德从设定规范内容转向解决道德冲突的程序制定。基于对话伦理学，师德不再被视作个人品格的集合体，而是一种能力，一种能够激发有关专业行动的道德对话的能力，师德由规范移向解决冲突的有效程序，具有良好师德的教师应承担起发起和组织对话的责任。简言之，规范性师德中的实质性道德责任转换为程序性责任。[④]

三、师德研究亟待方法变革与理论创新

教师专业伦理研究经历了近30年的发展，在理论拓展的同时不断加强实践审视。纵视当前国内的师德研究，存在解释力不足、现实观照不够的问题。今后，师德研究应厘清师德发展的脉络，深入探寻师德理论根基，加强基础理论研究和实证研究。[⑤]

前期的教师专业伦理研究主要停留在概念内涵的辨析和澄清，以及国

[①] 康德. 道德形而上学奠基 [M]. 杨云飞，译. 邓晓芒，校. 北京：人民出版社，2013：64.
[②] 斯特赖克，斯索尔蒂斯. 教学伦理 [M]. 黄向阳，余秀兰，王丽佳，译.5版. 上海：华东师范大学出版社，2018：17-20.
[③] 王凯. 基于对话伦理学取向的程序性师德观 [J]. 教育发展研究，2013，33（10）：45-49.
[④] 王凯. 基于对话伦理学取向的程序性师德观 [J]. 教育发展研究，2013，33（10）：45-49.
[⑤] 刘万海，张明明. 师德研究的主题、特征与趋势 [J]. 课程·教材·教法，2014，34（2）：127.

外教师专业伦理规范的介绍引进,属于"楼阁之上"的理论文献研究。例如宋萑从多个角度出发,分析了完整理解教师专业伦理所涉及的辩证关系——教师专业需要专业伦理还是仅仅需要一般伦理?教师专业伦理究竟是他律还是自律?是关怀还是正义?[1]邱哲则介绍了美国教师专业伦理的制定及其对国内教师专业伦理的启示。[2]这两个研究是这一时期教师专业道德研究类型的代表,深化了人们对师德的理论认识。

后期的理论研究聚焦于教师伦理困境的研究,学者从不同视角对教师的道德困境进行解读,从成因上和类型上进行划分,进而提出解决教师伦理困境的对策。其中,蔡辰梅重点分析了制度规约之下教师专业道德的困境,提出制度伦理缺失,成为造成包括教师专业自主、专业良知等在内的专业道德实践的直接制约因素。[3]王夫艳则从道德关系的视角分析了教师的道德困境,将其分为对抗性的道德困境和非对抗性的道德困境,妥协和单方决策是教师常用的道德选择策略。[4]钟芳芳则从教师道德情感的角度,分析了教师的道德困境,并提出通过对教师支持性情感系统的培育唤醒教师的情感自觉,进而促成教师道德生活的自主成长。[5]王凯认为,教师伦理困境表现为"始于道德选择的意识,现于具体道德情境,难凭事实解决,并拒绝相对主义"的伦理难题。在教育实践中,教师专业伦理困境呈现出多种类型。破解困境,教师需学习道德推理,掌握道德决策模式。[6]

在思辨研究推进的过程中,教师专业伦理面临的根源性问题是缺乏学理上的深度解读,特别是道德哲学对师德的厘清。究竟什么样的教师才是真正"有道德"的教师?教师什么样的行为才可以被界定为"有道德"的

---

[1] 宋萑. 教师专业伦理之辩证 [J]. 湖南师范大学教育科学学报, 2009, 8 (6): 9-12.
[2] 邱哲. 美国教师专业伦理的制定及其启示 [J]. 教育研究与实验, 2010 (2): 38-41.
[3] 蔡辰梅, 徐萍. 制度下生存与教师的专业道德困境 [J]. 教师教育研究, 2007 (1): 31-35.
[4] 王夫艳. 教师的道德困境与道德选择 [J]. 全球教育展望, 2015, 44 (8): 85-93.
[5] 钟芳芳, 朱小蔓. 论当代教师道德生活的困境与自主成长:基于情感自觉的视角 [J]. 教师教育研究, 2016, 28 (6): 1-6.
[6] 王凯. 困境与决策:教师专业伦理研究的新取向 [J]. 现代基础教育研究, 2017, 28 (4): 47-52.

行为？这些都需要从伦理学的高度进行辨析。以至于近几年，国内外教师专业伦理研究呈现出道德哲学全面渗透的趋势。国外有关教师专业道德研究，借助规范伦理学、麦金泰尔的美德伦理、应用伦理学等道德哲学进行理论探讨和实证研究，为教师专业伦理建构、教师道德敏感性、教师伦理决策、教师身份认同等各个领域提供思想源泉。特别是规范伦理学的经典理论，为人们深度解读教师专业伦理提供了更加坚实的思想基础，为教师道德实践提供了更加多样的选择路径，为教师解决伦理困境提供更加多元的应对策略。目前，国外相关研究已取得一定进展。例如，透过规范伦理学，审视教师伦理困境，帮助教师专业伦理决策，探究课堂中教师德性及其表征。国内在这方面的理论和实证研究相对较少，亟待理论与实践层面的拓荒。

第三章
理论基础

涂尔干指出，道德来自个体经验和社会环境。[①] 从遵守外在规则到规则的自我制定，道德的普遍性和必然性逐渐铺展与显现出来。从被动遵守规范，到通过规范，个体连通社会，成为社会成员，个体的道德成长是逐渐社会化的过程。

师德研究涉及社会学、伦理学、心理学、人类学等。借助不同学科的理论，丰富和深化人们对师德的认识，指导师德建设。道德哲学从哲学高度探讨"何为道德"以及人的正当行为及其合法化依据。通过对"善"和道德行为的本体性解释，帮助我们厘清教师们在教育实践中行为的正当性来源，对教师的道德推理和道德决策做出深层次的解释。借助社会学，可以帮助我们认识环境与教师之间的互动关系，教师行为背后的结构性因素对教师行为的产生起着关键作用。借助心理学相关理论，帮助我们认识教师的道德认知发展、道德情感以及道德动机。本研究涉及的理论基础包括规范理论和承认理论。

---

① 迪尔凯姆. 自杀论 [M]. 冯韵文, 译. 北京：商务印书馆，1996：343.

第一节 规范理论

哈贝马斯指出，所谓规范性，是关于某种非自然的、非经验的，被描述为必然的、内在的事物的统称。其内在性提供了某种规范准则，它不同于实际上所发生的情况，区别于经验现实（empirical reality）。规范具有客观性特点，即规范的物性（thingness）是其自身规范力量的源泉——在某种意义上，它们外在于我们，同时又包含在我们之中。我们已经充分地识别出它们，也即认识到我们必须服从它们。所谓对规范充分地加以理解即是要相信、接受，或者承认我们对它先行已经有所接受，并且受制于它。而社会秩序之成立，就在于对规范的客观有效性主张的承认。[1] 个体与规范的关系是贯穿于有关规范各种主张中的一条主线。规范是某种需要人们加以承认和接受的约束与限制——用海德格尔式的表述，它"向来已经"就在那里了，但是我们唯有通过反思才能表达和认识它，或者，当我们达至理性的阶段才有可能承认规范的力量。[2]

马舍雷在《从康吉莱姆到福柯：规范的力量》一书中指出，规范化并不是指规范对既成力量的机械化应用，而是指规范如何随着自身的展开，同时在形式和内容上实现规范的力量。生命就不再是实体的自然存在，而是成为一种谋划或投射，这就意味着存在一种冲力，它打乱了生命的平衡，并且不断把生命投射到生命自身的前方，这就有可能会看到，在关键的时刻，生命被绊倒在阻滞其发展的障碍上。[3]

---

[1] 哈贝马斯. 在事实与规范之间：关于法律和民主法治国的商谈理论 [M]. 童世骏，译. 北京：生活·读书·新知三联书店，2003：21.

[2] 特纳. 解释规范 [M]. 贺敏年，译. 杭州：浙江大学出版社，2016：19-20.

[3] 马舍雷. 从康吉莱姆到福柯：规范的力量 [M]. 刘冰菁，译. 张一兵，校. 重庆：重庆大学出版社，2016：158.

生命体的经验只可能是个体化的经验，不存在一般意义上的生命体的经验。每个生命体都应该寻求其特有的秉性和渴望，凭借自身发现自己的生命答案，这就是为什么说生命的规范化过程，不能还原为对既定规范的应用。认为生命体遵从外在的规律，从而将其客观化并归置到一个理想的模型中，这是统计学家凯特勒提出平均人概念所想要做的。[①]

生命并不是一种既定的事物，而是一种生成的事物。赋予生命以秩序的规范——即意味着生命成为人类的生命——并不是预先构成的，规范是在对抗的进程中，即在生成和打乱人类生命形式的对抗进程中不断建立起自身的。因为作为某种反作用，规范的作用所产生的或是帮助产生的结果，也在自身生产的进程中形成和改变自身总体的样态。这就是既具有决定作用也被决定，或者像帕斯卡恢复的斯多葛学派的生物哲学的古老传统所说的，"既是因也是果，既有所依赖又有所支持"，我们可以加上"既是被规范的也具有规范性的作用"。规范推动着生命的运动，而不是像一种已死的物质那样指引着生命的运动。规范是在生命运动过程中"道成肉身"的，离开生命的运动，规范也将不再存在，同时，生命的运动自身也不可能脱离规范而存在。[②]

一、规范的类型

马舍雷以康吉莱姆与福柯为中心阐述了规范的概念，规范并非外在于主体，而是主体自己生产的内在性的力量，从动态的角度出发，对规则的思考转为对规则产生的思考，实际上将规范划入人类社会的范畴，本身并不存在绝对的"规范"，而是社会生产了适合当下的规范。规范的内在性，是指要在规范发挥作用所依据的因果关系中引入以下思考，不同于机械决定论中的连续关系，可以把单独的部分、彼此外在的各部分都联系起

---

① 马舍雷. 从康吉莱姆到福柯：规范的力量[M]. 刘冰菁, 译. 张一兵, 校. 重庆：重庆大学出版社, 2016：159.

② 马舍雷. 从康吉莱姆到福柯：规范的力量[M]. 刘冰菁, 译. 张一兵, 校. 重庆：重庆大学出版社, 2016：161-162.

来，而是强调一种同时性，强调所有元素之间相互依赖的性质，这样就不可能认为规范自身事先与其作用结果而存在，或者在某种程度上规范藏在结果之后独立存在，并且认为不要凭借简单抽象的处理方式限制现实，因为规范本身就作用在它的结果之中，要把它所具有的现实最大限度地展现出来。①

科尔斯戈德认为，一般说来，道德的规范性有两种：一种是外在规范性，另一种是内在规范性。也就是说，如果一种道德要求或命令是由道德行为者之外的主体提出的，这种规范性就是外在的，这种行为者之外的主体可能是超人的神，也可能是握有权力的统治者或组织，也可能是他人。如果一种道德要求和命令，是由道德行为者自身提出，源自行为者自身的理性或情感，这种规范性就是内在规范性。在伦理学理论中主张前一种规范性的学说被称为外在主义主张，后一种规范性的学说被称为内在主义主张。基督教伦理学是一种外在主义的规范伦理学，而以康德为代表的义务论伦理学，则是一种内在主义的规范伦理学。这是因为基督教伦理学的规范是由神颁布的，而康德义务论的规范则是由行为者自身的理性提出来的，或者说是先天地而存在于行为者的理性之中的，这种对规范性的划分实际上是从规范的来源上进行的划分，科尔斯戈德是康德义务论的支持者，也就是说她是一个内在主义者。科尔斯戈德认为，道德的规范性来自行为者自身的反思性认同，或者说来自行为者自身的统一性。她批评那些外在主义者往往把行为动机与行为规范的来源相混淆，行为的动机是指行为的起源，是指人们为什么要去行动。②

现代哲学家对规范归纳出四种类型，包括：①唯意志论。根据唯意志论，规范来源于对道德行为者具有立法权威的主体的命令。个体必须行正义的事情，因为这是上帝的命令，或者某个立法者的命令。所以，规范性

---

① 马舍雷. 从康吉莱姆到福柯：规范的力量[M]. 刘冰菁, 译. 张一兵, 校. 重庆：重庆大学出版社, 2016：109.
② 张传有. 译序. 选自克里斯蒂娜·科尔斯戈德. 规范性的来源[M]. 上海：上海译文出版社, 2010：3.

来源于立法者的意志。②实在论。实在论认为，道德要求是真实存在的，所以具有规范性，即道德规范对于个体的社会生存具有实际意义。实在论者通过论证价值、义务或理由的真实存在，或者更通常地，通过反驳各种怀疑论，来确立伦理学的规范性。③反思性认可。那些相信道德奠基于人类本性的哲学家是这种观点的支持者。他们的首要工作是要解释人类本性中的什么因素会成为道德的来源，并说明我们为什么要使用这些道德概念并且认为自己受制于它们。如果某人提出一种道德本性的解释，我们就可以向他提出规范性的问题：如果全面地考虑，我们有理由接受我们的道德本性的要求吗？我们是否应该拒绝它们？于是，问题的形式不再像实在论者所认为的那样是"这些要求是真的吗"。这里的理由是实践的理由，关键的问题是要表明道德对我们而言是好的。④自律。这种论证的代表是康德及以罗尔斯为代表的当代康德主义者。康德主义者认为，道德要求的规范性来源必须在行为者自身的意志中寻找，特别要基于这一事实：道德法则是行为者自身意志的法则，道德要求是行为者施加给自身的要求。行为者对于自身行动具有自我意识的反思的能力，赋予我们自身以权威，正是这种权威给予道德要求以规范性。①

科尔斯戈德的规范性理论不再把规范与道德主体割裂开来加以审视，而是说有什么样的规范便有什么样的道德主体，规范在个体身上是如何确立起来的便决定了行动者的道德状况如何，规范与人的内在自我是相辅相成的。规范的来源影响甚至决定着个体对规范的内化与养成，源于自律而形成的规范遵循着由内而外的发展逻辑，道德行为只是主体道德动机的表达，行动者的道德心理往往能反映个体真实的道德状况，而道德行为在评价一个人的道德水平时处在次要地位。自律是凭借理性——普遍性的路径在个体心中确立起规范，反思性认同主要沿着经验——有效性而确立起规范。

---

① 张传有．译序．选自克里斯蒂娜·科尔斯戈德．规范性的来源[M]．上海：上海译文出版社，2010：5-6．

二、规范的特点

任何规范都有它的适用范围,包括区域与人群,小到家规,大到国际公约。对于社会规范可以从起源模式、惩罚方式、属性等角度来界定。埃里克森将社会规范定义为由社会力量发布的规则。[①] 麦克亚当斯认为,"规范是指个人由于内在的责任感和外在的非法律制裁的威慑,感觉有义务遵守的非正式的社会常规"。罗伯特库特认为,社会规范"表明一个共同体内关于人们应该如何行为的共同意见。它意指一个有效的一致同意的义务。当共同体中的几乎每一个人都同意他们应该在特定的情况下以特定的方式行动,并且这种同意影响到人们的实际行为,一个规范就存在了"。[②] 理查德·波斯纳认为,"社会规范是一种规则,这种规则既不是由官方——比如法院或者立法机关——颁布的,也不是以法律制裁为威胁来强制执行的,然而却是作为惯例被遵守的"。[③] 埃里克·波斯纳将社会规范定义为"在缺乏有组织、有意识的个人管理的情况下出现并存续的行为规律性。……将社会规范与其他行为常规区分开来的要点是:违反社会规范会招致惩罚,但这些惩罚是人们内在生发出来的"。[④]

作为地方性规范,有如下几个特点:其一,是一种社会常规,即事实上被社会广泛采纳的行为举止;其二,从社会中自生自发;其三,具有义务性,即内在强制性;其四,以非法律制裁为保证。地方性规范的产生和执行都离不开共同体的一致同意(consensus,或"多数人的意见"),同时隐含了行为的普遍性和对惩罚的可预见性[⑤]。因此,规范的特点可化约

[①] 埃里克森. 无需法律的秩序:邻人如何解决纠纷[M]. 苏力,译. 北京:中国政法大学出版社,2003:154.

[②] COOTER R D. Expressive law and economics[J]. The journal of legal studies, 1998, 27 (2):585-608.

[③] 波斯纳. 法律理论的前沿[M]. 武欣,凌斌,译. 北京:中国政法大学出版社,2003:299.

[④] 波斯纳. 法律与社会规范[M]. 沈明,译. 北京:中国政法大学出版社,2004:10.

[⑤] 朱淑丽. 法律与民间规范:以荣誉决斗为视角[M]. 上海:上海人民出版社,2009:87.

为共识性与约束性，共识是规范的合法性来源，对于违背和遵循规范的行为所给予的惩罚与奖赏则强化了规范的现实性。

三、规范的达成

"规范"如何对个体发挥效力，使其被规范所支配？一是基于理性。个体凭借自身的理性，对规范合法性进行反思。二是基于传统的惯性。个体出于对悠久传统的神圣性与权威的信奉，愿意为其所支配。三是基于实践的有效性。当个体在遵照某种规范而行动，在实践中获得了经验的有效性。四是基于对惩戒措施的忌惮。当规范以强力的手段推行，可以在短期内获得其效力。

雅科布斯认为，规范在现实中形成的标准，主要看规范是否给社会行动提供了标准的解释模式。在现实的交往中，规范不仅仅存在于个体的意识层面，同样存在于现实可感可知的层面。当某一规范被违反，不仅表现在人们意识到某一行为不符合规范，同时表现出人们通过某种制裁对此做出反应。[1]不能把规范的现实性作为固定的事实来对待，规范的现实性体现在一个过程之中，就像"生命"或者"意识"一样。在此过程中，这一个规范所稳定的东西，可能从另一个规范那里夺走现实性。[2]对扰乱规范的行为，首先对主体进行归责，然后是制裁，比如行为边缘化以及人格的丧失。[3]

规范从人们的意识层面到现实层面，需要经历两个环节：第一是通过人们的共识实现规范的合法性；第二是借助惩戒、承认等措施保障规范的现实有效性。

---

[1] 雅科布斯.规范·人格体·社会：法哲学前思[M].冯军，译.北京：法律出版社，2001：46-47.

[2] 雅科布斯.规范·人格体·社会：法哲学前思[M].冯军，译.北京：法律出版社，2001：50.

[3] 雅科布斯.规范·人格体·社会：法哲学前思[M].冯军，译.北京：法律出版社，2001：72-102.

在福柯看来，社会秩序和规范的维系手段在历史上发生了巨大变化。对于违背规范、违反法律的人，从原本的身体的残害到人身自由的限制，看似进步，但实际上本质是一致的，即对违背规范的行为和个人做一种刚性的、可以直接感受得到的"否定"。这种对违背规范的行为和人员进行规训的"展示"可以起到震慑他人、警醒世人的作用，其目的和结果是维护规范、达成秩序。对社会行为做出的规范性要求其目的是增加社会大众的"期待行为"，减少"杜绝行为"。通过这种方式增加了社会规范的现实性。但是，通过法律惩戒实现对社会大众行为的管理，利用的是人们的"畏惧心理"实现的一种"物理秩序"。"物理秩序"是指"空心化"的社会大众表面上形成的秩序井然的状态。能够对人的内心产生"内在规训"需要借助道德的方式，即通过社会舆论，利用人们的羞耻心和荣辱感，建立并维持其心灵秩序。所以，道德是一种特殊的规范调节方式。规范达成路径如表 3-1 所示。

表 3-1 规范达成路径

行为类型	刚性路径（法律）	柔性路径（道德）
符合规范	肯定／奖励	承认／推崇
违背规范	否定／惩戒	蔑视／鄙弃

四、规范伦理学

伦理道德对规范人的行为、调节人与人之间的关系、涵养人的品性品质等方面，具有重要的价值，它是维系社会稳定和发展的重要因素。在伦理学领域中，规范伦理学因其"规范性"而得名，它试图为人们的日常道德行为制定规则与标准，让伦理决策或是道德判断变得有章可循。规范伦理学如同指导人们正确行动的手册，人们要做出行为对与错的判别，可以遵照规范伦理学的指导。在规范伦理学的"家族"中，义务论与功利主义是最具代表性的两大理论，前者代表人物是康德，后者代表人物是边沁和密尔。功利主义侧重行为结果的正确性，义务论关注的是行为本身与动机是否具备道德性。下面对两种规范伦理学做逐一介绍。

(一)功利主义

功利主义作为一种道德理论,将最大多数人的最大幸福看作人类行为的终极目标和判断人类行为正当性、社会基本制度合理性的最高标准。

功利主义认为行为的正确性与错误性只取决于这些行为对受其影响的全体当事人的普遍福利所产生的结果。道德上正确的行动标准是为尽可能多的人尽可能多地增进幸福(或减少不幸),即实现"最大多数人的最大幸福"。边沁发挥了经验主义伦理学家关于个人趋乐避苦本性的描述,以"苦乐原理"作为其伦理思想的基石,确立了苦乐在人的行为中的支配地位——作为人的行为最终目的的地位。快乐和痛苦决定了个人实际上如何去行为,对快乐或是免除痛苦的期待是驱动人们行为的动机,因而个人是受苦乐统治的,追求快乐或是免除痛苦就成为行为的最终目的。[1]

密尔认为,对功利主义伦理学的一些误解(禁欲主义和享乐主义),是由于对功利主义的基本观念的误解引起的。快乐包括肉体感官的快乐与理智的、情感的、想象的、道德情操的快乐。在密尔看来,边沁主义者的"快乐理论"由于没有将快乐进行不同质的区别,从而不能把人类的快乐与动物的快乐区别开来,不能把低级的快乐与高级的快乐区别开来。密尔提出快乐不仅有量上的区别,也有质上的区别。[2] 怎样才能对不同质的快乐进行区别呢?密尔诉诸一个"有资格的"人的偏好。密尔认为,如果有两种快乐,对于两种快乐都有经验的人,都对其中一种有断然的偏好,那么,这一种就是更可欲的快乐,即偏爱性快乐是质上更优胜的快乐。密尔强调高级的快乐对于任何一个受过教育、有教养的人的重要性。

幸福概念是密尔理论的核心概念。在密尔看来,幸福是一个具体的整体,也是一个多元的概念。热爱音乐、追求健康、崇尚德性、追求个体的

---

[1] 边沁. 道德与立法原理导论 [M]. 时殷弘, 译. 北京:商务印书馆. 2009:58.
[2] 密尔. 功利主义 [M]. 徐大建, 译. 上海:上海人民出版社, 2008:10.

自由发展，这些都可以作为幸福的组成部分包含在幸福之内。另外，如对金钱、名望、权势的追求，由于是获得幸福的手段，因而也作为幸福的组成部分。快乐之所以有价值，也是因为快乐是人的幸福的组成部分。密尔不是以快乐，而是以幸福作为道德的最终标准。幸福是人生的最终目的，只有幸福是自身就有价值的。密尔强调，幸福的生活应当包括质的方面的快乐的最大化。

在持反对意见的人看来，幸福一定不是人类生活与行为的合理的目的。因为，第一，幸福是不可得的。第二，人能够不为幸福而过活，并且高尚的人懂得自觉地舍弃幸福以获得美德。密尔对此做了反驳。他认为，功利主义不仅包括对幸福的追求，也包括对不幸福的避免或减轻。密尔认为功利主义并不否认牺牲的价值，但它有一个前提，这种牺牲一定要为其他人或人类整体带来利益。不能够增加幸福总量或没有增加这个总量的趋势的自我牺牲，在功利主义道德观看来是徒然的浪费，这种行为并不值得称赞。长期以来，伦理道德过分提倡损己利人，而且损己越惨重、越惨烈似乎就越道德。衡量道德水平的高低主要是以个人付出代价的大小、多少为标准，而对"是否值得"从无提及。只要是为他人、为社会，都应该不惜代价，甚至不提倡自己与他人、自己与社会的兼顾。似乎道德高尚就是一味地、彻底地、透支地奉献和牺牲。[①]

功利主义来源于"效用"（utility）这个词。广义上讲，功利主义有三个基本特征：一是结果主义。这意味着决定行为是否正确取决于所造成的后果。二是幸福和效用本身是"善"的。这意味着追求幸福并尽可能地增加幸福，这本身是值得追求的。另一种说法是，幸福是一种内在的、先天的、本质性的"善"。其他任何事物之所以判断为"好"或者"善"，是以能否达至幸福这一终极目的为标准。类似如金钱、权力、友谊等只在工具意义上说它们是"好的/善的"，因为它们是获得"幸福"的方法和

---

① 扈中平．论道德之"度"（上）——对"过度道德"的反思和批判[J]．中国德育，2019（20）：46-51．

手段。三是效用原则。功利主义将"效用原则"(幸福最大化原则)作为最基本的道德准则。表述为:你应该去做能够带来"最大多数人的最大幸福"的行为。所以,基于功利主义行动,个体要事先对该行为后果造成的快乐和痛苦的分量进行权衡。增加快乐减少痛苦是功利主义的出发点。

功利主义具有四大特点:第一,功利主义的优点就是它直言每个人内心渴望的东西——幸福,这似乎是一件天经地义的事情,所以它的理论根基貌似很稳固。第二,这是一个易于理解、简单明了的道德理论,因为只需要观照一个道德原则,即效用原则。行动者基于这一原则易于操作,无须担心原则之间可能的冲突。第三,功利主义体现了民主色彩,因为在计算快乐和痛苦的后果时,每个人都被平等地计算在内。根据功利主义,每个人作为一个独立个体,并不优越于其他任何人,所以它的产生在当时具有鲜明的政治意味。第四,与其他的竞争性理论不同的是,它力求科学化,因为它试图通过观察、预测和计算人们有关"幸福"的经验与心理"数据"来解决道德问题。"我该如何行动?"面对这一问题,人们渴望明确的价值引导,功利主义试图帮助大众澄清和解决这一现实问题。

(二)义务论

义务论理论(Deontological Theory)可以被描述为"基于义务的"(duty-based)。"deon"来自希腊语,意指"责任"。义务论把注意力集中在行为本身的性质和动机上,以此来判断行为的对错。与功利主义不同,后果不能用来判定行为是否具有道德性,而是行为背后的"准则",是"准则"决定了你的行为动机并告诉你应该做什么,即你的道德义务何在。

义务论的基本特质是注重"形式",没有实质目的的指向性。它所强调的是义务本身的绝对性与无条件性,将履行道德规范视为无条件义务。虽然义务论思想方法在古希腊柏拉图、中世纪初奥古斯丁(Augustine)均可以找到原初形式,甚至在宗教神学义务论思想中亦可发现其踪影,然而,作为现代社会所理解的义务论伦理思想方法,主要指自启蒙时代以来所确立且以康德为代表的义务论思想方法。本研究也以康德为代表讨论义务论。①

康德说:"在世界之中,一般地甚至在世界之外,唯一除了一个善良意志(guter Wille)以外,根本不能设想任何东西有可能无限制地被视为善的。"②康德在《道德形而上学奠基》第一章开宗明义地指出,善良意志作为"根本善"其本身便具有内在价值,而且不受外在影响,不因外物而变质。以此作为其动机论道德(义务论道德)的立论基础。但是,康德并没有就善良意志给出明确的定义。只是说,一个因为义务而行动的意志是一个善良意志。也可以说,善良意志表现在为了义务的行动中。那么义务又是什么?康德说,义务就是服从客观普遍法则的行为的必然性,指人被理性自身的法则所要求着、制约着。

义务概念在康德伦理学里占有中心地位。康德认为义务是一切道德价值的泉源,一种行为只有出于义务,以义务为动机,才有道德价值。在义务面前,一切其他动机都黯然失色。对道德主体来说,义务具有一种强迫性,也可叫作自我约束性,指驱动一个人必须去做某事的意识。

人们或许会觉得康德对道德动机的要求过于苛刻,"一位教师牺牲自己的个人时间给个别学生进行课外辅导,这难道不是师德的表现吗?你还管我动机干什么?"很多人觉得没这个必要。但康德却坚持认为,真正的道德行为应该是"为道德而道德,为义务而义务",而不是为了任何其他欲念和现实目的,因此该教师的动机决定了其道德水平,不能仅仅看其表面行为。叩问行为背后的理由是否正当是康德道德哲学独树一帜的地方,也是康德旗帜鲜明的哲学立场。

"绝对命令"是康德提出的基本道德法则。它的作用和地位类似功利主义的"最大幸福原则",但它的操作却完全不同,它不是通过观察其后果来判断一个行为正当与否,而是凭借行为的合理性与一致性。

绝对命令通过将行为进行普遍化检验,看是否具备一贯性(即没有产

---

① 高兆明. 伦理学理论与方法 [M]. 修订版. 北京: 人民出版社, 2013: 329.
② 康德. 道德形而上学奠基 [M]. 杨云飞, 译. 邓晓芒, 校. 北京: 人民出版社, 2013: 11.

生自我矛盾）来审视行为正当与否。如果一个行为准则普遍化之后不自我矛盾，这个行为准则就通过了定言命令的普遍性公式检验，此时可以说它具有道德正确性。这条普遍性公式被描述为：你要按照同时能使自身成为普遍法则的那条准则去行动。①这句话读起来感觉很拗口。通俗点说，就是在行动之前问问你自己："如果人人都按照你想的那样去做，结果会怎样？"换句话说，你必须考虑人们是否有可能普遍去做你愿意去做的事情。如果答案是不可以，那么该行为就是错误的。如果可以，那么它就是正确的。康德认为，一个行为对你来说是正确的，那么它对任何人都是正确的，反之亦然。所谓绝对命令实质上是一个普遍化检验的过程，绝对命令的普遍性公式可以看作检验道德行为的"黄金法则"，有如严守人类道德底线的最后关口。通过者则被视为放之四海而皆准的道德准则，为人所宣扬。未通过者则被视作道德禁忌，为人所不齿，尽管有时候得到的结果看起来是好的。

康德认为，一个行为能否被断定是道德的，需接受普遍化检验，即接受道德法则的判定。它被表述为："你要仅仅按照你同时也能够愿意它成为一条普遍法则的那个准则而行动。"②道德法则作为纯粹实践理性的法则，是一种无条件的命令。这种命令是在宣示某一行为的责任的必要性以及强制性，只不过这种强制是人的自我强制。在命令式的命题里，用来表示必要性、普遍性这些情态的，不是"是"字，而是"应该"（sollen）。这些规范对我们的行动实际上起着立法的作用。③康德在这里提出了一对概念："假言命令"与"定言命令"。前者只是为了达到某个具体目的的技术性的明智的劝告，后者才是道德上的"绝对命令"，它唯一的原则只是实践理性本身，即理性的实践运用的逻辑一贯性。④这是判定一个行为是

---

① 康德. 道德形而上学奠基 [M]. 杨云飞，译. 邓晓芒，校. 北京：人民出版社，2013：75.
② 康德. 道德形而上学奠基 [M]. 杨云飞，译. 邓晓芒，校. 北京：人民出版社，2013：52.
③ 苗力田. 道德就是力量：从自主到自律. 选自康德. 道德形而上学原理 [M]. 上海：上海人民出版社，2012：18、19.
④ 康德. 道德形而上学原理 [M]. 苗力田，译. 上海：上海人民出版社，2002：38、39.

否具备道德价值的关键。把道德原则提升为纯粹的形式（定言命令）是康德对伦理学的一个重大贡献，它使道德生活中的伪善无法藏身。[①]例如《中小学教师职业道德规范》（2008年修订）要求教师"关爱学生"，假如一个教师出于个人利益，例如升职、奖励而去"关爱学生"，这种做法受人的感性欲望驱动，是出于"假言命令"，禁不起道德法则的"透视"和检验，其行为没有触及道德的根本。所以这种行为对于教师来说不具有稳定性和一贯性，难以长久维持。

作为义务论道德思想的代表，康德建立他的道德哲学的本意是制定一种"纯粹道德哲学"即道德形而上学，用来对抗经验论、感性论和以此为基础的利己主义伦理学。正是警惕这一点，在康德关于实践理性的学说里，无时无刻不在坚持这个"纯粹"原则。"纯粹"就是通体透明，丝毫不受利己意图和个人打算污染。[②]

康德认为，自律原则是唯一的道德原则，意志他律是德性的一切不真实的原则之根源。[③]人性的尊严正在于这种自我立法并自我服从的能力。正如阿伦特所言，就康德的本意而论，他显然把善良意志理解为这样一种意志，当它被告知"你应当……"时，它将答道，"是的，我愿意……"。[④]即真正有道德的人自己为自己立法，并听命于自己所认定的普遍法则。对于一个自我立法的人来说，一切自然规律都无法将他支配和占据，因为他是自由的，他只服从自己所制定的规范。康德认为，唯有立法自身才具有尊严，具有无可比拟、无条件的价值，才配得上在称颂他时所用的"尊重"这个词。真正的道德行为让人感到他自己的尊严，而给心灵提供了一种对它自己来说出乎意料的力量，从一切想要占据统治地位的感性依赖中挣脱

[①] 邓晓芒. 康德道德哲学的三个层次——《道德形而上学基础》述评[J]. 云南大学学报（社会科学版），2004（4）.

[②] 苗力田. 道德就是力量：从自主到自律. 选自康德. 道德形而上学原理[M]. 上海：上海人民出版社，2012：12.

[③] 康德. 道德形而上学奠基[M]. 杨云飞，译. 邓晓芒，校. 北京：人民出版社，2013：80-81.

[④] 阿伦特. 责任与判断[M]. 陈联营，译. 上海：上海人民出版社，2011：57.

出来，并在他的理知本性的独立性和他发现自己被规定要达到的崇高思想中为他所奉献的牺牲找到丰厚的补偿。①

当今社会，工具理性盛行，使得人们在实践中对手段的追求压倒了对价值和目的追求。早在两百多年前，康德就对此做过警示，并在学理上进行过深入的探讨。他在《道德形而上学奠基》一书中强调："你要这样行动，把不论是你人格中的人性，还是任何其他人的人格中的人性，任何时候都同时用作目的，而绝不只是用作手段。"②真正的道德就是把人当目的，无论对方是什么人，你都应该尊重他的人格和人性。③这句话放到教育上可以这样理解，在师生关系中，教师应始终把学生本身当作目的，而不是自我欲求或者获利的手段。

康德在捍卫人的尊严方面立场坚定，认为所有人都是平等的理性存在者，理应在此基础上受到尊重。为实现某一目的，将人当作手段，在康德看来是不被允许的，因为那样，把人降格到物的位置。康德指出人区别于自然它物，彰显尊严与崇高性的根据在于人是唯一能够超越自然的必然性进行自我立法的主体。作为理性存在者的人因意志自律而具备道德的绝对价值，应该受到无条件敬重。④

义务论与功利主义的区别可以归纳为两点。首先，在功利主义看来，如果你是唯一一个遵守规则的人，那么遵守规则就没有意义了，因为效用在其规定性上便是指为社会大众所广泛接受，这是检验效用的唯一标准。不同于功利主义，义务论认为任何满足绝对命令普遍法公式检验的准则都必须遵守，即使你是世界上唯一在意它的人。它是理性自身的法则，除了遵守别无他选，与有没有其他人毫无关系。其次，功利主义中道德准则的有效性取决于人类多变的欲望与需要。如果人性或文化改变了，那么行为准则也将

---

① 康德. 康德教育哲学文集[M]. 李秋零, 译. 北京：中国人民大学出版社, 2016: 103-104.
② 康德. 道德形而上学奠基[M]. 杨云飞, 译. 邓晓芒, 校. 北京：人民出版社, 2013: 64.
③ 邓晓芒. 康德道德哲学详解[J]. 西安交通大学学报（社会科学版）, 2005（2）: 44-47.
④ 刘睿. 康德尊严学说研究[D]. 武汉：武汉大学, 2013.

随之改变以适应新局面。义务论则不然。绝对命令的要求就像几何学一样。它们不受人类感性欲望的支配，也不随文化风尚而改变，因为它们是建立在理性的基础之上。这就是为什么说义务论是先验的，即先于或独立于可变、偶然的经验。这就是为什么在义务论看来道德律令是绝对必然的，毫无例外。最后，关于事件的偶然性与例外，功利主义者有时会在他们的规则上附加一个免责条款。如果一旦服从它们会导致个人和社会灾难，你可以不遵守相应的准则。而康德却说，即使诚实会使人丧命，也要誓死捍卫。[①]

（三）功利主义与义务论比较

义务论和功利主义同属于规范伦理学，两者既存在共同点也具有差异性。首先在相同点上，作为规范伦理学的两大主流理论，功利主义和义务论都力图发现隐藏于人们行动背后的普遍法则，以此来指导人们正确的行动。两者的着眼点在于"规范"，致力于揭示、发展和证明有可能指导人们的行为、行动和决定的基本道德原则，给实际生活以伦理上的指导。因此，道德主体可以将功利主义和义务论视为行动指南，在其指导下，我们应遵从何种道德标准，才能使我们的行为做到道德上的善。其次，对于两者的区别，拿义务论来说，道德不是获得利益的手段，行正义之举仅仅因为它是正确的。康德义务论主张人应该坚守道德准则，服从理性，履行职责。对所有受影响者，是否获得良好的效益，这是次要的。当我们把目光转向功利主义，我们关注的是使最多数人获得最大幸福。表3-2梳理了规范伦理学对道德行为、道德主体的界定内容，为我们界定师德、分析师德养成提供了理论依据。不同的道德哲学站在各自的立场，对师德行为的界定是不同的。有研究以规范伦理学为理论基础，对教师的伦理决策、道德推理、道德判断等进行了探讨，使我们对师德有了更加深入的认识。

---

① STEWART N.Ethics: an introduction to moral philosophy[M]. Cambridge: Polity Press, 2009: 11-53.

表 3-2　规范伦理学对道德行为、道德主体的界定

构成要素	义务论	功利主义
对道德行为的界定	一个行为是正确的，当且仅当，它符合正确的道德规则，即可普遍化的绝对命令	一个行为是正确的，当且仅当，它增进了使幸福最大化的结果
对道德主体的界定	1. 有德之人是一种目的性存在，永远不能作为手段存在。 2. 有德之人是能够自我立法的理性存在。 3. 有德之人在于其动机是"善"的。 4. 有德之人是自由的，具有人的尊严，为他人所敬重[①]	1. 有德之人是给最多数人带来最大幸福的人。 2. 有德之人是结果论者
依托	实践理性	计算、权衡

第二节　承认理论

黑格尔作为承认理论的开创者，最早提出"为承认而斗争"的命题，进而引发学者对这一命题的深入探讨。这一理论指出，主体获得"承认的过程"被理解为人们通过对社会化获得的行为反应模式与生活环境中感知到的评价内容进行对比，不断要求我们的道德行为进一步完善，这样的过程是一个有着内在压力的永久的学习过程。[②] 个体遵循标准化的模式来寻找一种身份，以一种实际上实验性的方式来发现自己个性的核心。[③] 为什么自我实现的主张在 20 世纪最后三分之一的过程中越来越成为一种制度需求，起初犹豫不决，后来又大规模出现。个人面临着这样一种期望，即如果他们希望在自己的职业或社会上取得成功，他们会表现得很灵活，

---

　① 黄瑞英. 康德对人的道德主体地位的论证——读《实践理性批判》[J]. 南京邮电大学学报（社会科学版），2006（4）：54-58.

　② HONNETH A. Grounding recognition: a rejoinder to critical questions[J]. Inquiry, 2002, 45（4）：499-519.

　③ HONNETH A. Organized self-realization some paradoxes of individualization[J]. European journal of social theory, 2004, 7（4）：463-478.

并且愿意发展自己。自我实现的努力体现在一个人的整个生命过程中。今天所谓的个人主义已经转变成经济发展的工具，标准化使得人们的情感僵化，在其影响下，今天的个人似乎更可能遭受痛苦而不是成功。① 霍耐特非常敏锐地洞察到现代人的时代境遇是追求自我认同和自我实现，赢得外界和自我的承认，于是富有洞见地提出了"承认理论"。他指出，在社会承认秩序之下，人与人之间的关系是一种主体间相互承认的关系，这种承认关系的维护就是为了实现自我认同，这意味着一个人要获得自我认同必须先承认他人，因此承认秩序的建立体现了主体间的承认关系，没有相互承认关系就没有个人认同。② 与承认相对的不承认，霍耐特将其概念化为"蔑视"。获得承认，规避蔑视是人们的道德动机，可以说是人在社会化过程中形成的一种后天"本能"。霍耐特在社会学考察的基础上，结合黑格尔的承认斗争理论和米德的社会心理学，总结出承认的三种形式和蔑视的三种形式。

一、三种承认形式

霍耐特指出，道德主体的自我建构其实质是主体间承认的达成过程。其承认理论以个人的自我实现为前提，强调个人的自我认同必须得到他人的承认，也就是说，主体要获得自我的认同，必须获得他人的认同。所以霍耐特认为，人与人之间的关系是一种相互的承认关系，这种承认关系的维护就是为了实现自我认同，这意味着一个人要获得自我认同，必须先获得他人的认同以及承认他人。因此，自我认同体现了主体间的承认关系，没有相互承认关系，就没有个人认同。③

---

① HONNETH A. Organized self-realization some paradoxes of individualization[J]. European journal of social theory, 2004, 7 (4): 463-478.
② 刘光斌. 社会道德秩序的三种模式：福柯、哈贝马斯与霍耐特[M]. 长沙：湖南大学出版社, 2018: 131.
③ 刘光斌. 社会道德秩序的三种模式：福柯、哈贝马斯与霍耐特[M]. 长沙：湖南大学出版社, 2018: 131.

第一种也是最基本的承认形式,是在爱和友谊的亲密关系中。通过这种亲密关系,个人能够获得自信。爱代表相互承认的第一个阶段,体现了人与人之间承认关系的原始形式,在彼此感受到爱的关怀中,两个主体都认识到自己在彼此相互需要和相互依赖中相依为命。第一种实践自我关系的形式是自信,反映出一种主位和客位之间,或两个主体之间的承认关系,而且承认本身就必须具有情感认可和情感鼓励的性质。[①]

第二种承认形式是"法律承认"。这种普遍化的承认适合社会中的所有成员,个人能从其他社会成员那里获得自尊,与其他成员处于平等的关系中,能够自己决定如何构想和实现自己的生活计划。平等的权利是承认的第二阶段,体现了一种法律关系。第二种实践自我关系的形式是自尊,通过法律关系实现,这种承认形式赋予个人拥有权利、成为社会成员的资格、承担法律的义务。第二种实践自我关系反映的是一种"普遍化他者"的承认关系,从"普遍化他者"的立场出发,让他意识到必须承认共同体的其他成员也是权利承担者,从而把自己理解为法人。通过这种承认关系,人们在认识上得到尊重,获得了更多的独立性和扩展个人自由的空间。[②]

第三种承认形式是"共同体"承认,即一个人的价值体现在积极参与共同体生活,并为共同体做出贡献,在这个过程中,传递和表达出共同体所宣称和坚持的价值。这种承认关系用团结来表达,团结代表相互承认的第三个阶段。第三种实践自我关系是自豪,主要反映在一个理想的共同体中自我实现的关系。一个人能够获得自豪,在于为一个共同体做出贡献,并得到共同体其他成员的承认。其中,主体间的承认关系,扩大了共同体的范围,而共同体进一步保护个人自由和主体性。相对于"普遍化他者",共同体关系进一步扩张和保护了个人自由,为个人的自我实现留下了更大

---

① 霍耐特. 为承认而斗争[M]. 胡继华, 译. 上海: 上海人民出版社, 2021: 131.
② 刘光斌. 社会道德秩序的三种模式: 福柯、哈贝马斯与霍耐特[M]. 长沙: 湖南大学出版社, 2018: 132.

的空间。①

主体间承认的这三种形式及其应用的领域是各自分开的,形成三种不同的实践自我关系形式,尽管各有区别,自信、自尊和自豪三种实践自我关系存在一种直接的逻辑关系,在这三种承认形式中,第一种形式是基础,没有第一种形式就不会有后两种形式,第二种形式是第三种形式的基础,但前两种形式不能取代第三种形式。霍耐特指出,三种承认形式对于个人完整性(integrity)和尊严的形成起到重要作用,但是承认形式只能采取形式化的模式,而不能采取实质的模式,后来他指出这三种承认模式——爱、权利和团结设立了相互影响的条件的形式要求,而在相互影响的条件下,人们可以确保他们的尊严或完整性。人们依据的承认类型,仅仅意味着区分交往形式的结构特征,在这种意义上,这些前提条件是形式的,它们并不进一步勾画实现这些形式的结构框架。在承认理论中,霍耐特也重视促成承认的各种斗争形式,在他看来,斗争或冲突是道德的发展动力,促使蔑视形式向承认形式的转换,争取承认的要求,体现在被拒绝和社会排斥之后而产生的侮辱和愤慨,促使人们对社会规范做出重新思考和调整。追求正义的社会规范性理想,经由历史上争取承认的群体斗争而得到了确证。对霍耐特来说,这三种承认形式并不是经验的归纳,它们反映了现代社会结构不同领域的规范要求,因而具有普遍的规范意义。②

二、三种蔑视形式

霍耐特认为,个体在社会中遭遇的"蔑视体验"和有损人格尊严的经历,不是偶发的,而是深深嵌入社会秩序和结构之中,通过人际互动表现出来的。霍耐特提出了三种蔑视形式,他认为,那些没有受到他人善待的

---

① 刘光斌. 社会道德秩序的三种模式:福柯、哈贝马斯与霍耐特[M]. 长沙:湖南大学出版社,2018:132.

② 刘光斌. 社会道德秩序的三种模式:福柯、哈贝马斯与霍耐特[M]. 长沙:湖南大学出版社,2018:132.

人们的自我描述中，经常与伤害、羞辱、歧视这样的词联系在一起。当个体遭到他人拒绝和排斥，表明无法得到他人的承认，这种否定自我的经历反映了不对称的人与人之间的关系，体现在我们日常生活的经验之中。霍耐特主要用蔑视这个词来形容个体无法得到他人的承认。蔑视一词的意义就是人的特殊脆弱性，它来自黑格尔和米德所揭示的个体化与承认之间的相互依存。米德所说的个体规范的自我形象主要取决于他人和社会持久的支持。当个体遭受蔑视的体验，可能会把整个人的统一性带向崩溃的边缘。

蔑视的第一种形式是虐待，也可以说成身体上的强制，即以各种方式支配其身体，限制和剥夺其自由。霍耐特指出，不管出于什么样的意图，每一种违背个人意志而控制其肉体的努力，都会造成一定程度上的羞辱，而且这样一种蔑视形式对个人实践自我关系造成了毁灭性打击，因为它能造成"个人在现实中感到失去了自我"。[①] 对肉体的恶意虐待，结果导致对个人自信的持续破坏，而这种自信是通过爱获得的，自信的丧失，会进一步导致个体失去对世界的信赖，在肉体层次最终可能影响个体与其他主体的一切实践交往。[②] 霍耐特指出，这种蔑视，是从个人身体层面剥夺的承认，是对个人自主控制肉体权利的剥夺，而这种承认只能通过情感支持的社会化过程来加以经验才能获得。总的来说，霍耐特认为，这种蔑视使得个人行为的肉体性质与情感性质之间的整合从外部被摧毁了，同时遭到持续毁坏的还有最基本的实践自我关系，即个人基本的自我信赖。[③]

蔑视的第二种形式是剥夺权利。霍耐特指出，当一个个体在结构意义上被一个社会排斥在权利的占有之外，他就会遭遇第二种蔑视形式，即剥夺权利。也就是说，个人权利被剥夺了，失去了作为共同体成员享有的各种权利，无法承担和其他社会成员相同程度的道德责任。[④] 霍耐特特别指

[①] 霍耐特. 为承认而斗争[M]. 胡继华，译. 上海：上海人民出版社，2005：141.
[②] 刘光斌. 社会道德秩序的三种模式：福柯、哈贝马斯与霍耐特[M]. 长沙：湖南大学出版社，2018：134.
[③] 霍耐特. 为承认而斗争[M]. 胡继华，译. 上海：上海人民出版社，2005：142.
[④] 刘光斌. 社会道德秩序的三种模式：福柯、哈贝马斯与霍耐特[M]. 长沙：湖南大学出版社，2018：134.

出,这种蔑视形式的特殊性,在于强行限制个人的自主性,个体未能享受一个合格、平等的富有道德权利的互动伙伴的地位。① 个体被否定了社会性的有效的权利关系,这就破坏了主体间的期望,个体无法获得主体间的承认。② 丧失权利的蔑视体验导致自尊的失落,失去了在法律面前平等的权利。霍耐特指出,蔑视从个人身上所剥夺的承认形式,就是在认识上失去了对道德责任地位的敬重。③

蔑视的第三种形式是侮辱。霍耐特认为,第三种形式与个体的能力和社会价值有着联系。当个人的自我实现方式或个体生活形式无法在社会中得到实现,或者说个人的自我能力无法赋予社会意义,将产生一个后果,即社会价值的自我贬值。该经验会抑制个体的自我实现,因为自我的能力和专长无法得到社会或共同体的认可。侮辱导致社会化或个体化的过程都产生障碍,个体在社会化和个体化的双重转化过程当中产生了危机。④

上述三种蔑视的主要形式代表实践自我关系发展过程的三种否定形式,个体的自我认同,在蔑视的经验中无法得到实现,导致个体的自由空间受到限制或控制。霍耐特概括出三种蔑视经验的典型特征,以参照人类沉沦状态的隐语来描述蔑视对个体造成的后果,分别是心理死亡、社会死亡、心灵伤害等。霍耐特指出,蔑视的情感经验,让个人意识到自己被非法地剥夺了得到社会承认的权利。为了和内在自我建立健康的自我关系,个人必须依赖主体间的承认。⑤ 表3-3是对霍耐特承认理论的梳理和归纳。⑥

---

① 霍耐特. 为承认而斗争[M]. 胡继华,译. 上海:上海人民出版社,2005:142.
② 刘光斌. 社会道德秩序的三种模式:福柯、哈贝马斯与霍耐特[M]. 长沙:湖南大学出版社,2018:134.
③ 霍耐特. 为承认而斗争[M]. 胡继华,译. 上海:上海人民出版社,2005:142.
④ 刘光斌. 社会道德秩序的三种模式:福柯、哈贝马斯与霍耐特[M]. 长沙:湖南大学出版社,2018:135.
⑤ 刘光斌. 社会道德秩序的三种模式:福柯、哈贝马斯与霍耐特[M]. 长沙:湖南大学出版社,2018:135.
⑥ 王凤才. 论霍耐特的承认关系结构说[J]. 哲学研究,2008(3):41-50.

表 3-3　霍耐特承认理论构成要素

承认领域	爱	法权	成就
承认形式	情感关怀（爱）	法律承认（法权）	社会尊重（团结）
承认原则	需要原则	平等原则	贡献原则
承认体验	自信	自尊	自豪
蔑视形式	身体强制	剥夺权利	侮辱
蔑视对象	身体完整性	完全成员资格	自我实现方式
蔑视后果	摧毁自信、"心理死亡"	伤害自尊、"社会死亡"	剥夺自豪、"心灵伤害"

霍耐特指出，主体不是仅靠自身就能得以塑造，需要把主体摆置在一种适合主体成长和发展的主体间关系之中，才能使其自我得以建立。否则，即便有主体的种子，也会夭折掉。以承认形式为表现的主体间关系便是主体道德成长的环境和土壤。

霍耐特指出，人类主体同一性来自主体间承认的关系，这一思想在米德的社会心理学中以自然主义思想为前提得到了最彻底的发展。米德的目标是要把为承认而斗争作为理论建构的参照点，并依据这一理论来解释社会的道德发展。[①] 在伦理的形式概念中，个人完整性的主体间性条件统统被看作个体自我实现的前提。[②] 在现实社会中，如果一个社会结构和道德秩序是以"承认的规范"为奠基，以多元承认决定和影响人际关系与互动方式，那么，个体行动背后的出发点和实践理性的表征便是"为承认而行动"，于是"为承认而行动"对于主体而言便因此具有道德意义。通过自身努力，获得外界的承认，克服和摆脱蔑视体验成为行动者行为背后的道德动机。进而可以解释，社会冲突和不和谐的产生，其背后的逻辑可理解为对行动主体的人格蔑视和权利剥夺，让其难以产生肯定性的自我关联。

[①] 霍耐特. 为承认而斗争[M]. 胡继华，译. 上海：上海人民出版社，2005：77.
[②] 霍耐特. 为承认而斗争[M]. 胡继华，译. 上海：上海人民出版社，2005：150.

保罗·利科在《承认的过程》一书中发展了承认理论。他首先探讨了自我承认问题。对自我的承认就是承认自我是行动的主体，承认自我是一个"有能力"的人。利科认为，这个阶段的"承认"有了"证明"的意味，承认一个人是"有能力"的人就是证明了一个人是"有能力"的人。对"有能力"的主体的探讨必须经过客体方面的迂回，即必须经过"什么"和"怎样"的迂回。所以，对"有能力"者的分析经过了"能够说""我能做""能够叙述和叙述自己""可归罪性"这几个阶段。这些能力都指向了一个主体，它必须回答"谁在说话""谁在行动""谁在叙述""谁是被归罪的道德主体"。主体的同一性和差异性的辩证法使我们从自我承认问题进入相互承认问题。相互承认就是每个人得到别人的承认。如何从自我出发来建构相互承认，一直是从笛卡尔以来的主体哲学的难题，也就是利科所说的"不对称性"的难题。利科在这里接受黑格尔的一个基本思想，即否定性内在于肯定性之中的思想。因此，动力来自内部，向异性内在于同一性之中。从否定发展到肯定需要一个过程，得到承认也需要一个过程，黑格尔将其称作"为承认而斗争"。"为承认而斗争"命题的提出意味着获得承认的过程中，那些否定性的因素，如排斥、蔑视等发挥了相应的作用。利科不仅分析了黑格尔的相关论述，还分析了将黑格尔这个命题现实化的当代学者的论述。但为承认而斗争的最后归宿仍是和解，是一种和平状态的相互承认。馈赠与感谢体现了这样的承认。[①]

我国学者王思斌从承认理论的视角，探讨社会工作群体与政府之间的互动关系，提出形式的承认与实质性承认、自我承认和外界承认两对概念。形式的承认，指有外在形式的、倾向于表达的、实际意义不强或非本质意义上的承认。实质性承认，指的是在本真意义上的承认，即非形式化、非单纯宣称的见诸行动的承认。一般来说，实质性承认比形式性承认的承认程度更高。好的承认方式既要满足从业者的物质需求，也要满足其精神需求。社会

[①] 利科. 承认的过程 [M]. 汪堂家，李之喆，译. 北京：中国人民大学出版社，2011：184-193.

工作群体对社会工作的承认实际上包含了对自己专业行为的承认。如果社会工作群体（例如教师）不能说服自己，不能自我确认专业行动的价值，便不可能产生坚定的、促进其工作发展的行动。在社会工作专业发展的初期，社会环境还不十分有利的情况下，社会工作群体需要自我承认，而且是一个较强的自我承认。有了这种较强的自我承认才会加以坚持和拓展，才会通过自身努力改变环境，并在改变和建构外部环境中实现社会工作者与社会、他人的多重认可与承认。对社会工作群体的承认除了来自自我，还需要被承认。被承认是自己活动结果（具体的服务或各种参与）的被认可，可以称之为社会的承认或简称社会承认。社会承认是多重的，可能是一个伴有多重要求的过程。在我国当前的环境下，社会工作群体必须在多重实践中完成，并在参与其他活动中扩大社会工作的影响，建构个人与社会的协同活动和认同过程。在这一过程中，社会工作会逐步实现实质性承认，这也是包含了自我承认和社会承认的实质性承认。[①] 承认的结构如图3-1所示。

```
              实质性承认
                 │
                 │
   自我承认 ─────┼───── 他者承认
                 │
                 │
              形式的承认
```

图3-1 承认的结构

在王思斌看来，社会工作的承认之路实际上是一个社会性承认的过程，是社会工作群体与社会各部门、多群体围绕承认而开展活动和互动、

---

① 王思斌. 走向承认：中国专业社会工作的发展方向 [J]. 河北学刊，2013，33（6）：108-113.

促进共识形成、使社会工作落地和制度化的过程。在这一过程中，社会工作群体和外界各部门都是主体，双方的行动共同建构着对社会工作的承认。如果从社会工作发展的实际进程来看，社会工作承认关系并不是对等的。社会工作群体对社会工作的承认早于外界，也强于外界，即自我承认早于他者承认。另外，不对等关系还表现为，外界的承认对社会工作的发展具有决定性作用，即他者承认对自我承认具有重要的影响。但在此过程中，双方互为主体。如果社会工作群体只认为外界决定着社会工作发展的命运，不重视自己的主体地位和角色，就难以真正保持自我，并且有效地推动社会工作发展。从发达地区的经验来看，社会工作的发展是社会工作群体与各部门合作的产物，即自我承认与他者承认的有机结合，一个地区的社会工作专业队伍没有基于主体性的实践，做不出令人满意和欣赏的社会服务，便不会有外界积极支持社会工作的举措。[1]反过来，如果外界缺乏互为主体性的思维，把专业社会工作当作工具，甚至对社会工作做"扭曲的承认"[2]，漠视或"蔑视"[3]社会工作，社会工作事业也不会在当地健康、有序发展起来。总结起来，社会工作的被承认和发展，必须以社会工作群体的自我承认为基础。自我承认在承认系统中占据主导地位。自我承认是社会工作群体自主性的表达，是对社会工作本质、价值观、方法等的正确认识和践行。有了这种自我承认，社会工作群体才会有底气与外界进行平等的对话与合作，才会在与外界的互动中提出有利于社会工作发展的要求，真正促进社会的建设和发展。[4]如果社会工作群体在承认关系上缺乏主体性，总以为外界的态度决定一切，那么，社会工作的合法性和应有地位就难以建立起来。在社会工作发展的过程中，必须有社会工作群体和外界两

---

[1] 王思斌．走向承认：中国专业社会工作的发展方向[J]．河北学刊，2013，33（6）：108-113．

[2] 泰勒．承认的政治[A]．汪晖，陈谷燕，译．文化与公共性[M]．北京：生活•读书•新知三联书店，2005：324．

[3] 霍耐特．为承认而斗争[M]．胡继华，译．上海：上海世纪出版集团，2005：140-147．

[4] 王思斌．走向承认：中国专业社会工作的发展方向[J]．河北学刊，2013，33（6）：108-113．

方面的合作,即两个方面都基于其主体性对社会工作加以承认。社会工作群体要有专业认同和自我承认,外界要承认社会工作的地位和自己对发展社会工作的责任。[①]

第三节 分析框架

近年来,师德研究发生了研究视角和范式的深刻变化,从注重教师群体师德现状分析,到关注个体教师道德生活的深描与解释以及道德主体的建构过程,师德研究越来越重视微观层面的个体叙事。本研究从道德人类学的研究视角,把高中教师师德养成放在具体的文化场域中加以考察,关注师德规范如何被群体所确立、如何被个体教师所内化。在现实环境下,教师处在多重关系之中,在遵从规范与获得外界承认的叠加作用下影响自身的师德养成。道德成长对于每一个教师来说,其过程无法替代,难以速成,是外部因素与教师个人的主体性因素相互作用的结果。本研究着眼于在文化场域中,教师、规范、他者之间的互动关系,关注教师的师德养成及其规律。基于以上考虑,提出了如图3-2所示的分析框架。

教师的师德养成是教师基于现实情景,不断实践累积之后的结果。现实中,教师既要与不同群体进行人际互动,又要在各类规范下从事教育工作。所以,高中教师的师德养成是在一个复杂关系场域中完成的。

人际关系维度是师德养成的重要维度,特别是在中国人情社会的背景下,各种人际互动影响教师的决策与行动,对教师的心理感知造成直接影响。本研究关注师德的关系维度和实践性特征,重视教师的人际互动。借

[①] 王思斌. 走向承认:中国专业社会工作的发展方向[J]. 河北学刊, 2013, 33(6): 108-113.

文化场域

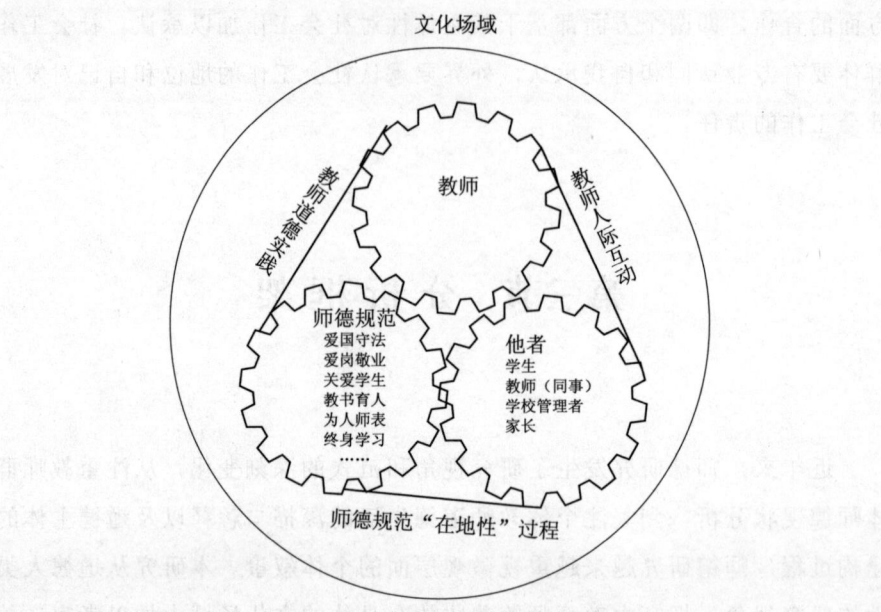

师德规范
爱国守法
爱岗敬业
关爱学生
教书育人
为人师表
终身学习
……

教师

他者
学生
教师（同事）
学校管理者
家长

教师道德规训

教师人际互动

师德规范"在地性"过程

图 3-2　教师师德养成互动关系

助承认理论，分析教师与不同群体之间的人际交往和互动，着眼于教师获得承认、规避蔑视的实践和心理体验。每一位教师不是生活在一个真空环境，而是处在一个人际关系与事际关系交织的复杂关系网络之中，任何一个决策往往受到多种因素影响。

基于此，本研究探讨在特定的文化场域下，师德规范如何作用于教师，两者之间有着怎样的互动关系，进而挖掘高中教师师德养成及其规律。

第四章 师德养成的文化场域

场域是布尔迪厄创立的概念,指那种在整体社会中具有相对独立性的小圈子,他说:"在高度分化的社会里,社会的整体世界是由大量具有相对自主性的社会小世界构成的,这些社会小世界就是具有自身逻辑和必然性的客观关系的空间。"场域是一个不断建构的网络世界,具有自身的规范系统,道德场域就是具有相对独立性的道德活动的空间。

本研究的案例学校N校所在的J市是苏南有名的县级市,经济发达,历史悠久。特殊的地理位置和自然环境孕育了其独具特色的水乡文化,滋养和浸染着生活在其中的当地教师。本章主要对J市的人文环境做一些描述和介绍,其目的是为后面章节教师的道德观念找到文化上的根源。

第一节 J市的社会经济状况

J市所在的江苏省是全国有名的经济强省和考试大省,而J市所在的苏南地区又是全国经济发达、教育发展水平相对较高的地区。作为苏南的一个县级市，J市地处江尾海头、长江咽喉，历代为江防要塞，是长江南北的重要交通枢纽和江海联运的天然良港城市，总面积987.5平方千米。截至2019年，J市常住人口达165.34万人。虽然区域面积与人口规模算不上突出，但是以J市为代表的"苏南模式"却成为中国区域发展的"现象级"发展模式，甚至进入教科书，成为当地亮眼的名片。改革开放以来，J市人民在全国万分之一的土地上，以全国千分之一的人口，创造了全国二百五十分之一的生产总值。在短短的20余年中，当地已完成了由传统小农经济向现代经济的历史跨越，率先建成了社会主义的新农村，成为中国县域经济和农村发展成功的典范。根据公开数据，2019年，J市地区生产总值4 001.12亿元，按可比价格计算，增长6.8%。按常住人口计算，人均地区生产总值约达24.20万元。

南部接壤无锡，尽显地理优势的J市既是旧时吴国的起源地，又是现代意义上真正的"资本之城"。这座江苏省下辖县级市在2020年登上国内"百强县"榜单前列。根据12月1日中国社会科学院财经战略研究院发布的《中国县域经济发展报告（2020）》，J市位列2020年全国综合竞争力百强县（市）第二。结合报告细分的"工业百强县"榜单，J市位列2020年全国综合竞争力工业百强县第一。对于"百强工业县榜首"头衔，J市已经四度蝉联。2020年12月26日，在广东中山举行的"2020第十五届中国全面小康论坛"，位列"2020年度中国全面小康十大示范县市"榜单第一名，实现了这一奖项的"十三连冠"。此外，J市再次入选"2020年度中国营商环境百佳示范县市"。图4-1充分体现当地的经济实力，也从侧面反映了当地人的社会心态。左下图的横幅标语写着"山南钱庄、山北粮仓、中间天堂"，右下图"天下第一村"的标志赫然醒目。

辉煌之下，J市同样存在一些城市发展的问题。J市的经济发展数据虽然亮眼。但是J市经济发展的主力基本上是乡镇企业，其主要的业务是生产代工，有名的企业如阳光、海澜、法尔胜等。改革开放以及加入WTO（世界贸易组织），给乡镇企业和当地经济注入了活力、提供了发展空间，于是瞬间涌现出很多知名企业。J市经济发展存在问题的原因有

图 4-1　J 市城市面貌

以下几点：一是社会阶级结构不稳定。J 市企业多老板多，底层多，中产少。缺少强大稳定的中产阶级，对于稳定的消费、产业的升级是不利的。二是实体经济的风险。大量的实体企业而缺少高附加值产业带来的后果，就是重资产企业面临严重的经营风险。由于 J 市大量乡镇企业技术水平不高，产品很容易被代替，加之现在的全球经济政治环境的变化，订单稳定性受影响。尽管这些企业资产比较雄厚，但是利润率却很低。一旦缺少稳定的订单，就面临破产崩盘的后果。三是大量家族式企业的通病。由于 J 市经济发展的根基是大量乡镇家族企业，而家族企业普遍存在的问题包括企业代际传承抑制企业创新、裙带关系导致职能分工不明、权力集中产生决策失误等。四是缺少高附加值产业。尽管 J 市有一个所谓的高新园区，但是目前发展并不理想。高附加值产业的根基是教育和人才，而这两点，J 市有很大的短板，需要在后续发展过程中做出调整并加以弥补。

在教育方面，J 市的经济优势也有所体现。根据 J 市公布的 2019 年统计年鉴数据，当地教育类从业人员的年平均工资为 132 385 元，相比中西部很多城市的教师，该工资处在中上水平。而在 J 市本地，教师的工资排在当地非私营单位从业人员平均工资的第八位，排名第一位的是机关，年平均工资为 211 740 元，排在第二位的是公共管理和社会组织，年平均工资为 207 987 元。后面依次为金融业（163 272 元）、电力、燃气及水的

-101-

生产和供应业（157 500 元）、事业（147 650 元）、卫生和社会工作（144 347 元）、租赁和商务服务业（133 863 元）。① 表 4-1 是 2009—2019 年 J 市三类从业人员平均工资的比较。

表 4-1　2009—2019 年 J 市三类从业人员平均工资的比较　　单位：元

年份	教育类	事业单位	机关
2009	62 516	64 392	100 397
2010	78 429	77 057	125 550
2011	85 071	84 189	141 401
2012	90 870	92 920	144 477
2013	92 665	96 107	148 779
2014	80 358	86 611	137 674
2015	88 441	91 683	135 682
2016	98 722	102 366	156 909
2017	107 474	114 348	179 300
2018	122 007	128 883	200 417
2019	132 385	147 650	211 740

从表 4-1 可以看出，J 市教育类从业人员的平均工资与事业单位工作人员的平均工资接近，与机关单位的工作者相比，还存在一定的差距。受到国家政策的影响，对教师工资做了连续的上调，特别是近 3 年当地教师的工资有了较大幅度的提升。通过和教师的访谈，也印证了这一论断。这些变化，对于当地教师的从业意愿会产生直接的影响。

---

① 江阴市档案史志馆. 江阴年鉴 [J]. 北京：方志出版社，2009—2019.

第二节　J市的社会文化与道德秩序

改革开放以后，J市社会经济取得了巨大发展，市民生活水平有了很大提高，社会道德秩序和公民素质也得到了一定的改善。研究者在市中心的步行街曾偶遇有年轻人在人群密集的地方抽烟，有老人家上前当面制止。N校一位来自外地的教师这样描述，"这种文化导致人们的思想道德水平比较好。开车礼让方面，我是觉得这边人要好得多。在我们那边的话，大街上闯红灯还挺多的。这边市民的整体素质还是不错的，这种环境对小孩子成长还是有影响的"。（20200713-QS）调研期间，研究者乘坐公交的感受是秩序井然，司机与售票员对乘客的服务态度比较好，对于一些老年人会主动提醒其到站下车，乘客之间礼让有序。据了解，截至2021年，J市已涌现出全国道德模范及提名奖获得者3人、"中国好人"17人、江苏省道德模范5人、"江苏好人"28人。2017年，J市获评为全国文明城市。

但是，作为一座小城市，J市出现所谓中小城市共有的"城市病"。因人口规模、文化氛围、就业结构等因素，导致地区产业衰退、人才流失、思想风气凝滞固化等问题。[①] 除此之外，J市的"老市民"存在一定的"地域观念"，这部分人当中，中老年人居多。所谓老市民是相对于新市民来说的，是指土生土长的当地人，这部分市民从口音（即会不会说当地话）就能辨别出。访谈中，有外地教师描述过自己刚来时遭遇本地人"白眼"的经历。作为苏南的一座县级市，虽然紧邻苏锡常、毗连上海，但尚未开通高铁线路，交通并不便捷。研究者第一次到N校，由于不熟悉路线，兜转了大半天时间才到达，其间换乘了火车、长途客运和公交。交通不

[①] 胡小武. 中国小城市的死与生：一种城市问题的视角[J]. 河北学刊，2016，36（1）：159-163.

便导致J市人才、资源、信息交流不畅，使得当地人的思想较周边大城市来说相对保守闭塞，很多人还停留在"天下第一村""百强县之首"的"傲娇"情绪之中，探索学习新鲜事物的动力不足，甚至出现"排外"的情绪。据了解，当地大多数年轻人比较追求安逸，除了特别优秀的人才，很多人会在毕业后选择回到J市。由于城市规模较小，J市熟人社会的特征还依稀存在，如请托办事、人情往来现象比较常见。访谈中，有当地的教师说："感觉地方政府对未来没有什么清晰的规划。紧挨着我们的Z市以前不如我们，现在早把我们甩开了，我有朋友在当地当老师，他们所在学校老师的工资待遇比我们高好多。这几年，我们这边很多有能力的老师都跑过去了。"

通过实地调研和资料收集，研究者对当地的社会文化环境做了进一步的了解。作为背景性资料，这些对后续教师师德养成的分析起着奠基性的作用。师德不是凭空产生的，受到地方文化和道德环境的影响，教师获得地方性道德知识，并通过实践建构属于自己的道德生活。社会文化如同土壤一般，无形中滋养着当地教师的师德养成。研究者尝试对当地具有特色的地域文化和道德传统进行了提炼与概括，分别是勤劳拼搏、精明阴柔、崇文重教、推崇能人。

勤劳拼搏

一方水土养一方人，受到水域环境的影响，J市所处的苏南地区在长期的历史发展过程中形成了在经济、政治等方面独具特色的吴文化，特别是在道德规范、伦理秩序方面，吴文化具有鲜明的地域色彩。首先表现在吴地民众重实干、肯吃苦。在本土环境下，孕育并发展壮大起海澜集团、阳光集团等民营企业的翘楚，造就了华西村的发展神话。值得一提的是，这些设计者、发起者和建设者基本都是本地人，正是这些土生土长、敢想敢干的当地"能人"，使得J市常年稳居中国综合经济实力百强县前三，实现了经济跨越式发展。在这种背景下，逐渐形成了推崇能人的风气。在当地，个人立足社会讲求的是实力和资本。其次，当地百姓敢闯敢拼，民性刚。在当地，流传着这样一句话，"拼死吃河豚"。作为城市名片的徐霞客竹杖芒鞋、壮游天下的豪气与胆识反映了当地民众不怕困难、不畏艰难的拼搏精神。

精明阴柔

当地民众精明理性，善于精打细算，凡事力求做到最好。所谓精明，不仅指行为主体对行为价值效果的算计推理，而且包含行为者对行为目标谋划和手段实施策略的合理性规划。吴文化所蕴含的精明理性传统，为苏南地区工商业的发展提供了良好的文化资源。从近代开始，苏南地区的产品便以精工细作、精美质优而深受消费者青睐。同时，精明理性的传统及其所形成的兼具聪明智慧和务实技巧的人力资源，也在相当程度上提升了这一地区企业内部管理水平和招商引资能力。[1]

吴文化的精巧既产生了精明、理性、务实的传统，也产生了吴文化阴柔的一面。吴地民众心智奇巧，往往善于左右逢迎，上下讨好，攻心夺志，以柔克刚。他们心高气傲，争强好胜，有时过分工于心计，太好面子。水文化的灵动与柔性特色让当地民众的性格更显恬静婉约和灵活机巧。[2]

崇文重教

当地崇文重教风气源远流长，人才辈出。古有千古奇人徐霞客、清朝重臣杨名时，近现代有图书馆之父缪荃孙、东林党人李应升、文化名人"刘氏三杰"等。20世纪末，J市做过不完全统计，分布在外的J市籍正高级知识分子多达五百多人，其中担任高等院校正副校长、党委书记的多达一百多人。在建设小康社会的进程中，J市又涌现出吴仁宝等一大批杰出的先进人物。调研期间，研究者经历了当地市民由于学区房划分问题大闹市教育局的群体事件，最终以各小区派出代表与政府部门协商才得以平息。从这起事件，能够一窥当地人对子女教育问题的重视程度。

当前，J市在教育方面存在自身的问题，吸引不到也留不住人才成为制约地区经济发展的桎梏，主要原因是当地缺少真正意义上支援地区经济

---

[1] 王露璐. 乡土伦理[M]. 北京：人民出版社，2008：91.
[2] 王露璐. 乡土伦理[M]. 北京：人民出版社，2008：92.

发展的高校。J市目前人才外流状况比较明显，这与产业结构存在的问题也有很大关系，很多人并没有办法在当地找到适合自己的工作。至于吸引人才，只能靠几个大型企业，但是这些大型企业由于其主要经营业务大多数还是低附加值业务，所以需要的人才数量也比较有限。至于大量的乡镇企业，既没有动力，也没有魄力去做大的变革。

推崇能人

广为人称道的"苏南模式"发展之初依托当地的大量人才，所以在当地"推崇能人"的文化氛围较为浓厚。华西村的吴仁宝、阳光集团的陆克平、双良集团的缪双大、申达集团的张国平、海澜集团的周建平、三房巷的卞兴才等均是本地人，而且是当地人公认的"经济能人"，老百姓认为他们是能带领大家共同致富的能人而推举他们担任带头人。对于"有能力"，当地人有着自己的看法，主要是"能搞到钱，带领大家一起富裕"。针对当地的一项田野调查发现，老百姓最"服"的是有经济头脑的政府领导，带着老百姓发家致富，使老百姓获得实实在在的实惠是政府领导权威的主要来源。

除此之外，J市百姓民性刚烈，在历史上便可见其端倪。明末，J地百姓被清军围困八十一天，面对二十四万清军铁骑，两百多门红夷大炮，血战孤城，击毙清军七万五千余人。最后城破，遭遇屠城，当地百姓九万七千余人无一投降，男女老少纷纷与满人血战到底，力不能战者尽皆投井自尽，妇女多贞烈，投河而死。七岁孩童，毅然就义，无一人顺从。英勇悲壮，全城仅老幼五十三人藏于古塔中幸存。骨气之至，可见一斑。新时期，J市提出了"人心齐、民性刚、敢攀登、创一流"的城市精神，从当地人日常的许多习惯用语中便能感受到，比如"拼死吃河豚"，"要么楼上楼，要么楼下搬砖头"，其中最具特色的方言表述是一个"缠"字。当地人使用这个"缠"字在不同情况下有三种意思：一是干、做的意思；二是争先的意思；三是绕、缠住不放的意思。这充分体现了当地人肯想肯干、不屈不挠、务实进取的精神品质。

第五章
学校师德规范再生产：话语与实践

改革开放以来，我国于1985年、1991年、1997年、2008年先后四次颁布和修改了《中小学教师职业道德规范》，对教师的师德养成和师德建设起到了积极的推动作用。2018年，为进一步加强师德师风建设，教育部颁布《新时代中小学教师职业行为十项准则》（以下简称《准则》），明确了新时代教师职业规范，针对主要问题、突出问题划定基本底线，其目的是促进教师职业价值观和职业行为习惯的养成。《准则》一方面用方向性的"应该"引导教师行为修养，另一方面用明确的"不许"设定教师行为底线。[①] 新时期对师德规范的道德内涵、专业内涵、层次内涵进行了详细的界定，为师德建设提供了明确具体的行动指南。[②]

新规范结合新的时代背景，对教师职业道德提出新要求，总结概括出的师德条目，突出了专业特点，体现了时代性。对于个体教师特别是新教师来说，这些外在规范是去情境的、抽象的，而教师工作的环境是具体的，例如教师所在地方社会的道德秩序、学校共享的核心价值观、学校成员之间彼此承认的道德准则，这些规范延伸至教师道德生活的每一处细节，制

---

① 饮露. 新时代教师文化与行为准则 [J]. 教育科学研究，2021，318（9）：1.
② 马怀德. 教师的职业操守与行为边界 [J]. 教育研究，2022，43（10）：44-49.

约和影响教师的每一次判断。教师的师德养成正是与这些现实中的规范不断互动，逐渐内化形成的。调研发现，教师在被问及师德规范的内容时，个体间的回答存在很大差异，这说明师德规范被教师内化之后，具有鲜明的主体性和个性化特征，教师用自己的方式诠释着对师德的理解。因此师德研究转向对个体教师道德生活的关注，在特定的文化场域之下，讨论师德问题、评价教师的师德水平更具有现实意义。

学校师德规范再生产是指具有普适性的师德规范和教师行为准则在学校的具体表现，是师德规范的现实性表达。只有这样，才能使抽象的师德规范具有现实意义，影响并作用于教师。以《中小学教师职业道德规范》为蓝本，很多学校提出了更加具体、符合本校实际情况的"优秀班主任""十佳教师""学生最喜爱的老师"等师德奖励制度。获得这些荣誉称号的教师通过自己精湛的业务能力，促进了地区教育和学校发展，获得了广大师生良好的口碑。伴随教育的发展，教师的师德也充分体现了时代性和与时俱进的特点。陶行知和于漪都被冠以"人民教育家"的光荣称号，但是两者所处的时代不同，社会对教师工作的要求发生了很大的变化，两者的师德表现也有所不同。有学者提出"地方性道德知识"的概念，原因也在这里。有学者为了区别师德规范的普适性和现实中师德表现的多样性，分别用"师道"和"师德"加以区分，师道偏重教师职业的本质性规定，这里更多的是从它的道德性来说的，而师德是个体教师在情境下呈现出的具体的获得性品质。

涂尔干认为，职业道德的规范性不同于公民道德。首先，在内容上，相比于普适性、均一的公民道德，职业道德规范的内容呈现出多样化，对于职业生活来说，不同职业组织所规定的义务往往差别很大，教师与商人、士兵与牧师都各自履行自己的职责，其规范性的要求不仅各有不同，甚至有些是对立的。其次，职业道德规范的形成与公民道德不同，职业道德规范的落实必须有群体组织的保护，它必须诉诸一种集体的权威，而这种权威不可归为个人的特殊意志，只能来自功能性的职业本身的要求，以及职业者共同生活的集体情感和价值基础。[①] 组织体中的从业者,通过频繁的人际互动,彼此联系、彼此依赖,通过交流和协商分享共同的观念、利益和情感,从业者共同的事务与共同的生活彼此联合,在日常工作状态下逐渐形成职业道德规范。因此,职业道德规范有其产生和作用的群体和边界。

本章主要考查 N 校教师师德规范,即什么样的教师被学校成员所承认?教师的哪些行为被学校成员所推崇?这些规范和行为准则在 N 校不同群体之间是如何达成共识并贯穿于教师的日常行为之中?

第一节 师德规范的来源:群体共识

哈贝马斯认为,规范性既非来源于独立于人类心灵的客观实在,也非来源于个人的反思性建构,而是来源于主体间共识。作为规范性来源的主体间共识,是建立在理性商谈的道德推理活动之上的。规范性来自人们之间的意见共识。[②] 研究者对学校不同群体进行了访谈,访谈问题主要集中在"你认可什么样的老师?""你认为老师最重要的师德是什么?"研究者对不同群体的访谈资料进行了整理归纳。

一、家长眼中的师德规范

通过和家长访谈,发现家长心目中"好老师"的标准和师德可以概括出以下几点:一是责任心强,例如学生在学校出了什么问题家长能够第一时间联系到班主任;二是家长希望老师带出的班级成绩在平行班是领先

[①] 涂尔干. 职业伦理与公民道德 [M]. 渠敬东, 译. 王楠, 校. 北京: 商务印书馆, 2015: 20.
[②] 严文俊. 地方法制规范性的论证路径:基于规范性来源问题史的考察 [J]. 苏州大学学报(法学版), 2020, 7 (2): 87-100.

的，至少不能落在后面；三是家长希望老师既是经师更是人师，家长希望老师能够成为孩子生命中的重要他人或者贵人，而不仅仅关注成绩。

家长对教师的评价很大程度上有着功利的倾向，如家长一般不会关注教师的教科研能力，也不太会关注教师的职称，他们认为这些和自己孩子能不能考出好成绩没有直接关系。调研期间，当地的家长因为学区的划分问题闹到了市政府，在微信公众号上引起了很大的社会反响，足见家长对教育的重视程度。用N校老师的话说，家长很有"本事"，他们能够第一时间了解到学生的分班情况，并且会打听任课教师的教学水平，甚至教师的性格、有没有结婚、老家在哪等信息也在家长的打听范围内。鉴于学校在当地的知名度，学校的单身教师在当地很有"市场"，家长往往热衷于牵线搭桥，特别是语、数、外三门课的教师更是介绍相亲对象的"首选"。刚刚分班不久，有些家长希望老师对自己的孩子多关照些，会请班主任和任课老师吃饭。调研期间恰逢高考，通过高三班主任了解到，有些家长在高考前把学生的准考证拿到寺庙去"开光"，希望学生金榜题名，而且这种情况还不是个例。虽然每次考试结束家长只能收到自己孩子的考试成绩，但是家长会"联合"起来，通过各种渠道搜罗平行班级的各门成绩，并且进行比较。下面是一位入职第一年便担任班主任的女教师的经历。

我现在知道的是不仅要跟学生处理好关系，还得跟家长处理好关系。以前我们的家长一般都是比较配合的，但是现在不是的，他会有各种各样的自己的想法，甚至我也听说有一些家长会操控分班，操控班上的老师的分布，这是很可怕。我觉得学校领导要是顶不住，我们老师只能被换。反正我自己跟家长之间联系不是很紧，避免干扰。对，一是避免烦恼，我少有求于你，你就少对我指手画脚的。所以说有些班级有什么事情让家委会去做，我就不让他们去做。因为我感觉但凡我麻烦你的话，我就心里会有负担感。比如班里需要买东西，有的时候我直接就买了，买完了之后我就想期末再跟他们说，我们这学期买的什么东西。（20200603-FH）

N校有些家长学历高，对教育有自己的想法，有些家长在政府部门任职，有些家长经营着上千人的大型企业，这些家长的声音成为影响学校决策的一股力量,并且能够在一定程度上左右教师的任免和分班。从教师口中了解到,该校一位语文老师,因为课堂上的不当言论,被学生举报,家长联合起来,到校长室反映情况,结果该教师被调离原班级。调研中,一位家长表达了她的真实想法。

  我孩子喜欢上你的课就行了。我孩子送到学校来,他是要参加高考的,我孩子的高考跟你老师什么职称,跟你老师会不会写论文,没有一毛钱的关系,是不是?(20200713-学生家长1)

二、领导眼中的师德规范

  通过和N校Y校长的交流,发现学校管理者认可的教师可以概括归纳出以下几个特点:一是教师能把学校作为专业发展的母体;二是教师能够在学校找到适合自己的位置;三是教师能够努力发展成为学校的稀缺资源;四是教师能够在学校成就幸福人生。

  对于领导承认的教师,教师们有着自己的看法,"首先领导的话第一个是成绩,第二是能力。成绩在第一,当然成绩一定是在能力的基础上,你没成绩你什么话都不要讲了,没用,你没东西"。(20200617-YJP)

  N校不乏教科研方面的专家型教师,科研立校、科研兴校也是学校的一大特色。在最近的5年时间,学校教师在《课程·教材·教法》《中国教育学刊》《人民教育》《中国教育报》等报纸杂志发表了一批有影响力的文章,《人民教育》《中国教育报》十多篇文章全面介绍了学校的课程教学改革实践。很多教师手头上有科研立项,并且获得省级市级的嘉奖。2016年,学校美育研究成果获全国教育科学研究优秀成果二等奖。2017年,学校美育研究成果获江苏省基础教育教学成果特等奖、获第五届全国教育改革创新杰出成果奖。2018年,学校荣获基础教育国家级教学成果一等奖。2019年,学校德育品牌项目获江苏省中小学生品格提升工程精品项目(高中组项目第一名)。学校Y校长受到党和国家领导人亲切接见。学校教师团队当中,获得博士学位的教师两人,博士在读两人,这些优秀教师为学校教科研的发展提供了内在动力。Y校长提到的"学校的稀缺资源",其中就包含科研能力强的教师。当然,教学水平依然是学校评价教师最重要的指标之一,每学期学校的评教主要涉及的还是教师的课堂教学,这是学校对教师绩效考核和评定的重要参考。

三、学生眼中的师德

师德规范要求教师以学生为本,关注学生的需求和全面发展,通过访谈,充分印证了以上特点。教育本身要求教师注重学生的身心健康,关注学生的兴趣爱好和个性发展,为学生提供多元化的教育。通过对学生的访谈发现,学生们眼中"好老师的标准"和"师德"可以概括为两点:一是老师要胜任教学;二是老师要做到为人师表。

有学生指出,作为老师,道德品质和专业能力都非常重要。"老师首先性格脾气要好,人品要好,不光给予学业上的帮助,更要给予生活上的指导。不光教学生知识,更多要教学生做人的道理。"针对好的课堂教学,有学生提出了非常具体的标准。"我喜欢上课幽默的老师,讲课方式新颖,能够审时度势,有时候可以开开玩笑。好课的标准是课堂上展现教师对知识的深刻理解,对学生循循善诱,课堂氛围好,能调动学生思考,不拖堂。""我觉得好老师用心备好每节课,作业用心改,通过改作业了解学生情况。学生提出疑问,老师要耐心地解答。"还有学生非常直接地说,没有人睡觉的课就是好课。高中学段课时安排紧凑,课时量大,学生校园生活的很大一部分是在课堂中度过的,教师的教学能力和水平也在一定程度上影响学生的学习体验与课堂生活的品质。

通过对访谈资料的分析发现,学生眼中的师德很大程度上和教师的教学相联系。学生普遍认为,作为老师,课堂教学体现个人专业素养,老师课堂上要有激情,懂幽默,更要有效率,能把知识点讲清楚讲透彻,学生不喜欢沉闷的课堂。还有学生提到"老师所宣讲的东西他自己得相信",这涉及老师言行一致和自我同一性的问题。通过访谈还发现,学生对课堂的品质有着自己的标准和要求,而且通过课堂和老师的互动及时反馈给教师。当学生认为老师课上得好,便会转化成学习上的投入,课堂上积极回答问题,主动和老师交流互动,长此以往,进而形成良好的师生关系。而学生不承认或不喜欢某老师的根源往往因为该老师的课堂教学水平得不到认可。学生对老师课堂教学中的一言一行非常关注,对老师课堂教学中的细节捕捉得很"到位"。访谈中,学生甚至会模仿有些老师的口头禅和行为举止的特点,包括哪些老师上课不自信,备课不充分,学生们都能留意到。

四、教师眼中的师德规范

借助"问卷星",通过网上调查的形式,收集到354位高中教师的数据,发现高中教师普遍承认教书育人是教师的根本性工作,把上好课视为"第一师德"。问卷结合《中小学教师职业道德规范(2008年修订)》以及习近平总书记2014年在北京师范大学座谈时提出的"四有好老师"标准和林崇德对中华民族师德观的内容分析,将师德划分为五个维度,分别为爱岗敬业、关爱学生、教书育人、为人师表、终身学习。结合学生、教师的访谈资料,列出20项教师的师德品质。根据教师选择情况,重要性排名前10的师德品质如表5-1所示,这10项师德品质中,4项属于教书育人,2项属于关爱学生,2项属于为人师表,1项属于爱岗敬业,1项属于终身学习,其中前两项都是关于教书育人,说明教师把教书育人作为高中教师的第一要务,把教学视为教师的本职工作。

表5-1 高中教师对重要性评价最高的10项师德品质

高中教师师德品质重要性排序	频数	占比/%
1. 认真工作,对教学负责	276	77.97
2. 以教书育人的工作为重	274	77.40
3. 热爱教育事业	262	74.01

续表

高中教师师德品质重要性排序	频数	占比/%
4. 建立良好的师生关系	260	73.45
5. 在日常生活中为学生提供良好的道德示范	243	68.64
6. 生活作风端正，为人正派	243	68.64
7. 教会学生正确的学习方法和学习策略	237	66.95
8. 与时俱进，不断学习新知识	221	62.43
9. 尊重学生	219	61.86
10. 钻研教学方法，注重提升自己的教学能力	212	59.89

调研发现，高中教师非常重视和强调教学成效，将课堂教学视为立业之本，将教师的教学水平等业务能力作为评价教师的重要指标。青年教师刚入职便被要求深耕课堂，在教学上下功夫。有些老教师在带徒弟的时候，最核心的就是要求青年教师钻研教学。"我自己在带徒弟的时候，我跟他们讲得最多的一句话，就是你教学一定要过硬。不管是学生、家长还是老师都非常看重这一点。因为我觉得教师的工作就是教书育人，当老师首先要把书教好，把课上好，这是教师专业发展的根本。"不管是听评课，还是教学实践，很多教师对工作的关注点都集中在提升课堂品质，将提高教学成效视为工作的重心。研究者发现，学校的很多教研组保持着很好的教研文化，通过组建教师教研共同体，制定教研机制，提升教研组整体的教学质量。有些教研组通过定期开展组内同课异构活动，打磨课堂，优化教学。有些教研组走访兄弟学校，进行教学上的交流。通过一系列的举措，教师的教学能力得到提升，课堂发生了深层次变化，教师的职业角色也发生了转变。对于广大中小学教师而言，把课堂作为教书育人的主阵地，把上好每一节课作为立业之本，认真对待课堂教学的每一个环节，既是立德树人教育根本任务的要求，也是师德的具体表现。

五、群体共识促成师德规范的建立

师德规范在学校文化场域中得以建立，群体成员的思想共识是基础。这种共识存在于群体成员的思想意识层面，表现为群体成员对教师某一行为是否合适与正当的积极承认或消极否定的态度，而且这种态度具有群体一致性。拿 N 校来说，师德规范和好老师的标准存在于学生、教师、家长的思想意识层面，而且不同群体对师德有着基本的共识。无论是学生、家长，还是教师，对师德的具体表述虽然不尽相同，但是有关师德的描述可以归纳概括出一些基本共识，对好老师的画像存在相似点。这种对教师行为准则的共识可以看作学校文化场域中群体成员对师德的"规范性共识"。例如在现实当中，N 校老师的师德被具体描述为老师的"业务能力强""课上得好""基本功扎实"等。这种共识通过学校成员之间持续的话语实践得以传递并强化，教师通过自身的教学实践以及和学校成员的人际互动，不断形塑师德的标准，使其逐渐清晰化，进而教学成效成为一个独立的标识具备了标明教师师德的作用。

通过调研发现，N 校很多教师把提升课堂教学水平作为自己职业生涯规划的着力点。N 校教师普遍认为，教师的立身之本在课堂，职业根基在教学，专注课堂、钻研教学是教师专业发展的正途与"王道"。有些老教师认为新教师，特别是入职第一年的教师在没站稳讲台之前，最好先不做班主任，因为这样会分散其钻研教学的时间和精力。很多新教师也希望入职前三年能把更多的时间和精力放在提升课堂教学上面。如图 5-1 所示。

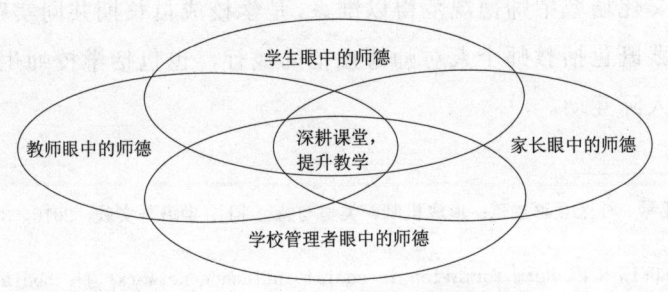

图 5-1 不同群体达成的师德共识

第二节 师德规范的维系：群体实践

群体共识使师德在学校文化场域获得合法化来源，并通过群体成员之间的话语实践得到不断形塑，使师德规范逐渐显现并具体化。师德规范的维系则需要教师长期的教育教学实践并与学校成员持续互动，将思想意识层面对师德的理解和认同转化为师德行为。在学校文化场域当中，师德规范是教师自身的教育实践，以及与学校成员持续互动的产物。

福山指出，社会道德规范是从个体之间反复互动的过程中自发产生的，因为个体之间如果具有长期的反复的互动，他们就会考虑自己的声誉，就会注重诚实守信等品质，按照社会期望来履行义务。[①] 弗里德金认为，社会道德规范的维系是社会成员长期人际互动进而产生共识的结果。借助人际互动，可以检验人们对某一道德规范是否形成共识的可靠性。[②] 个人对某一规范的态度和信念或许存在偏差，但是当人们对某一规范的感知获得群体成员共享经验的支持和验证时，便会强化对道德规范的认同。

一、学生的佩服与轻视

学校文化场域中师德规范得以维系，是学校成员长期共同实践的结果，这里的实践既包括教师个人对师德规范的践行，也包括学校师生之间、同事之间的人际互动。

[①] 方亚琴. 社区互惠规范：形成机制、类型与特征[J]. 学习与实践，2016，383（1）：98-107.

[②] FRIEDKIN N E. Norm formation in social influence networks[J]. Social networks, 2001, 23 (3): 167-189.

调研发现，学生心目中的师德概括起来包含以下几点：一是教书和育人相结合；二是言传和身教相统一；三是敬业爱生；四是学识渊博、能力出众。对于符合以上标准的师德，学生一方面在情感上给予认同和尊敬，另一方面在行为上也会积极反馈给教师。访谈中，有教师说，一个老师能否获得学生的承认，从课堂上学生的表情和眼神就能感受得到。研究者在课堂观察时发现，受学生欢迎的老师，学生上课总是带着快乐的笑容，听课时全神贯注，并积极回应老师提出的问题，课堂气氛非常活跃。学生群体对师德的认识和理解，转化成对教师的行为反馈，通过师生互动影响教师对师德的理解和认同，促进教师的师德养成。教师通过学生反馈的信息，进一步锚定对师德的认识，深化对师德的认知。教师在既有教育教学实践的基础上，借助师生的人际互动，权衡和整合学生对师德的认识与理解，进而转化为自身对师德规范的反思性认同。有教师说："我觉得老师最大的师德就是要站稳讲台，先把课上好。因为课上好了学生会佩服你。学生佩服老师，老师对学生进行教育就会顺畅很多。"

对于教学能力突出的教师，学生们会积极配合其工作，良好师生关系通过课堂而逐渐形成，并在持续的师生交往过程中逐渐深化。对于"课上不好，题目讲不清楚"的教师，学生们会在心里"轻视"甚至瞧不起，并通过一些方式反馈给教师。如果教师采取填鸭式的教学，课堂氛围沉闷，那么教师即便提出问题，尝试师生互动，学生也缺乏回答的热情。

基于高中学段的学习特点，学生对课堂教学和教师的工作有着特殊的诉求。相比初中段，高中学生学习内容增多、难度增大，课堂成为学生学习的主阵地，教师对知识点的讲解和重难点的把握对于提高学生学习效率尤为关键。很多学生希望教师布置的作业少而精，能在课堂解决的问题尽量在课堂解决，以此留出时间攻克自己的薄弱学科。所以，如果教师立足教学，深耕课堂，且成效显著，学生会从内心敬佩和感激教师，认为教师的做法和努力，为自己留出更多的时间规划自己的学习，提升薄弱学科，优化自己的整体成绩。

二、同事的认可与非议

调研发现，教师们对师德的描述虽然不尽相同，但是在一些方面基本形成共识，那就是教师要以学生的发展为中心，关注学生需求，关心学生福祉，落实教书育人的根本职责。这就要求教师深入了解学生、关心学生，积极回应学生的利益诉求。高中生面对的学习内容难度增大，学习任务加重，学习时间安排紧张，对学生的能力要求增加，所以有教师认为，能够扎扎实实备课、认真批改作业、教学有成效的老师就是好老师，认真上好每一堂课就是师德的表现。

如何提高教学成效？N校老师的做法不尽相同。调研发现，一些教师工作上勤勤恳恳，牺牲休息时间让部分学生到办公室"补课"，如背诵或者默写知识点。研究者观察到，有些教师对学生盯得特别紧，经常把学生叫到办公室指导补习功课。这部分教师中，青年教师占了相当大的比例。针对这种情况，有老教师指出，"青年教师一方面比较个性比较自我，追求自由，另一方面又比较要强，希望带的班级成绩突出，这就需要青年教师钻研教学，提高课堂效率。""老师靠牺牲自己的业余时间，占用学生的课余时间来提高班级总体成绩实际上是一种高消耗的做法，师生的付出和总体的回报是不成比的。如果一个老师教学水平高，业务能力强，老师和学生不需要苦教苦学。"对于这种苦教苦学的做法，很多教师不认可，学生也不喜欢。"教师抓学生给学生补课，把这么多学生叫到办公室对其他老师是一种干扰，其他老师虽然不说，但是心里还是不爽。另外，学生到办公室，面对这么多老师，当着那么多人站在那里去完成任务，学生心里也不舒服。"虽然教学能力突出的教师和课后"抓学生"的教师都能带出好成绩，但是，教师们都喜欢和课上得好、有效率的教师搭班，因为这样能保证学生在自己学科投入的时间，不用担心被其他学科侵占。

有些教师平时并不怎么盯学生，在工作上给人的感觉比较从容，但是带出来的班级成绩却名列前茅。"这些老师不会过多地占用学生自主学习时间，但是能达到比较好的教学效果，原因在于这些老师研究教学，知识点讲解清晰,对重难点把握到位。"老教师们普遍认为,观摩听课、学习教学理论以及向有经验的教师请教是教师提高教学的必经之路,在此基础上,不断实践,改进自己的课堂,是教师专业发展的正途。

三、家长的尊敬与抵制

基于学校良好的办学质量和升学情况,当地家长对N校教师普遍比较尊敬。调研期间,和当地民众交谈发现,人们对N校表达出高度的认可,对N校教师心怀敬意。家长对教师的认可体现在三个方面:一是表现出高度的信任;二是给予充分的尊重;三是积极配合老师的教育教学工作。调研发现,N校的很多家长非常信任老师,在学生面前维护老师的形象和权威。访谈中,一些家长表示,和家长相比,学生更听老师的话,把学生交给老师非常放心。"一次晚上12点多,班主任老师打电话说孩子生病了,这么晚,老师陪着孩子在医院,我们非常感动。"教师对学生无微不至的关怀和认真负责的态度赢得了家长的信任与尊重。每年教师节,家长会主动向老师表达感谢和节日问候。家长在街上遇到学生的任课老师,会主动停下和老师热情地打招呼。对于学校组织的各种家校活动,家长非常配合。在一年一度的元旦晚会上,家长不仅作为观众积极参与,更作为表演嘉宾献上精彩节目,成为晚会的亮点。正是家长对教师权威和形象的维护,做好尊师重教的榜样,在家校合作中给予学校充分的支持,让学生逐渐树立了"师命不违""师训必遵"的意识,有利于师道尊严风气的形成。

调研还发现,对于教学态度存在问题、教学水平受到质疑的老师,一些家长也会给予反馈。调研期间,一位年轻教师先是被"停课",然后调离学校。其原因是所带班级在历次的考试中表现不理想,而且老师也表现得有些"自暴自弃",师生关系比较紧张,该老师没有通过积极行动试图扭转局面,家长将情况反映给学校,学校领导和该教师多次沟通之后,在征求其同意的情况下,将其调离至其他学校。有教师指出,家长对孩子的成长以及学校的关注度很高,一些家长的能量很大,当老师的表现受到家长的质疑，家长甚至会联合起来向学校反映意见。

四、领导的器重与打压

调研发现，在 N 校得到学校重用的教师有几个特点：一是工作认真负责，爱岗敬业；二是教学能力突出，成果显著；三是在群体中具有引领示范、辐射带动作用；四是受到多方的认可与好评，教师的人际关系较好。而在教师看来，学校层面对老师是否重用、领导对教师是否器重依据的核心是教师的业务能力。"老师的底气来自你的业务能力，只要你业务能力过硬，在领导面前'任性'一点都可以。"调研过程中，N 校的一些教师给研究者留下了深刻印象。个别教师对学校的制度存在质疑，抱怨某些校领导的做法，甚至在学校领导面前直言不讳。即便如此，这些教师并没有被"边缘化"，有些甚至得到学校的重用，原因在于这些教师的业务能力得到学生、家长、同事的认可。所谓对教师的承认，既包含物质上的认可，如提升待遇、绩效奖励、颁发荣誉等，也包含不同群体对教师态度上的认可，并将这种认可见诸实践和人际互动。

在 N 校，一个教师的能力和水平是否得到承认，有一个重要标志就是任教毕业班。这是学校、年级组对教师业务能力认可的集中表现。访谈中，很多没有带过高三的年轻教师表示想带高三毕业班。"带毕业班"成为 N 校教师的一种"身份标识"和获得学校承认的标志，N 校的教师、家长、学生和管理者对这一标识给予充分的认可与尊重，这是教师向其他人展示和宣称自己能力的有力证据。

对于学校极个别"不思进取"、选择躺平，甚至"唱反调"的教师，学校也有一些对待方式，如停课或者调离教学岗位。在霍耐特看来，这种剥夺权利的方式使行动者丧失了共同体的成员资格，并且会在群体中形成舆论效应，对当事人产生一种内在的心理压力。

作为学校管理者，既要有尊重教师的意识，更要懂得如何尊重教师。学校管理者既要尊重教师的人格，接纳和包容所有教师，又要尊重教师的教学自主性和教学成果。作为校长和学校的部门领导，要深入教师当中，深入课堂教学和教师生活当中，了解教师们的所思所想和酸甜苦辣，解决教师生活中的实际问题，给予教师情感上的关怀。学校管理者主动地融入教师群体，并与教师保持频繁良性的互动，本质上就是对教师的尊重与承认。

第三节 小 结

在特定的学段和文化背景下，师德有着具体的表征。学校文化场域下，教师的业务能力和教学成效成为师德评价的重要标准，具体表现在学校基于优绩优酬原则对教师进行的激励政策和奖励措施，以及基于教师的贡献，对其进行荣誉表彰，包括授予荣誉头衔和给予教师良好的口碑与社会评价。即便是刚刚入职的教师，假如他教学出众，深得学生喜爱，也会很快在同事当中传开并获得认可。

一、存在于学校中的道德惩罚与"面子"问题

学校对师德规范的维系是通过对教师失德行为的谴责和惩罚来实现的。在对教师失德行为的惩罚过程中凸显学校成员对于师德规范的共同理解，表达学校成员对师德内容的价值判断，进而通过话语协商逐渐形成师德规范的表达系统，通过谴责与惩罚等话语实践使师德规范得以显现。

哈贝马斯认为，规范是由主体在交往理性的支配下通过意义协商达成的，而话语在意义协商的过程中扮演重要角色。学校成员日常生活中的交往与互动，使得符合地方文化色彩和本校实际的师德规范逐渐显现，整个过程使得师德规范从抽象的文本和口号变成了学校成员可感知的伦理秩序

与人际互动规则，师德规范变得具有现实性，实现在地性转化。

根据组织行为学的有关原理，民间组织主要是通过对社会特定行业、领域内从业人员的规范、教化、动员、激励与惩戒等方式和途径来实现其功能，从而以点带面，辐射、覆盖和影响整个社会，实现对整个社会的道德整合目的。① 福柯认为权力的眼睛始终监视和规范着行动的人们，从而实现对伦理行为的激励与非伦理行为的抑制。②

相比于福柯提出的全景敞视对人的权力规训，学校对教师的道德影响和行为规约体现在学校管理层面的倡议与引导、激励与惩戒，学校师生和同事之间的承认与蔑视。有教师所带班级排名靠后，教学水平受到质疑，除了面对学校领导的单独谈话，还要遭受同事、家长，甚至学生的质疑与非议。有教师因为在课堂上发表不当言论，被学生家长反映到学校，最终该教师被调离原班级。有教师因为在自己家中办辅导班，被邻居举报，严重影响其口碑和声誉。很多情况下，新教师是在与师傅和同事闲谈的过程中，逐渐接触和熟悉学校对教师的各项要求与规范，这些在今后的人际互动中作为秘而不宣而又真实存在的规则对教师的教育实践和专业发展有着深刻影响，并在实践中慢慢被教师所认同。社会学把流言作为研究对象，探讨舆论和流言对社会大众行为的塑造。而在学校环境下，舆论在学校师德规范的生产过程中发挥着重要作用。公共舆论会在无形之中对人产生强大的心理压力。舆论的背后反映着人们共同的价值观，正是这种对师德规范的共同理解和认同赋予了教师判断师德行为、评价教师品德的标准。通过公共舆论的方式，学校强化了共同的价值观，共享了师德规范。当教师出现师德失范行为，其所处的人际环境便会自行启动惩戒机制，表现为人际互动过程中的"流言蜚语"和舆论压力。其导致的结果是教师的社交往来被阻断、社会声誉被倾轧，进而陷入被孤立的局面，严重的甚至导致教师的"社会性死亡"。

---

① 李茂平. 民间的道德力量[M]. 北京：中国社会科学出版社，2011：206.
② 张卫，王前. 技术"微观权力"的伦理意义[J]. 哲学动态，2015（12）：71-76.

教师工作本质上是一种关系性实践,教师职业的意义可以从关系维度来理解和审视,教师专业发展的本质是在关系网络中成人成己。[1] 教师会因为师德行为而使其与周围人的关系发生异化甚至断裂,进而影响教师的专业发展,其社会性自我建构遭受阻碍。访谈中,有年轻教师说:"自己带的班级考不好,怕见到领导,觉得没面子。"[2]

当前的社会环境与教育生态,师德集中反映在教师的教学能力上。特别是在高考的大形势下,成绩倒逼教学,学生考得好,教师的行为似乎就有了一切合法化的来源,教师教得好更容易被承认。彼得斯认为,教育的道德性不仅体现在其结果上,同时,也要体现在教学过程当中,真正的教育区别于训练,虽然都能让学生记住单词,但是后者没有手段和过程的道德性,不是真正意义上的教育。[3] 教学作为一种道德实践,要求教师在提高学生学业成绩的同时,关注学生品德养成,在追求目的道德性的同时,兼顾手段和过程的道德性,教书的同时更注重育人。

二、学校人际关系"承认链"与师德规范的维系

学校成员复杂人际关系网络暗含着彼此的"承认"关系。通过问卷调查,发现在学校场域中,教师们最希望获得的是学生的承认,其次是学校领导和同事的承认。如表 5-2 所示。

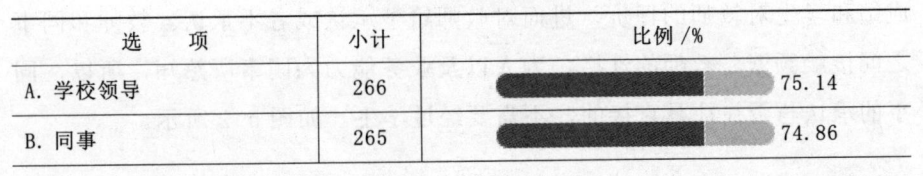

表 5-2 教师希望获得承认的群体

选项	小计	比例/%
A. 学校领导	266	75.14
B. 同事	265	74.86

---

[1] 安乐哲,谭延庚,刘梁剑. 儒家伦理学视域下的"人"论:由此开始甚善[J]. 华东师范大学学报(哲学社会科学版),2016,48(3):145-158,184.
[2] 黄娟. 社区孝道的再生产:话语与实践[M]. 北京:社会科学文献出版社,2011:120-173.
[3] 彼得斯. 伦理学与教育[M]. 朱镜人,译. 北京:商务印书馆,2019:41.

续表

选项	小计	比例/%
C. 学生	325	91.81
D. 家长	244	68.93
E. 社会大众	139	39.27
F. 其他	10	2.82
G. 不知道/说不清	6	1.69
本题有效填写人次	354	

对于不同教龄的教师，希望获得承认的群体存在差异。一些刚入职的年轻教师希望获得同事和领导的承认，而老教师则更希望获得学生的承认。在N校工作十余年的Y老师说："如果我来看外界对我的认可的话，我看重的是学生对我的认可。你教了学生以后，学生对你的反馈是很直接很清楚的。我上课的时候，从学生的眼神能看出他认可我，然后愿意和我互动。学生喜欢你的课，你可以很直接地感受到。但学校和领导不能拿学生的眼神衡量老师，他要看外在的物化的东西，成绩是主要方面。"（20200617-YJP）

在学校文化场域内，教师们不仅生活在关系网之中，更处在一种"承认链"之中。教师的业务能力首先在学生方得到承认，学校领导通过每学期的评教信息，对教师给予承认或者不承认。而家长则主要是通过学生的成绩和学生对教师的评价，进而对教师给予承认或者不承认。教师和同事之间接触频繁，教师的性格、为人以及业务能力为同事所熟知，所以，同事的承认与否往往是直接的，不需要经过学生。如图5-2所示。

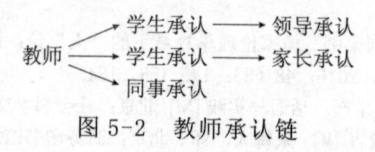

图5-2 教师承认链

第五章
学校师德规范再生产：话语与实践

教师不同的工作方式获得承认群体的范围往往是不同的。当教师所带班级成绩突出，能够直接获得学校领导和学生家长的承认。学生希望老师提高自己的成绩，但是不希望老师占用自己过多的课余时间，而是希望老师通过提高课堂效率来提高其成绩。当教师课上得好、业务能力精湛时，能够获得包括学生、家长、同事、领导，甚至教师自身所有相关人员的承认，即获得最广泛的承认。那么"上好课"便在学校场域内形成真正意义上的共识，"上好课"便成为一条师德规范，相比于"考得好"更具有师德的优先性。如图5-3所示。

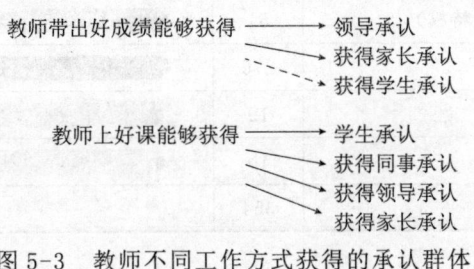

```
教师带出好成绩能够获得 ──→ 领导承认
                        ─→ 获得家长承认
                        ─→ 获得学生承认

教师上好课能够获得 ──→ 学生承认
                    ─→ 获得同事承认
                    ─→ 获得领导承认
                    ─→ 获得家长承认
```

图5-3 教师不同工作方式获得的承认群体

对于教师在学校场域内不同的工作表现，所获得外界的承认方式和程度是不同的。对于业务能力强的教师，能获得物质上的"承认"，即绩效奖励和荣誉职称的授予，同时收获师生的尊敬。相比于物质上的承认，很多教师希望获得他人的尊敬，即精神层面的承认。对于物质方面的承认，学校可以通过相关制度来保障，而对于人际关系的承认，则需要道德秩序的自生自发与自我维持。制度的制定与执行可以在短期内收到成效，道德秩序与人际关系则需要长时间的生长发育才能保证其稳定性。对于不被承认的教师，学校甚至会调离教学岗位和调离学校。如图5-4所示，正方向代表承认的强度逐渐增加，负向方代表蔑视的程度增加。

通过对高中教师的问卷调查发现，教师们对不同的承认方式的认同度是不同的，其中，获得"周围人的尊敬"所占的比重最高，如表5-3所示，可以看出，教师们更希望获得精神上的承认。

-125-

```
              赋权、
         权    奖
         力    励
    侮   剥          尊
    辱   夺          敬
    ←─────────────────→
      蔑视方式      承认方式
```

图 5-4 承认程度

表 5-3 教师对不同承认方式的认同度

选　项	小计	比例/%
A. 金钱上的奖励	219	61.86
B. 荣誉职称的授予	274	77.4
C. 权力的赋予（享受特权）	51	14.41
D. 周围人的尊敬	275	77.68
E. 其他	19	5.37
F. 不知道/说不清	10	2.82
本题有效填写人次	354	

雅科布斯认为，规范能够指导行动，那它便具有现实性，如果违背规范的行动遭到制裁，同样说明规范具有现实性。[①]规范之所以能指导人的行动，从根源上讲，来自规范对人的意志和情感产生的作用。通过对 N 校高中教师的校园生活体验的调查发现，师德规范能够获得其现实性，实现学校文化场域的再生产，首先需要教师们在思想上达成共识，这是师德规范合法性的来源；其次，通过学校的奖惩机制强化学校范围内共享的价值观和道德规范，并且通过自生自发的道德秩序，包括学校成员之间的人际互动，具体表现为师生关系、干群关系、同事关系以及家长与教师之间的关系，使得师德规范获得其现实性，即教师们实实在在的心理感受，包括自尊、自豪、自信、暖心，或者是羞耻、没面子、寒心。当师德在学校各

---

① 雅科布斯. 规范·人格体·社会：法哲学前思[M]. 冯军，译. 北京：法律出版社，2001：45-46.

成员的观念上达成共识，并且在现实生活中获得了人们的舆论支持，其师德规范便会真正地获得其现实性。当教师的实践符合师德规范时，首先获得学生承认，其次获得领导承认和家长的承认。例如教师是以"上好课"的方式取得班级的优异成绩，那么便会获得包括同事在内的所有学校成员的承认，这种获得承认的方式具有道德意义，影响教师的师德养成。

  学校是教师职业道德养成的主要文化场域，每个教师既是学校师德规范的遵守者，又是学校师德规范的缔造者，同时又是规范和秩序的维护者。教师一旦进入一所学校，便开始与学校各种规范互动，在与学校成员的人际互动过程中习得各种规范，从不自觉地被动学习，到自觉遵守和维护学校的规则。借助人际交往，弥散在学校人际互动中的各种人际规范被教师逐渐内化习得，师德规范进入教师的意识层面，并通过进一步的教育教学实践和道德行为表现出来。学校内有些师德规范可以被直接言说，有些则是隐性的，渗透在教师的教育教学和人际交往过程之中，通过教师与学校成员"打交道"的方式被感知。

第六章 十位教师的师德叙事

　　第五章主要探讨了基于文化场域下,借助学校成员的话语和群体实践,使得学校层面的师德规范逐渐生成和显现,具有现实性,其师德规范的再生产成为学校的人际交往规则和道德秩序。面对学校内部自发形成的师德规范以及社会文化和道德秩序,不同教师有着各自的实践策略,通过考察微观层面的教师伦理生活,进一步厘清高中教师真正在意、忌惮、顾及、羞耻于什么。本章将视角聚焦10位高中教师,借助其微观叙事,从文化主位的角度探讨高中教师的师德状况及其养成。这10位教师在任教学科、教龄等方面存在差异,作为个案具有典型性和代表性。10位教师的出场顺序没有先后之分,通过这些教师的叙事还原他们真实的校园伦理生活。研究者试图深描教师们生活和工作的文化场域来诠释他们的道德行为及意义。通过考查教师们的人际互动,呈现教师对师德规范的理解与践行,以及践行之后的心理感受及效果。本章的目的在于探明,在以社会文化和道德秩序构筑的意义框架下,教师们是如何理解教师职业的道德属性,又是如何建构道德自我的?在这个过程中,教师们遭遇了哪些道德困境?又是如何应对的?本章最后,通过对10位教师的跨个案分析,提炼概括出高中教师的师德评价模型,对认识高中教师的师德现状提供了分析框架。

第一节　努力寻求外界承认的 S 老师

S 老师是学校新入职的 12 位老师中唯一一位来自省外的老师,本科毕业于安徽省的一所二本学院,研究生就读于江苏师范大学地理课程与教学论专业。S 老师的爱好很广泛,包括网球、乒乓球等体育运动,人非常阳光,和学生关系很亲密。课间经常看到有学生找他,甚至直呼他的姓名。学生们自己也说:"不怕 S 老师,他太随和,有时镇不住班里的学生。"在专业上,S 老师有个特别的习惯——喜欢研究题目。入职不到一年,S 老师已经做完了好几本练习册。

一、一堂课引发的思考

在调研期间,正好赶上 S 老师和外校两位教师的"同课异构"赛课活动。虽然是教研组内部组织的活动,但是教研组长 C 老师非常重视,早早就把活动的流程安排好。特地提醒 S 老师的师傅 H 老师不要给他过多的帮助,让他自由发挥,目的是让 S 老师借助这次活动提升自己的课堂教学水平。但是,出于对徒弟的关心,H 老师还是给 S 老师点拨了这节公开课的设计思路。研究者全程跟听了课程内容,并且参与了课后的点评环节。组内的老教师认为,相比其他两位老师,S 老师的课在设计上不够出彩,甚至出现一些"硬伤"。这对 S 老师造成了很大的打击,用他自己的话说"想死的心都有了"。因为其他两位教师所在学校在层次上无法和 N 校相比,S 老师在自己的"主场"没有表现好,组内个别教师对 S 老师的点评有些犀利。

身为教研组长的 C 老师认为,S 老师的课堂暴露的问题还是比较多的。

首先是形式大于内容。S老师在教学过程中看似声音洪亮、很有激情，但是没有产生很好的教学效果，对学生的学习没有起到促进作用。用C老师自己的话说"这是一种表面上的热闹，一种自嗨"。S老师虽然设计了一些问题，试图增加师生互动，活跃课堂气氛。但是，由于问题的设计过于浅表化，难以调动学生深入思考。参与听课的其他老师指出，S老师的课堂提问"只顾数量，不求质量"，并且经常以"是不是""好不好""对不对"等缺乏思考空间的词发问。这样的提问费时且意义不大，既不能帮助学生理解知识点，也不能训练其思维。作为教研组长的C老师直言不讳，认为S老师从头到尾像是在背稿子，和学生没有眼神上的交流。通过对S教师的课堂观察发现，他在课堂上向学生提出问题后，当学生回答有困难时，S教师常常会有些急躁，或催促或换人回答，或自问自答，以此追求课堂表面的流畅。S老师希望回答问题的学生能直奔主题或要点，从而节省上课时间，提高课堂效率，但是这样做使得整堂课的教学效果大打折扣。其次，课堂重点不突出。主要原因来自S老师对材料的拿捏不够到位。教学过程中，S老师使用了大量的视频、图片资料，特别是课堂导入环节使用的一段微课资料吸引了不少学生。但是，由于缺乏对材料的组织，课程资源未能物尽其用，甚至显得有些鸡肋。一位听课老师指出："材料很丰富，但你呈现了这么多东西，你到底想传达的是什么呢？"针对课堂导入的那段视频，C老师指出："这个视频在这节课中的价值在哪呢？反映出你对素材和课程资源的拿捏不到位。材料呈现得确实多，但你自己对材料的解读不够，说得过分一点，说明你自身对材料都没有好好地理解。所以，课堂设计的探究活动，结论不是学生讨论和研究出来的，而是你读出来的，甚至说是你背出来的。那么对学生而言，这节课它的生长点在什么地方？"C老师作为教研组长，对S老师的点评虽然犀利，但是切中要害。

同课异构之后，S老师情绪很低落，酷爱网球的他一周都没有出现在学校的网球场上。针对这节课，研究者与S老师进行了交流。对于这节课的教学过程和暴露出的问题，S老师谈了自己的真实想法。"我把自己的东西和想法都抹杀掉了，因为怕被老师们批评，即使有大胆的架构和教学设计也不敢想，因为我担心做得多错得多，就想宁愿保险一些。"从S老师所表达的内容可以看出，他对这节课还是很重视的，并且渴望获得同组老师的认可。这节课的教学设计，S老师原本有自己的想法，但是因为怕自己的想法出问题被组里的老师批评，S老师选择打保险牌，整堂课的框架基本按照课本的思路和流程，所以组内教师点评说"没有特别出彩的地方"。加上S老师没有给学生讲清楚基本的知识点，重难点不突出，以至于组内的老教师说，"这种课放在一般的学校可以，但是在这所学校显然不可以"。

因为入职时间未满一年，还处在试用期，加上学校对青年教师专业发展上的要求，S老师非常看重学校的考评。"我课后花很多时间抓学生成绩，还不是为了想在这里生存下来，因为学校领导看学生成绩。但是组里面老师说要重视教学和专业发展，我觉得平衡两者太难了，所以我就觉得压力太大了。"分析S老师的访谈资料不难发现，造成其专业发展困惑的关键问题是学生成绩与课堂教学之间的矛盾。在他看来，上好课与提高成绩之间没有必然的联系，有时甚至是矛盾的。让S老师头疼的是学校要求教师提高学生的成绩，学科组的教师注重课堂教学实效。S老师通过课后抓学困生补课、对部分学生进行知识点听写的方式，来提高班级学生的整体成绩。如图6-1所示，右图反映的是晚自习时间，S老师把班里7位学生集中起来"补课"。而高一学生每天要面对9门课的作业，S老师的这种做法被很多教师认为没有从学生角度考虑问题，有些欠妥。

图6-1　S老师在指导学生

二、"感觉自己像在上高中"

S老师有着"95后"教师的特点，个性张扬，追求时尚潮流。无论是穿衣风格还是生活方式，处处体现出"95后"青年群体的特征。在微信朋友圈，S老师经常晒出自己在全国各地的旅游打卡照。学校教工食堂虽然提供不错的职工餐，但是研究者经常看到S老师从校门口拎着肯德基、奶茶、咖啡等外卖。"我有时候觉得自己回到高中时代，天天有人管。好像不是在这当老师，而是在这边当学生，还要接受考试。我觉得跟我当初工作的想法不一样。"访谈中，S老师一直强调"我怕被批评"。既追求自我、张扬个性，又非常在意外界对自己的评价，这种矛盾性在S老师身上体现得非常明显。

在那次同课异构的当晚，S老师在朋友圈发了一篇长文，部分内容如下：

夜里辗转反侧，躲在被窝里痛哭，觉得自己委屈又觉得自己没用，真的想给自己两个巴掌……我真的从小就是一个乖孩子，我怕错。我不敢有自己的想法，我害怕被批评，因为我很在意别人对我的看法。虽然别人批评我，表面上我会很平静并虚心接受，但其实内心还是难以忍受的。每当出现这种情况，我总会去一个没有人的地方默默地哭……我担心学生成绩，所以我会抓得很紧……在这一年多的时间我给自己的定位就像是班级里的班长一样，觉得不是老师。时常担心某一天被撤了职……一个人在外感觉很不容易。我很幸福，我有一群支持我、理解我的小伙伴，让我不觉得孤单。他们及时开导我、安慰我。我顿时觉得有了他们是一件多么幸福的事情。

S老师在践行外界各种规范要求的同时，渴望得到学校领导和同事的认可。这种在社交过程中关注他人的想法，通过与他人的关系来知觉和认识自己的行为表现，在心理学中称为"依赖型自我构念"。[①]在S老师的认

---

① 彭顺，汪夏，牛更枫，等．负面评价恐惧对社交焦虑的影响：基于社交焦虑的认知行为模型[J]．心理发展与教育，2019，35（1）：121-128．

知当中，其教育教学行为的意义来源和价值很大程度上来自外界的评价。

第二节　得不到承认的 F 老师

在 N 校调研的两个月，研究者见证了 F 老师从被"停课"到被调离的整个过程。F 老师老家在安徽，本科毕业于巢湖学院，研究生毕业于安徽师范大学，独自一人带着妻女在异乡打拼，他的收入是一家三口全部的经济来源。他经常调侃自己"我其实就是个打工的"。F 老师履历可谓丰富，他先后在私立中学、农村高中，以及现在的省重点中学 N 校任教。在近半年的历次考试中，F 老师所带班级的成绩在年级排名始终垫底，加上和学生之间的关系比较紧张，听其他教师说有学生家长找到校领导要求换老师。因为有在不同类型和不同层次的学校任职的经验，F 老师对教师职业和教学工作有着自己的看法。

一、追求"安逸"的工作生活

F 老师经常说，能到 N 校是意料之外的事情。他之前在农村中学任教的时候，渴望考到城里的学校，但没想到能进重点中学。两所学校巨大的差异让 F 老师很不适应。因此，他常常回忆曾经安逸的生活，经常拿过去的工作生活和现在的做对比。"我之前所在的学校上完课就走人，不要太轻松，现在这边抓得太紧了，感觉不适应。我以前工作很轻松，回家也开心。现在一想到明天上课，我就很压抑，如果通知我准备上公开课，我多少天都想到这个事，睡不好，睡不好心里总烦，一想到明天有人来听课，我根本没心情。"每每谈到这些，F 老师内心便感觉很不平衡。"早知道是这样，当初就不应该过来。"从访谈中可以看出，F 老师把教师职业作为谋生的手段，或者说把教师仅仅当作一项普通工作的倾向比较明显。有研究指出，谋生取向型教师的工作目标定位呈现出物质导向性的特点，对待学校管理制度和职业规范表现出被动顺从性特征。[①]

访谈过程中，F老师一方面承认自己专业能力不足，表现出专业上的不自信；另一方面，面对专业发展困境，F老师似乎又不太愿意逆境翻盘，所以表现出无奈的情绪。"我觉得我不适合N学校的风格，我不会哄学生学习，学生不学习是他的事。我以前在学校根本不抓学生，上完课我就走人，学校也不会像现在这样经常听新老师的课。我其他方面还是可以的，比如说研究题目，但是上课真的不行。"F老师虽然渴望获得外界的承认，但是这种渴望未能转化成行动。F老师将专业发展困境归咎于学校制度等外部因素，没有从自身出发，钻研业务，打磨课堂，缺乏自我归因的意识。究其原因，在于F老师把教师仅仅当成谋生的职业，缺乏工作的自主性与积极性，没有投入太多的心力思考专业发展，更缺乏提升业务能力、发展自己的勇气和行动力。

二、开拓"副业"

有研究指出，当教师对工作持谋生取向时，在自己自由的选择范围内，总是会优先去做能给自己带来最大收益的事情，同时对那些无益于己、可做可不做的事表现出置之不理的态度。F老师始终觉得自己不适合N校的管理风格和氛围，经常说，"我在以前学校带出的学生成绩不差的，工资拿的并不比现在少多少，后悔来这里"。讲台上的F老师难以获得成就感，于是开拓自己的"副业"。F老师跑过网约车贴补家用，后来觉得太辛苦，而且由于对路况不熟被扣分罚款，索性不干了。后来发现运营微信公众号既能宣传自己扩大自己的影响力，又能获得一定的收益，于是注册了微信

[①] 赵敏，何云霞. 从谋生、职业到事业：教师发展与培养的制度策略 [J]. 课程·教材·教法, 2010, 30（7）：93-97.

公众号，最多时有近一万人关注。F老师公众号里的很多文章并非原创，主要涉及英语学习的内容。为了获得高流量和关注度，F老师经常在朋友圈寻求好友帮忙转发。研究者第一次听到"流量变现"这个词就是从F老师那里。通过运营公众号，F老师每月都有几百元甚至上千元的收入。"学校那点工资真的不够，我现在压力大得很，房子没买，还要还车贷，一家三口指着我的工资。"除此之外，F老师喜欢研究考试题，解析各市的模拟试卷，作为教参教辅资料的编写人，经常能接到出版社约稿。F老师通过拓展自己的"副业"，获得了一定的收益和成就感。每当聊到这些，F老师总是眉飞色舞、滔滔不绝，和他和在学校里因教学而倍感窘迫的形象形成了鲜明的对比。

运营公众号和出版教辅资料让F老师收获了一定的自信。但是，身处学校，每天面对教学上的压力，F老师依然很焦虑。由于英语组的男教师很少，F老师说，每天在办公室连个说话的人都没有。"女老师聊的都是网购之类的，我不感兴趣。"对于今后的发展，F老师有着自己的想法和规划。"我还年轻，没到30岁，再考其他学校的编制没问题的，待在这里如果不爽的话，我就考到其他地方，反正考编我是不怕的。而且我还有其他方面的收入。"

三、被停课与调离

由于所带班级几次考试成绩不理想，加上和学生的关系紧张，F老师的业务能力遭到学生、家长甚至所带班级的班主任的质疑。在各方压力下经多方协调，F老师自愿被调离教学岗。"学校找到我，安排我去图书馆。去图书馆都是些什么人？基本都是快退休的老教师，我这么年轻过去，别人怎么看？在学校你肯定要上课的，不上课的话真待不下去。"过了大概一周的时间，学校通知F老师课暂时停掉，他所带的班级交给其他老师，但要求F老师在规定时间正常上班。又过了两天，F老师主动联系研究者，让研究者和他一起去食堂吃饭。他说："现在在电梯里遇到学校的老师感觉好尴尬,他们都知道我不上课了。"作为学校,对F老师停课这一举措,其产生的效果在某种程度上可以升格为学校对教师群体的规训和治理手段。以至于很多教师尽可能规避因教学水平达不到学校要求和标准,而遭受"停课"的尴尬。作为教师个人,在学校的文化场域下,如果不被安排上课,看似无事一身轻,实际上是教师业务能力遭受质疑的体现,这种权利剥夺会造成教师合法身份的丧失,使得当事人遭受被蔑视、被侮辱的体验。当然,F老师是一个极端的个案,学校在没有经过综合研判以及征得教师的同意之前,不可能随意剥夺教师上课的权利。如图6-2所示,靠近窗户的是F老师,被停课之后,他基本上都是一个人去食堂吃饭,而且选择远离人群的座位。

图6-2 F老师在食堂

过了几天,F老师兴冲冲地告诉我,他被安排到当地市属的职业院校担任英语教师。"太好了!今后课少,可以多花时间搞公众号,还能在社会上做补习班老师!"F老师觉得这是目前最好的选择,所以他从心里感谢学校对他的照顾。后来了解到,F老师主动向学校领导提出希望调到当地的职业院校,但是当时的他没有抱太大希望。因为当地教师普遍觉得进入职业学校工作是个不错的选择,工作轻松而且待遇也不错,很多人花心思都进不去,F老师一个外地人,仅仅给学校领导提了一下,实现的可能性不大。结果没几天,F老师真的等来了好消息,校长通知他已经帮忙联络好了，他当时都不敢相信。在他看来，能调到职业学校有几点好处：一是课时少，教学任务不重；二是保留编制；三是学校对成绩的要求不像高中，不会过于抓学生成绩。等到他入职职业院校之后，研究者对F老师进行过一次电话访谈，他说："工资少了1 000。"F老师正面临考高校教师资格证的压力，但他对自己目前的情况总体是满意的，"没有压力，老师听课都是随便听一听。不像N中学的老师听了课还要给你挑毛病，而且还要抓学生成绩。我们办公室平时基本没有人。我现在还属于新教师，还要正常上下班。等到入职第二年，有课就来，没课可以不来"。

研究者和F老师的交流并没有因为调研的结束而终结，F老师的经历或许集中反映了一部分"90后"教师的心态。他们渴望被承认，但是对教师职业本身缺乏深入的理解和反思，更缺乏认同感，不能从职业本身去履行好教育教学职责，而是试图借助教学以外的工作证明自己。

第三节 自我认同的G老师

G老师毕业于苏州大学历史教育专业，1990年进入N校担任历史教师，是学校资深的"元老级"教师，作为学校历史的见证者和学校发展的亲历者，G老师经历了N校不同的发展时期。G老师有两大爱好：一是喜欢打太极拳，二是阅读。G老师经常在课间独自一人练习太极拳，不论周围环境多么嘈杂，G老师完全不受外界的干扰，气定神闲，镇定自若，完全沉浸在自我的世界里。G老师另一大爱好是读书，阅读范围主要涉及哲学和中国传统文化，包括各类经典。调研期间，G老师正在阅读康德的《道德形而上学奠基》，他认为康德是站在西方社会文化背景谈论道德哲学，所以很多观点要放在他所处的时代去理解。G老师很认同康德关于道德本质的论述，如真正的善来自人的善良意志，自律是道德的最高原则，要永远把人当作目的，而非手段。图 6-3 所呈现的是 G 老师在工作之余阅读经典和练习太极拳。

图 6-3　G 老师在读书和练太极拳

一、"努力做好我的本职工作"

G 老师被学生和同事尊称为"大师"，之所以能获得周围人的高度认可和尊重，原因在于 G 老师既注重言传身教，工作上勤恳敬业，又注重教书育人的成效。学生认为 G 老师的课堂教学站位高且视野开阔，具备艺术性和哲学的高度。同一学科组的 W 老师说，"G 老师上课的境界，我们只能望其项背，我每次看他整理的 PPT，真的让人佩服"。通过访谈和观察，研究者发现 G 老师对师德规范的践行表现为一种反思性认同之后的自我要求。"对我个人来讲，我对教师职业是非常重视的。我在尽我自己的努力履行职责。你问我上好每节课背后的推动力是什么？我觉得和我的三观、我的信念有关系。其实我这个信念它不是外部的环境给我的，完全是自己做出的选择。"G 老师对所从事的教育工作具有专业性的认知，表现出高度的专业自觉。在开展教育教学工作时，G 老师能清醒地意识到自己专业工作者的身份。"教师是我的身份，我的课我要尽可能把它给上好，这个是不可动摇的。每年带新一届的学生，一直到现在，教案全是重写的，

PPT 全部是重做的，年年如此。所以每年一个文件包，我觉得这个是理所当然的。所有的作业一定是要尽早批出来的，一定要的，没有说不批作业或只打个日期，从来没有。这个作业要讲评的，作业有问题的同学和他们要做交流。"

在学校，G 老师经常身着唐装，脚上穿着中式的帆布鞋。在和 G 老师接触的过程中，研究者一开始觉得 G 老师很"佛系"，甚至有些"远离世俗、不近人情"。每次大大小小各类聚餐，G 老师都婉言拒绝。"我为什么不愿意参加酒桌上的聚会，因为我不会说场面话。那种话我说不出口，说了我觉得我要脸红，所以宁可不要去参加，这可能是我的性格问题。""别人对我的看法我也知道，不了解我的人可能会认为我这个人肯定是参悟了，无欲无求了。也有人认为我这个人不思进取。别人再怎么说，我都可以接受的。但我自己了解自己。这些不影响我工作，每次考试情况都还好，学生的反馈也很好。"与其说 G 老师"佛系"或者"不近人情"，不如说 G 老师有着自己对教师职业的理解，以及对师德规范的坚守。首先，G 老师在工作中保持高度的自觉性和主动性。其次，兢兢业业、一丝不苟的专业精神是 G 老师获得认可的基础。最后，卓越的业务能力和专业素养以及出色的教学成效是 G 老师为人所尊敬的保证。因此，即便有些教师觉得 G 老师"不食人间烟火"，但从内心深处还是对 G 老师非常敬服。正是因为扎实的学识和爱岗敬业精神的双重加持，G 老师在专业发展过程中，始终保持着高度的专业自信。"哪怕到我退休前，你让我上高一到高三的任何学段，我都可以上，任何层次的班级我都可以带，而且我可以带出成绩。"

二、"Z 校长对我帮助很大！"

学校的文化氛围和社会环境对教师从教和师德养成有着重要影响。访谈中，G 老师每每谈及 20 世纪 90 年代自己刚刚入职的情形，总是感慨良多，言语中充满着对过往的怀念。特别是帮助指导过自己的教师，G 老师满是感念。"我特别钦佩 Z 校长！"G 老师 1990 年毕业，之后来到 N 校工作。时任N校校长的Z老师作为当时的校领导,对刚刚站上讲台的G老师有着非常大的影响,让G老师直到现在还念念不忘。G老师说,Z校长直到退休前,几乎每天在各个办公室里溜达。走进办公室,Z校长会和教师们聊天,既有专业上的交流,也有生活上的关心。Z校长给当时的教师每家发了一个电饭锅,为成家的教师争取到了当时很稀缺的煤气灶,解决了很多教师的后顾之忧。通过这种方式,Z校长在教师心中树立起了很好的形象,赢得了教师们的尊重。"Z校长对老师的了解,他和老师们这种情感是通过平时的聊天和接触慢慢培养出来的,我感觉这是他的领导艺术。"不仅如此,Z校长在学校管理方面的一些观念和举措在当时可以说是先进之举和业内的表率。20世纪90年代前半期,科层管理制度对学校的管理产生很大影响,譬如坐班制、打卡制度、检查备课笔记等正是在这样的时代背景下产生的。Z校长却"背道而驰",他不强调坐班制,反对检查教师的备课笔记,反对领导突袭式的推门听课。Z校长认为,坐班制限制了教师的读书时间,办公室不是读书的地方。备课笔记是教师的著作,别人无权查看。推门听课是对教师的不尊重,教师要有一点师道尊严,领导不尊重老师,学生如何尊重老师。这些理念背后所传递的核心思想是减轻教师负担,尊重教师的教学自主权,调动教师的主观能动性,赋权增能促进教师自主发展。Z校长认为,老师已经够辛苦了,真正不负责任的老师只是个别,对老师管头管脚不合理。

  除了这些,Z校长的人格魅力让G老师印象深刻。G老师回忆,作为年轻班主任的他在某一天的课间突然被Z校长叫住,然后说,"小郭,你们班级学生很闹,你要管理一下,让他们安静一点"。可是年轻气盛的G老师马上回了一句:"那是学生的天性,他们吵闹一些很正常。"旁边的很多教师都认为G老师这样跟校长说话不合适。但在整个事件的过程当中,Z校长的表情始终是很随和、很放松。"我说完之后,Z校长当时的一句话我到现在都记得。"Z校长语重心长地说:"小郭,你要成长得更快一点。"从那以后,Z校长每天还是像往常一样到办公室和G老师交流。除此之外,一次学校召开教师大会,Z校长布置一项工作要求某教师负责,那位教师在现场立刻回了一句："这个事情为什么要叫我做？"当着全体教师的面，Z校长没有生气，而是对那位教师说："你现在要考虑的是怎么把交给你的事情做好。"从这两件事情可以看出作为校领导的Z校长对教师们的理解和包容。同时，G老师说Z校长对教师包容，但不放任。如果教师在教学上出了严重的问题，Z校长会第一时间约教师谈话，甚至做出一些处理。"他做校长期间，我们学校偶尔会有老师因为教学上的问题被调离。当然，做出这些决定都是非常审慎的。"

第四节 追求卓越的K老师

翻看K老师的履历，可以用"惊艳"来形容。作为一名从西部引进到江南、在教育发达的长三角腹地工作20余年、近年又到陕北延安支教一年的老教师，K老师有着各种头衔和荣誉。作为省特级教师，正高级教师的K老师拥有自己的名师工作室，从教36年，有着28年班主任工作经历。K老师2001年从甘肃省嘉峪关市引进到无锡一所知名高中。K老师收藏有新中国成立以来各个时代语文教材数千册，自费订阅并收藏70年代末至今的五大语文教学核心期刊并整理有目录索引。K老师出版专著3部，发表论文近百篇，近年在各地示范课、专题讲座300多场，担任多所大学兼职教授。

一、"辛苦我一人，受益一群人"

随着个人专业成长以及影响力的扩大，出于对家乡的回馈和对西部教育脱贫攻坚尽绵薄之力的愿望，近年来，K老师在甘肃、陕西建成了多个工作室，目前有成员300多人。K老师甘做绿叶，希望通过自身成长经历引领带动更多的教师实现能力提升和专业发展。

在一次经验分享会上，K老师建议广大教师把自己的专业发展与学生成长相结合、与学科团队建设需求相结合、与学校发展规划相结合，和身边的同事一起结伴成长。K老师认为，个人有成果并不是真正的优秀，成功的团队没有失败者，失败的团队鲜有成功者。K老师以自己与团队的成员共成长的例子告诉青年教师："一堆沙子是松散的，可是它和水泥、石子、水混合后就比花岗岩还坚韧；一滴水只有放进大海里，才永远不会干涸；一个人只有当他把自己和集体事业融合在一起的时候，才能最有力量。"K老师不仅自己撰写论文，做课题研究，还引领他的团队、他的学生用自己的方式撰写属于自己的"论文"。

在合作共赢理念的指导下，K老师所主持的工作室从某种意义上说是一个教师学习成长共同体，是为了凝聚全部个体的力量而产生和发展的。在K老师看来，团队群体是成就教师自我的最佳成长环境。2020年，K老师工作室成员中有14位教师在省级以上刊物发表教学论文。40多位教师跨省市外出讲课交流，另外有10多位教师晋升了高一级职称，其中一位34岁的教师晋升为副教授。

K老师认为，一些教师面临的专业发展上的困境和危机主要是短视与只顾及个人利益、眼前利益造成的。例如一些教师通过有偿家教和课后辅导获取私利，一些教师为了短时间提高学生成绩采取不合理、不正当的手段，对学生身心造成不良影响。这些行为有违师德，对学生、对教师自身都会产生难以挽回的后果。K老师认为，钻研教学、认真备课、用成绩说话才是教师专业发展的正途。优秀教师的素养和声誉主要是靠"德"和"能"造就的。教师辛勤付出，专注于本职工作，教出的学生成绩好，教师自身品德高尚，自然会得到学生、家长、社会的认可，"有口皆碑"的教师必然是靠自己努力博得的，虽然这种选择和做法付出的时间成本比较高，短期内看不到效果，但确实是教师持续发展的必经之路。

"一个对师德没有宏观的长远的看法的人，说明你在教学专业上的追求也只是眼前的。师德关系到一个老师长远发展，你的专业提升的愿景，你的职业规划问题，它不仅仅是说你不要犯错误和触碰底线，不是那么简单的事情。"教师的专业素养和声誉是需要日积月累的,许多教师忽然间的"声名鹊起"实际上是厚积薄发的必然结果。如果想靠走捷径获得,不但无法持久,更有随时翻船之虞,最终落得个声名狼藉的悲惨下场。

在K老师看来,教师一定要把个人的成长和发展建立在学生需要、学校需要、国家需要的层面上。"我们今天的多少教师尽管硕果累累,但是不能在师德上成为表率。很多人只看重自己成名成家,只希望自己成功,并不能把自己的成长放在学校需要和学生发展的角度。"

K老师回忆自己的从教之路和专业发展,认为教师如果能够超越同行,脱颖而出,他的心胸和格局,他的道德品质必然发挥了关键作用。他结合自己30多年的从教经历充分印证了师德是教师的软实力。

二、"从一批一批的老师身上,我学会了很多"

K老师在谈及自己的成长时,始终念及曾经教过自己的老师,其中有一些已经过世,但是,这些老师的师德故事让K老师至今难忘,成为指引自己专业发展和师德养成的精神动力。这其中,有两位老师让K老师感念至今。一位是自己的小学语文老师罗老师,另一位是自己就读师专时的刘老师。对这两位恩师,K老师都写过专门的纪念文章。

关于罗老师,K老师记得在艰难困苦的岁月里,罗老师看到班里一位家庭极其贫寒的男生在严冬只穿着仅仅能起到遮羞作用的单裤,没穿袜子的脚蹬着一双单布鞋时,把自己仅有的一条新裤子送给了这位学生。这件事,让K老师和班里的同学记忆犹新。村里人对罗老师的评价是:罗老师是一个极其正直的老师。罗老师从来不因为学生的家庭出身、经济条件或家长职业、地位对学生区别对待。"当时家庭条件比较好的几户人家,三番五次地跟我暗示或者直接说,学校里劳动时给他们的娃娃派轻松一点的活儿。下午放学让早点回家,好多帮助家里拔猪草等,别留在学校里打扫卫生什么的,考试批卷子时多给几分……我不喜欢这样的做法,看不起这样的人!"K老师在文章里这样深情地写道:"像罗老师一样正直的人,是没有进行过道德和人格的美容化妆的人,让人看到的是本来面目,是真面目。即使是因为小事眼下开罪了同事和领导,但长远看,赢得的是信任和敬重……感念小学恩师罗文举身上的正直!可能正是因为与罗文举老师近五十年的交往,我的身上还残留着些许正直,希望保留到我职业生涯自由落体、匀速直线运动到终点。"

除了罗老师,另一位让 K 老师感念至今的是自己在师专学校的专业课教师刘老师。K 老师在一篇文章里这样写道:"刘老师在兰州病危住院,到运回张掖,直到后事料理,都是我们那几年的一些学生在帮忙张罗。我从微信群里判断,我们这些人感念的正是刘老师当年的正直与执着!"这就不得不提 K 老师毕业分配工作的事情。在《生命中的恩师》一文中,K 老师回忆他被分配工作时的情况。当年,K 老师毕业时,被分配到嘉峪关的学校工作。要知道,在当时能分配到嘉峪关工作是很让人羡慕的。原本,K 老师是要留校的。可就在那一年,省教育厅政策规定,师范院校毕业生一律分到基层学校,原则上是哪儿来的回哪儿去。经过刘老师和另外一位学校领导的综合考虑与商议,决定将去嘉峪关工作的名额分配给 K 老师。原因在于 K 老师优异的学业成绩和出色的综合能力赢得了老师们的肯定。之后的事实证明,K 老师在来之不易的岗位上一路"开挂",没有辜负当初老师们的期望。由于工作上的出色表现,K 老师先是进入当地市一中。三年后,K 老师带了一轮初中下来。6 年后,通过成人高考,K 老师考取脱产进修,到省城名校完成学业。毕业后,K 老师在嘉峪关的一所知名高中任教,担任年级组长,获得了高级职称。正是有了这些扎实的积累,才有了后面 K 老师精彩的教师职业生涯。2001 年,K 老师从甘肃省嘉峪关市被引进到苏南的一所名校,开启了教师职业生涯的第二篇章。K 老师至今感激刘老师当年的知遇之恩,正是这样一次机会改变了 K 老师职业生涯的轨迹,进而改变了其今后的人生道路。

通过 K 老师的描述,我们看到了罗老师和刘老师身上的道德品质以及对学生的关爱。这些师德品质通过一件一件的教育事件影响和滋养着 K 老师。在希腊先贤亚里士多德看来，美好生活是欣欣向荣、勃发向上的生活。作为一名教师，践行师德规范，才能收获幸福的教育人生。教师践行师德规范，既是实现美好生活的手段，同时也是美好生活的目的本身。如同罗老师和刘老师，多年后能够让学生和家长所铭记并且津津乐道，本身就是幸福的。

第五节 拥有教育智慧的L老师

L老师毕业于南京师范大学思想政治教育专业，教学业务能力强，课堂气氛好，教学成效显著。所带班级在高考中表现出色，深受学生喜爱和同事认可。L老师非常鲜明的特点是喜欢在人群中侃侃而谈，特别能带动气氛，离办公室很远都能听到L老师爽朗的笑声。每当看到其他老师在办公室处理学生的早恋问题，L老师便会在事后半开玩笑地说："棒打鸳鸯，太不人道啦！"L老师既幽默，又充满教育智慧，对一些教育现象有着独到且深刻的见解。

一、"很多优秀的老师没有得到承认"

在调研期间，网上的一封辞职信引起了网友的热议。这封辞职信是深圳的一位语文名师发布的，在信中，该老师提到自己还有7年时间就要从教师岗位退休。但是她不想等了，想把这7年留给自己，于是毅然选择辞职。针对这件事，L老师谈了自己的看法。"我觉得导致这位老师辞职的原因表面上是待遇的问题。深层次原因是没有被很好地承认。"L老师认为，外界对教师的承认可以帮助教师建构专业身份，获得职业认同感和职业荣誉感。反之，承认不足则会挫败教师从教的积极性，甚至导致教师产生离职的倾向。相当一部分家长过于看重学生的成绩，所以对教师的评价源自教师的教学水平。另外，外界对教师特别是优秀教师给予的承认是不够的。"造成很多优秀老师出走的原因看似是因为薪酬，其实不尽然，很多老师他的综合价值不能得到充分的肯定其实是出走的主要原因。"对教师的承认，一方面需要提升教师的工资待遇，完善教师收入分配激励机制，让教师感受到职业带来的获得感。有媒体报道，在北京一场招聘会上，来自重庆市沙坪坝区的16所大、中、小学校给出了优厚待遇，如提供充足的安家费，提供舒适的教师公寓，为配偶解决工作，为子女解决入学、入托等。[①] 有报道称，深圳一些中小学为吸引优秀教师人才，出台了一系列人才政策福利，如深圳户口、解决住房、人才奖励补贴等，一些学校教师的工资提高到30万元以上。杭州市余杭区出台的高层次教育人才激励办法中设置人才专项补助奖励、年度人才绩效考核奖励、荣誉类人才奖励等条目，通过具体的激励措施，全面充分地调动中小学教师工作积极性。通过优绩优酬和各种奖励政策，既是对教师价值的肯定，也是对教师的付出与贡献的尊重。另一方面，对教师给予人文关怀，帮助其专业发展，解决家庭和生活上的困难是对老师精神与情感上的尊重与承认。只有尊重教师，才能充分调动教师的主体积极性，让教师建构正面积极的职业身份，更好地服务于教育事业。[②] 只有让广大教师在岗位上有幸福感、事业上有成就感、社会上有荣誉感，才能让教师真正成为受社会尊重和令人羡慕的职业。[③]

从L老师对当前社会环节和教育生态的分析可以看出，新形势下教师工作被赋予了新的任务和要求，教师的专业发展迎来了新的机遇和挑战。教师的业务能力、教学的成效被摆到了突出的位置，成为评价教师的重要标准。

[①] 钟焦平. 建立长效机制吸引优秀人才从教[J]. 中学语文, 2021, 916 (32): 69, 73, 76.
[②] 王正平. 尊重教师：教育伦理的一项重要原则[J]. 道德与文明, 2015, 197 (4): 17-22.
[③] 赵英, 袁丽. 新时代尊师重教的价值、意蕴与践行路径——对二十大报告精神的解读[J]. 教师教育研究, 2023, 35 (1): 1-6.

二、"老师心中要装着每一个学生"

L老师的业务能力在N校得到广泛认可,连续多年担任文科班班主任。在指导学生方面,L老师有着自己的教育理念。在L老师看来,老师对学生经常发火是能力不足的表现。"老师通过惩罚来树立威信,学生因为畏惧才听你的话。"在L老师看来,教师应该因势利导,学生不应被看作被塑造和规训的客体,而是行动和责任的主体。教师应该基于学生的经验做出教育行动。"班主任工作最重要的是在学生心中种下一颗种子,去挖掘出属于他自己的需求,让他知道每一天实则是为自己而活。"在L老师看来,新环境下,教师的工作要求、职业角色、师生关系都发生了很大变化。"真正的好老师他不会骂学生,他一定会努力呵护好学生内心当中每一个美好的向往,而这样的学生一定是有畏惧的。学生看似畏惧老师,实则是怕自己的迷失毁掉自己的美好前程。这样的害怕,实际上是敬畏自己的生命和成长。"在L老师看来,教师应该努力让受教育者成为自己行动的主体,既是自己行动的创造者和发起者,又对自己行动的结果负责。通过教育,学生最终要通过他自己的方式成为他自己,而不是做一个"得体"的学生。L老师认为,在对学生进行教育的同时,要保持学生的灵气。成绩对学生固然重要,但是能力的提升、人格的健全对学生未来发展更为关键。所以,L老师非常注重教育学生对自己的人生负责,做自己学习、生活的主人。

L老师认为师德与师能是相辅相成的,教学能力与关爱学生对学生的发展同样重要。教师只有将综合素养全面立体地呈现给学生,不同的学生才能从教师身上各取所需,实现自身发展。在L老师看来,学生亲其师信其道,教师专业素养高,学生自然就会喜欢。而学业成绩比较突出的学生往往有着良好的学习习惯,所以,作为老师,更多精力放在其学业成绩的提高。而学生在自身学业精进的过程当中,也会养成良好的品质和素养。因为好成绩的取得凭借的是学生的综合素质,如坚强的毅力和专注度等。而基础相对弱一点的学生,教师除了关注其成绩,还有注重其良好学习习惯的养成。这个时候，教师不光要言传，更要身教，通过教师的整个身心去影响、带动和唤醒学生。所以，教师的教学水平和道德品质两者相辅相成，对学生的成长都很重要。L老师通过自身的教育实践告诉我们，优秀教师需要负责任且行之有效地回应学生之间的差异。

面对教育的复杂性和社会环境的发展变化，教师应该保持开放的心态和虚心的态度。新时代下，教师的角色被赋予了新的内涵，除了学生成长的陪伴者，还包括学生学习的支持者和生命的唤醒者。每个学生在学习和成长的过程中都希望被看见、被承认、被尊重。教师只有以站在学生中间的姿态理解学生，才能更好地从事教育教学工作。

第六节 师德与师能相统一的 M 老师

M老师给人的第一印象是美丽大方、很有亲和力。如果说教学和班主任工作是高中教师专业发展的两条主线，都需要高中教师深耕，M老师在这两个领域都取得非常瞩目的成绩。M老师在班主任和教学上取得过国家级、省级的荣誉。

一、好老师的两大支点：德育和学科教学

作为英语老师，M老师深受学生们喜爱，学生都亲切地喊她的英文名"May"。在她的办公桌上，有往届学生寄来的明信片，对她来说，这些都是她教学生涯中最好的礼物。学校领导对M老师的评价是："M老师是一个很有冲劲、有干劲、有想法，更重要的是有办法的班主任，在高三刚开学的时候，M老师面向全市的高三学生召开了一节主题班会。这个主题班会，后来被推到了学习强国上。"

M老师认为，提高教学水平是高中教师专业发展的重中之重。M老师认为，教师工作的重心是课堂教学。M老师拿自己作为英语老师举例，"像英语学科的话，基础的教学、课外的拓展，对学生的疑难进行针对性讲解，都需要老师扎扎实实做好"。除了教学，德育工作对于学生成长和教师专业发展同样重要。"跟学生的每一次交流的过程当中，我会渗透很多跟德育相关的一些东西。比如说像现在高三的学生，除了一个教学之外，高考应试的心理调节、高考的应试技巧方面，每次大型考试结束之后，我都会跟学生做一个面对面的沟通和交流。德育跟教学我觉得应该是相辅相成的。"M老师认为，教师赢得学生认可和尊重最好的方式与最重要的途径是教学。"老师要靠教学才能服众，才能征服学生。一是通过提高课堂教学质量，让学生爱听课，对他产生一种吸引力。他会觉得听你的课不沉闷，不会打瞌睡。假如是一个偏科的学生，他能通过你的课改变他对这门学科的看法，这是很不简单的。二是在生活当中，如果对学生润物细无声地关照，他会觉得你不仅仅是教学上的良师，更是生活中的益友。你给学生带来温暖，对他的一生都是有影响的。"从访谈中可以看出，M老师之所以能够平衡好学科教学与德育工作，在于善于将德育工作与学科教学有机结合到一起，所谓"亲其师，信其道"。当教师的整体人格得到学生的认可，教师在教学上会得到学生非常大的支持。学生会主动配合老师，积极完成老师布置的任务。而当教师通过课堂教学和学识赢得学生的承认，便能收获良好的师生关系。所以，教师的德育和学科教学是相辅相成、相互促进的。

M老师作为一名教育工作者，始终追求的是一种有德性的教学生活，具体表现在M老师能充分认识到自己日常教学行为的道德意义，增强教学的道德自觉。而高品质课堂一定是让学生时刻沐浴着伦理关怀、享受着人间温情的课堂。[1]

---

[1] 徐继存. 高质量教学的时代内涵[J]. 课程·教材·教法, 2023, 43 (2): 9-11.

二、"有想法，更要有办法"

M老师在进入N校之前，在一所普通高中任教。"我之前所在学校的学生和这里的学生是有差距的。所以，在教学和班主任工作方面我会采取不同的方式。"M老师在教学和班主任工作上取得的成绩，得益于对学生深入的了解，进而因材施教、精准施教。

在M老师看来，当一个孩子被认同和尊重后，他在学习和成长过程中会有惊人的潜力与爆发力。如M老师2013届教过的一名学生，当时是全校公认的后进生，学习懒、成绩差、纪律松散，经常迟到或无故旷课到街上打游戏。在得知该学生一直觉得老师对他不重视，有点自暴自弃后，M老师便经常找他谈心，倾听他内心真正的想法和需求。发现这名学生在体育上的优势和特长，M老师便鼓励他积极参加各项班级、校级运动会，对他取得的成绩在班级中大力表扬给予肯定。渐渐地，这名学生的集体荣誉感越来越强，人也变得自信起来。这时，M老师便和任课老师组成"助力小组"，有针对性地给他答疑解惑，在学习上给他加油鼓劲。课余，M老师还经常和其家长进行沟通，借助家长之力共同走近孩子的内心世界，并利用自己的休息时间家访，用自己的真心和耐心打动了该学生。慢慢地，该学生在M老师的鼓励中渐渐自律起来，学习态度有了明显的改善，最终考入比较理想的大学，还跟M老师成为很好的朋友，毕业后曾多次回校看望M老师。

"对学生的尊重应该是发自内心的尊重，这一点特别重要。这种尊重不是说跟分数挂钩，也不是很虚伪地去关心学生。不是表面的打招呼那种很肤浅的东西。其实是通过生活当中一件件的小事、一个个的细节，让他能感受到你是真的尊重他。"M老师认为作为教师，要尊重每一个学生，其前提是了解每一个学生。"班级当中哪些孩子是阳光外向的？哪些孩子是内向的？哪些孩子来自单亲家庭？哪些孩子是缺乏父爱或者母爱的？这些都要教师花时间下功夫去弄清楚，只有这样，才能在细节处对学生进行教育，让学生真正感受到你是尊重他的。"M老师认为，尊重学生不能仅仅停留在观念，需要教师凭借智慧在适当的时机表达出来。教师尊重学生实质上是对学生合理需要的有效回应。以学生需要为本的尊重，需要教师勤于观察，用心倾听学生的声音，真正了解每一个学生的特点，运用教育智慧，恰切地回应不同学生的不同需要。①

叶澜教授曾说，对于老师来说，呈现在学生面前的是他的整体人格，而不仅仅是他的专业。特别对于高中学生来说，他们心智方面已经很成熟，需要教师把工作做到细微之处。老师的一言一行都在呈现你是谁、你到底怎么样，学生也在细微处判断和体察老师的水平与为人。学生对老师充满敬意或看不上、瞧不起，抵触或喜欢，都不是仅仅因为老师的专业，而是老师的全部人格。当然，专业是立业之本，没有专业老师连讲台都站不住。但是仅仅有专业，肯定是不够的。所以，叶澜教授提倡教师要全面发展，强调教师的人格作为立身之本的重要性。②对于这一点，M老师有着同样的看法和理解。"我觉得师德体现在你给学生的一种能量。这种能量，是老师带给学生的一种整体的感觉，整体的一种印象，可能说起来比较抽象，但是和学生相处久了，他是能感受到的。"

课间10分钟，研究者曾留意到，只要M老师在班级，基本上都是被学生围住的。有的学生遇到英语方面的问题，M老师会耐心细致地讲解。有的学生主动找M老师谈心，交流最近的学习情况，M老师会认真地倾听。所以，M老师给我的整体形象是"站在学生中间"的姿态。在M老师看来，教师的师德与业务能力是齐头并进的，两者都很重要。师德可以拉近与学生之间的距离，增进彼此之间的信任。教师的教学水平、专业素养等业务能力可以帮助学生提高学业成绩，促进学生发展，进而获得学生的尊重。

---

① 李德显，田雪．师生尊重的伦理审视与重构[J]．中国教育学刊，2023，359（3）：61-65．
② 叶澜，王枬．教师发展：在成己成人中创造教育新世界——专访华东师范大学叶澜教授[J]．教师教育学报，2021，8（3）：1-11．

第七节　在群体生活中彰显个人价值的 Y 老师

Y 老师可以说是学校教师的标杆和旗帜。无论是学生还是同事，提到 Y 老师没有不竖起大拇指的。作为正高级教师、省特级教师以及省优秀教育工作者，Y 老师荣誉加身的同时，所带领的地理教研组连续多年被学校评为优秀教研组。Y 老师毕业于上海师范大学地理系，从教 30 多年来，一直坚守在教育教学一线。Y 老师常年担任毕业班班主任，所带班级班风正、学风浓，在高考等各类考试中名列前茅，曾获评为市先进班集体。"整个学校我最佩服只有 Y 老师！"同办公室的 Q 老师这样形容 Y 老师。虽然 Y 老师获得了很多高规格的荣誉，但是 Y 老师并没有把这些荣誉当作炫耀的资本，而是更加勉励自己投身教育工作。长期担任 N 校地理教研组组长的 Y 老师用自己的实际行动赢得学生、同事、家长和学校领导的高度认可和尊敬。

一、教师的声望从哪来

Y 老师在学校没有担任行政职务，但却有着非常高的声望，很多老师坦言，"学校里我只佩服 Y 老师"。教师在学校的声誉与威望如何建立？Y 老师给出了自己的答案。"你要人家尊重你，必须靠你的业务水平。作为老师，别人看重的不是你发表了多少论文，不在乎你拿没拿到全国一等奖，而在于你的课堂教学在同行中间水平到底怎么样？你班级管理的水平如何？你对学校发展做出了哪些贡献？"除了业务能力，Y 老师认为一个老师的作风也是一张名片。学校就像一个小社会，老师的个人修养影响其专业发展。"在学校，老师的生活作风一定要正派。不能说专门看领导脸色拍领导马屁。学校管理上有问题，你该说也得说，要敢于亮出自己的观点，提出自己的建议。作为老教师，你要为青年教师在学校层面发声，为他们争取一些专业发展的机会，提供实实在在的帮助，为青年教师提一些合理化的建议。所以说，教师在学校想要赢得声誉，业务能力是第一位。第二个是老师的作风和个人品行。教师的声誉和业务能力有关，和职位地位没有关系，和老师获得的证书荣誉没有直接关系。很多老师评上高级别的荣誉，在实际教学中没有发挥作用，荣誉就是虚的。教师的业务水平越高，能力越强，在社会的受尊重度越高。"

一方面 Y 老师通过帮扶青年教师专业发展，获得同事的情感上的认同。另一方面，Y 老师通过深耕课堂，钻研教学，带领班级取得优异的成绩，赢得了学生的尊重、同事的认可，以及家长的承认。在 Y 老师的带动和引领下，其所在的地理教研组多次获评校级优秀教研组，组内的教师多次获得省市级奖励。近几年，Y 老师多次代表学校在全国各地的学校进行教育宣讲，成为学校对外宣传的名片。

二、"我适合当老师"

Y 老师结合自身从教 30 多年的经历告诫年轻教师，课堂是学生发展的主阵地，是教师成长的主渠道。教师要带着高度的责任感与使命感深耕课堂、精耕质量、深度学习、深入教研，把科研纳入教育教学常规工作之中，从自身的工作对象入手，从自己所触及的问题着眼，科研中深入学习教育理论，并运用这些理论去分析课堂问题、探讨教育方法、解决教育问题、改进教育行为、总结教育教学经验，为提高教育教学质量打下坚实的基础。Y 老师结合自己个人的经验，就工作的动力和成就感的来源谈了自己的想法。"有些人说我都五十几岁了，上课怎么还这么激情四射？第一，我觉得我这样做不累，我这样做感到快乐。我喜欢和学生交流，让我感觉自己还很年轻。第二，我比较善于和人家沟通，或者说我好为人师吧。我喜欢和大家分享我的一些学习经验，给学生学习或者老师的教学提供一些建议和指导。我觉得做这些可以收获成就感。老师的辛勤付出必然会得到社会和学生的认可。比如说春节期间我们市的一个电视台，天天循环播放的就是我的录课。后来我上菜市场去买菜，卖菜的老板认出我了，感觉自己上了电视成了明星。你说这不是社会的认可吗？学生特别喜欢跟你沟通和交流，把你当成资深大叔，这难道不是学生的认可吗？我觉得这些东西是其他职业难以获得的。"

如图6-4所示。左图是Y老师曾经带的学生假期专程来看望他，右图是Y老师在课间指导组内的其他老师。Y老师认为提升课堂教学质量没有捷径可走，靠的是勤奋与领悟。勤奋包括多听老教师的课，多向有经验的老师学习；领悟包括善于总结反思，并结合自身的特点，在教学上发挥自己的专长。

图6-4 办公室里的Y老师

第八节 善于自我反思的H老师

H老师进入研究者的研究视野得益于其他教师的引荐，在他们看来，H老师是研究者访谈的"最佳人选"。带着好奇，研究者在物理组办公室见到了H老师。整个访谈下来，H老师给研究者的整体感觉是开朗和真实。每次访谈之前，研究者都会先自我介绍，然后向访谈对象说明研究的相关情况，并附加保密说明，H老师则爽快地说："没关系的，你尽管问，我后面没课，可以多交流一会儿。"

一、"社会比较功利"

入职第一年便被学校安排做班主任，虽然没有工作经验，但是H老师的业务能力得到了学生和教师们的一致认可，被评为学校"最受学生喜爱老师"，这在新教师中极为难得。对于为什么选择教师这个职业，H老师讲述了她自己的一段特殊的经历。H老师还是初中生的时候，班里的语文老师生病，作为科代表的她被班主任临时委任成班级的"语文课小老师"，获得了锻炼的机会。"我在初中的时候，我们语文老师有一段时间生病，刚开始语文课都上自习课的，然后上了几节课之后，我们班主任是数学老师，他说你是语文科代表，要不课上你给同学们讲一讲语文学习方面的内容。我说行的。因为当时有这种当老师的经历，我感觉我挺适合当老师的。"

H老师认为，现在一部分家长和学生对教育所持的态度还是有着功利倾向。H老师举了自己班的例子，家庭条件相对好一些的学生在分班选科方面主要考虑的是自己的兴趣，因为有来自家庭经济条件的保障，不会把选科和今后就业联系在一起。而家庭条件一般的学生在选科方面，则显得比较局促，因为考虑到未来就业方向和职业选择，有些学生会听从家长的意见，选择自己不感兴趣甚至不是自己的优势学科。"那些家境特别好的孩子，他们的选择是比较自由的，他们想选什么就选什么，因为以后有家庭托底。家庭条件一般的学生家长往往比较焦虑，他们会特别注重教育，希望自己的孩子通过教育找到好工作，实现阶层跃升。还有一部分家长受教育程度有限，他们希望孩子学有所成，但是心有余而力不足，关心学生的主要方式就是给孩子提供吃、穿、用方面的保障，对于如何正确积极地引导孩子，如何与孩子进行有效的交流沟通，则缺乏经验，甚至表现得很无奈。"有研究指出，家长教育焦虑已经演变为一种群体焦虑。家长对孩子当前学业的焦虑在一定程度上是对其未来发展的焦虑的折射，家长的教育焦虑实质是对孩子前途的担忧。来自城市、高学历、高收入、高职业地位的优势阶层家长会通过密集地参与子女的教育提高孩子学业竞争力，而来自农村、低学历、低收入、低职业地位的弱势阶层家长受限于家庭资本的相对匮乏，虽有焦虑情绪却无能为力。[①]"我在想是不是因为我们这边，经济比较发达，受过良好教育的中产阶级比较多，所以说对小孩教育投入比较多，参与度比较高。我看到的情况是家长对学校教育的干预是很多的，分班选科的时候，家长会打电话跟老师说，你能不能劝我家小孩学某一学科，或者说不要学什么。家长觉得学生听老师的，所以他会打电话让老师去做这个事情。"

对于家长对学校教育和老师的过多干预，H老师采取尽量减少接触的方式，能自己解决的问题就不去麻烦家长，和家长保持适当的距离。当被问及班级管理"秘诀"从何而来时，H老师说："我感觉心理学还是蛮有帮助的，我在大学考了一个心理咨询师证，因为我当时想的是做老师，跟学生打交道需要心理学知识。后来我发现学了心理学更加了解自己了。"

二、朋友圈里的教育"微笔记"

H老师经常利用微信朋友圈分享自己教学工作的点点滴滴，包括自己的教育感悟和思考。这当中正面积极的居多，偶尔也会释放自己的情绪和压力。H老师通过这种自我书写的方式，记录工作中真实的自我感受。下面摘录的是一段H老师的"教育微笔记"。

早读结束，隔壁班俩以前的学生跑到我们班门口，隔着窗户喊：老师，教师节快乐！感动开心×1

拿包回办公室，发现包里多了个拼图，一看是以前的学生悄悄塞的，感动开心×2

---

① 朱新卓，骆婧雅."双减"背景下初中生家长教育焦虑的现状、特征及纾解之道——基于我国8省市初中生家庭教育状况的实证调查[J].中国电化教育，2023，435（4）：49-56.

看完早读回到办公室，桌子上放了一张贺卡，打开一看，原来是现在散落在不同班级的原班的几个学生写的贺卡。感动开心 ×3

……

真是收获满满，感动不断的一个教师节，感恩所有关心和爱我的人们，我会继续努力，为中华之崛起而教书。

H老师经常在微信朋友圈分享自己的教育感悟和对教师工作的反思。分享之后，会有同事在评论区帮她排忧解难和加油鼓劲。通过这种不断的自我书写，H老师也在不断地进行自我塑造，构建教师的主体性自我。在福柯看来，自我书写是个体积极的自我治理手段。H老师通过这种自我书写的方式，不仅将心智层面的师德养成过程外显化，更将其心灵层面的价值赋予与意义生产过程清晰地呈现出来。通过这种自我观照、自我凝视的方式，H老师的道德自我逐渐确立并显现。[①] 教师深度的专业发展，需要教师对自己进行自我关注和自我治理。这种自我关注和自我治理在某种意义上讲，其本质是教师的自律。对教师的自我治理而言，核心是教师作为专业性实践者将自身作为开展治理的能动主体，不断审时度势地省察自身，积极面对专业发展议题并持续解决问题的过程。H教师通过实践和反思，不断调适专业生活态度，努力汇集专业发展意愿，持续强化内心的专业承诺。[②]

福柯指出，自我书写不是隐藏秘密似的"自我叙述"，也不是为了把书写的忏悔公之于众。其意图不在于追寻不可言说之物，也不在于显露隐藏之物，也不是去说那些未说出之物，而是相反——去捕捉那些已经说出的，去收集那些设法听到的或读到的，其目的完全是形塑自我，将自我塑造成道德主体。[③] 教师对自身的引导或规范，对自己实施治理，

[①] 唐军,谢子龙. 移动互联时代的规训与区分——对健身实践的社会学考察[J]. 社会学研究, 2019, 34（1）: 29-56, 242-243.

[②] 刘秉栋. 卓越教师的深度专业发展：困局与突围——自我治理的视阈[J]. 教育学术月刊, 2022, 357（4）: 52-57.

[③] 福柯. 自我技术[M]. 汪民安, 编. 北京：北京大学出版社, 2015：225-227.

正当而有效地改变自我，实现心灵的良好秩序，提升心灵的品质，把自己转变成道德的主体。[①]

第九节　深得学生喜爱的 C 老师

C 老师个子不高，但是嗓音洪亮、充满激情，特别能带动气氛，办公室只要有 C 老师在，常常笑声不断。生活中的 C 老师擅长讲段子，一件很平常的事情，C 老师只要稍加润色，便特别有意思，吸引人听下去。可能是性格的原因，C 老师在教学方面追求开放、灵动、有深度的课堂，良好的师生互动是 C 老师一直追求的。由于出色的业务能力，C 老师得到广泛的认可。由于多年来一直担任高三班主任工作，奋战在高考一线，C 老师积累了丰富的教育教学经验。

一、"师生关系不是打亲情牌"

C 老师的业务能力在学校是有口皆碑的，他历年所带班级稳居同类班级前列。调研期间，研究者听了 C 老师上的 3 节课，给人的印象是"干净利落，清晰透彻"。C 老师课堂上的语言表达精准简洁，对知识点的讲解到位。站在讲台上的 C 老师充满能量，富有激情，他的幽默与机智常常让学生或会心一笑，或陷入思考。对于师生关系，C 老师有着独到的见解。

在 C 老师看来，构建良好师生关系从内在动机和出发点来说，教师要有育人的动机和教育意向，时刻关注自己的教学实践是否有利于学生成长，是否彰显教育意蕴，能否促进学生发展。"应该说有的时候我们说温

[①] 金生鈜. 教育者自我治理的本质与方式 [J]. 高等教育研究, 2021, 42 (6): 21-28.

情的力量是无穷的,有的时候比如说我和你,假设我们是师生,我们的关系好,确实把教学贯彻起来就更容易,所以老师为了让他的教育更容易传递,更容易被接受,他需要和学生走近。这种情感上的拉近,可以增进师生之间的了解,消除很多的误解,让学生更能理解老师的做法。学生理解你的做法,才可能接受你的做法。所以从这个角度,亲密的师生关系有一定的好处。但是亲密之后要注意,我们都有经验,我们自己也有孩子,我会跟我的孩子的老师说,你帮我管管孩子,孩子不听我的。你也是老师,为什么孩子不听你的?就是太亲密了。所以从教育的角度来说,如果亲密到一定程度,那就要注意这个亲密的方式和亲密的度,一旦亲密到了你们两个都不好意思撕破脸,亲密到了学生已经抓到你的底线了,那么你接下来你是不是就不好展开工作了。"教师的职业行为要符合行业内部的规范,遵循一定的规律。在C老师看来,老师不要想着一开始就要跟学生做朋友。当学生对老师还没有产生尊重和敬重的心理,就毫无原则地和学生打成一片,结果反倒阻碍良好师生关系的建立。C老师认为,师生之间需要彼此尊重,为老师对学生的教育留出空间。"概括起来,良好师生关系的核心是什么?师生关系不是为了打亲情牌,师生关系不是为了做表面工作,师生关系的最终的核心目的还是让学生更好地成长。如果你把师生关系目的给弱化了,或者偏离了,教师在处理过程中就会把师生关系处理成父子父女关系,甚至处理成兄弟关系,我觉得这都是不当的。如果处理成这个样子,你的教育目的就没了,因为首先你是师,你要让他获得学生该获得的东西。"良好师生关系的真正形成,需要在具体的教育情境中,让学生能够感知和体会到来自教师方面的情感体验,一方面表现在学生对教师关怀的瞬时性感知,另一方面表现为学生对教师关爱的延时性反思理解。[1]正如有些教师说,有些学生毕业之后进入社会会越发感激老师,因为有了多年的社会阅历,学生会更加理解老师的良苦用心。

---

[1] 胡金木,马雯. 走向一种彰显教育性的师生关系[J]. 教育科学研究,2022,324(3):5-12.

二、"课比天大"

C老师认为教师的本职工作是教书育人，其工作的重心应该放在对教学的研究和实践上。C老师推崇高质量的课堂，注重培养学生的学习力，追求课堂的开放性、生命性特点。通过对C老师的课堂观察，研究者发现其教学有两个特点：一是以学生为中心，其教学设计观照学生实际和现有条件。C老师指出，让"课程走向生活，面向学生的生活世界和社会实践"的新课程理念，要求教师关注学生新知识结构的形成，注重学生对知识意义的自我叙述和自我表达。二是注重深度学习，关注课堂的创新性和启发性。C老师针对不同学段和课型积累了大量经验并做了专门的研究，一些成果发表在核心期刊上。如图6-5所示。左图是C老师针对学生学习过程中的知识盲点，用形象生动的讲解点拨学生。右图是C老师正在指导自己曾经的学生，如今追随他也成为一名地理教师。

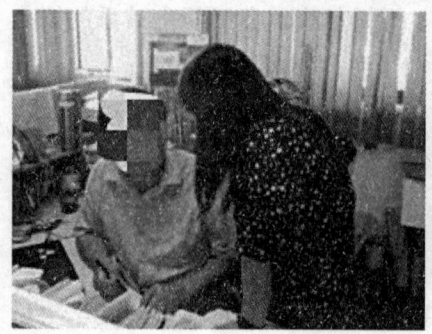

图 6-5 工作中的 C 老师

"我非常敬佩 X 校长，教学功底扎实，虽然是校级领导，依然没有脱离教学一线。"正是由于把教学视为教师安身立命之本，C老师一直深耕课堂教学，拥有大批学生"粉丝"。学生喜欢上他的课，除了幽默风趣、机智等人格魅力，更重要的在于C老师对于课堂节奏的把握和知识点透彻的讲解，真正做到教会学生如何思考。C老师班里有些学生受他的影响，在大学志愿填报的时候选择地理专业,更有学生"追随"他成为中学地理教师。"把课上好"不是一件简单的事情,需要教师付出太多的努力。没有对教育的深情,教师是难以维系对课堂教学的严格要求的。所以,绽放课堂,不仅是"师能"的体现,更是"师德"的体现。

第十节　为承认而行动的 D 老师

D 老师担任校团委副书记,2017 年毕业于南京师范大学数学科学学院。虽然入职仅仅只有 3 年,但是 D 老师作为年轻班主任已经带了完整的一届学生,并且在 2020 年的高考当中,所带班级取得了不错的成绩。这样的经历在青年教师当中是为数不多的,是值得骄傲的事情。但是,这个过程却并不顺利。高二的时候,有家长直接找到学校想换掉作为班主任的 D 老师。

一、靠实力赢得家长的认可

对于新教师来说,其专业发展的动力,既有外界的压力,也有自身的要求。外界的压力包括制度规范要求,包括学校、地方教育主管部门对教师能力素养标准的硬性规定。同时,外界的压力还包括学校领导、同事、学生、家长等群体对教师的承认与不承认。教师身处复杂的关系网络中,师生之间的相互体认、教师与家长之间的关系性互动对教师的专业发展产生重要影响。D 老师入职前 3 年经历充分说明了这一点。

每次考试之后,年级组召开的考试分析会,D 老师和其班级都会被特别关注。年级处领导经常提醒 D 老师关注班级动态,多向老教师请教。作为年轻班主任,在接手毕业班的时候,D 老师遭到来自家长的质疑和阻力。"当时家长有意见,觉得高三怎么能让一个刚工作没多久的老师带?"

D老师说，当时班里有十来位家长向校领导提意见，而且有人牵头。家长的意思是不建议学校安排D老师作为班主任，因为是新老师，缺乏经验，所以要求学校换掉D老师班主任的身份。D老师说，有时候跟家长沟通还是不容易的。"一些家长觉得我年轻，所以干不了高三班主任这个事，想找有经验的老师。但是让我觉得很欣慰的是，学校还是相信我，给我证明自己的机会。这一点我觉得应该感谢学校。"学校一方面顶着压力支持D老师工作；另一方面，安排有经验的教师对其进行指导。作为D老师自身，深知只有通过自己的行动向家长证明自己的能力，才能获得信任和支持，所以，私下花了大力气，投入了很多时间和精力钻研教学，提升学生的学业成绩，并且取得了不错的成效。在平时的教学当中，D老师非常注重讲、练、评的结合，善于学习、勤于思考让D老师逐渐摸索出一套行之有效的教学模式。课间，经常看到D老师被学生围住询问数学题。除此之外，爱好运动的他经常和学生一起打羽毛球，这种互动方式，在不知不觉中增进了师生之间的感情。D老师说，在之前的考试中，他所带的班级10次至少有7次是第一名。基于以上种种情况，家长对D老师的态度从不认可到认可，D老师除了收获了家长的信任，更赢得了学生的喜爱。究其原因，除了学校给予的支持和帮助以外，更主要的是D老师通过个人努力，提升专业素养，用实际行动履行好作为一名高中教师的职责。有老教师对D老师这样说过："个别家长比较现实，学生成绩提高了，比老师在家长会上说得天花乱坠更能获得家长的认可。"

二、"老师有自己的生活"

D老师有着很多"90后"年轻人的特点，个性张扬，追求自由自在的生活，希望在工作之余，获得更多个人的空间。"我有自己的事情和自己的问题，不是说一下子全部扎进工作，全部扎进工作里没有个人生活肯定不行的，我也不想做这种人的。"当然D老师也遭遇了"90后"很多年轻人正在遭遇的问题。因为刚刚在离学校不远的地方买了100多平方米的房子，

D老师正面临房贷压力。"现在人都是现实的,所以不能按照以前的眼光去看。你想结婚,每年就拿个四五万块、五六万块钱,假设家庭条件再一般的话,你怎么去解决这个事情?女生可能还好一点,男生怎么办?对不对?买房是因为之前谈了女朋友,原本计划着结婚,而且当时房价在往上涨,不能等,所以就买了,后来又分手了。"现实生活中的经济压力让D老师等青年教师试图通过工作和专业发展上的突破,来改善自己的生活水平和发展环境。

面对工作和生活中的种种限制,D老师一方面接受现实;另一方面,通过自己的奋斗在努力地做出应变,从而适应当前的教育环境。在工作过程中,D老师对一些标准和要求以及社会中的规范有着自己的看法,但是也能坦然面对和接受,没有选择逃避。D老师认同这样一个事实,就是社会所普遍承认的还是依据个人才能、努力所获得的成就。"学校对老师的奖励可以按照学生的学业成绩来划分,第一名奖多少,第二名奖多少,应该有明确规定,这样的话大家才有积极性,对吧。考得不好扣钱都行。这不仅是钱的问题,也是老师生计的问题。"对于教师职业和教学工作,D老师给自己打80分。"至少我觉得教了3年,我没有放弃任何一个学生。毕竟是自己的第一届学生,我觉得意义不一样。算是他们陪我一起进步,我陪他们一起成长。"

作为青年教师,D老师入职3年多的时间,却投射出职场年轻人的现实遭际。职场不相信眼泪,颓丧和"躺平"解决不了问题、改变不了现实,只有靠自己的努力奋斗才能获得周围人的承认、赢得社会的尊重。"为承认而行动"是以D老师为代表的一批年轻教师职业生涯的真实写照。

第十一节 十位教师的跨个案分析

十位教师的师德叙事为我们呈现出新环境下高中教师的师德状况,从多个维度对高中教师的师德进行了呈现。面对"上好课"这一师德规范，因其各自认定的承认原则、希望获得的承认群体和承认形式的差异，使得教师的实践策略和行为表现呈现出差异性。如表6-1所示，拿A类型的教师来说，其人际关系疏离，最希望获得领导承认，认为当下一个人获得承认是基于其能力和成就，希望获得的承认形式是物质性承认，包括荣誉职称和奖金，其为了获得承认的实践策略是提高学生成绩。B类型的教师人际关系亲密，希望获得学生承认，认为一个人获得承认是基于其道德品质，希望获得精神性承认，如尊重，其获得承认的实践策略是上好课。而C类型的教师其教学实践主要是为了获得自我承认，即所说的"对得起良心"。

表 6-1　教师的承认类型

教师类型	人际关系	承认群体	承认原则	承认形式	实践策略
教师A	疏离	领导	能力原则	物质性	提高学生成绩
教师B	亲密	学生	道德品质	精神性	上好课
教师C	疏离	自我	人格尊严	精神性	上好课

通过对十位老师叙事资料的总结梳理以及跨个案分析，研究者对高中教师的师德分析评价模型进行了理论构建，如表6-2所示。

表 6-2　高中教师师德分析模型

依托	师德动机		师德能力		师德效果			
	内在规范	外在规范	学科教学	学生德育	学生承认	同事承认	家长承认	自我承认
理性反思								
经验验证								
情感直觉								

表6-2中，师德动机、师德能力和师德效果作为分析师德的三个维度共存于教师的道德实践过程，这三个维度可以较为全面、立体地刻画教师

-164-

的师德状况，这三个维度在分析教师的师德状况上具有逻辑顺序上的先后之分。师德动机因作为前提性因素而成为首要依据，师德能力作为师德动机与师德结果之间的桥梁而成为关键性依据，师德效果作为两者共同作用下的产物而成为结点性分析依据。[①]

内在规范可以看作理性的自我立法，是教师通过反思性认可的规范。道德法则是行动者自我意志的法则，道德要求是行动者施加给自身的要求。外在规范作为教师的师德动机，可以理解为道德法则来自教师以外的某种权威，教师听命和服从某种权威与强力。通过调查发现，高中教师的师德能力主要体现在学科教学和学生德育工作两个方面，体现在班主任工作和教学上的能动性与智慧。由于高考"指挥棒"的原因，"上好课"成为高中学段"好老师"的一项标准，进而成为评判高中教师师德的重要依据。师德效果主要体现在高中教师与不同群体的人际关系方面，评价的标准主要看彼此是否形成主体之间的承认关系，其中，学生作为教师的关键他人，在教师的人际关系中占据核心位置。

理性反思体现"知"在师德及其养成中的作用。"知"指道德主体对于道德知识和规范的理解和认识。道德知识作为教师道德行动的基础，可以帮助教师加深对道德规范的认识和理解，可以产生规范个人思想行为的内部标准和力量。实践经验维度体现"行"在师德养成过程中的作用。教师作为道德实践的主体，师德养成只有根植于教师的教育教学实践，才能使道德内化于心、外化于行，才能使追求有道德的生活成为教师的精神皈依。情感直觉维度体现"情"在师德养成中的重要作用。共情力作为觉察自我、感知他人的能力对人的道德判断具有重要影响。有研究发现，共情力存在性别差异，女教师比男教师更具共情力。共情力能够有效地规避道德冷漠，帮助教师正确地理解他人。[②] 这三个维度在助力教师师德养成的

[①] 蔡辰梅，谢东晴. 教师专业道德评价依据的探索及模型的初步建构[J]. 教师发展研究，2020，4（3）：43-51.

[②] 平克. 全新思维：决胜未来的6大能力[M]. 高芳，译. 杭州：浙江人民出版社，2013：165-189.

过程中,并不是非此即彼、彼此割裂的。在不同阶段不同情境下,三者发挥的作用不同。借助构建的高中教师师德分析评价模型,对十位教师进行分类和解读。

拿Y老师、K老师、M老师、L老师来说,在师德养成过程中,他们具备"自我整合"的能力,即将内在规范与外在规范相统一,平衡学科教学与学生德育工作,兼顾班主任工作和课堂教学。在人际关系层面,他们能协调好自我与他者之间的关系,能与不同群体进行有效沟通与互动。这些老师有一个共有的特点,就是都有过"走出去"的经历。Y老师和K老师都有到贫困地区薄弱学校支教一年的经历,广泛的群体接触,与更广阔的世界联通,有着广大的社会关怀。K老师说,支教经历让他对教育、对贫困地区人们的生活有了更加深刻的认识。一年的支教时间,K老师写下了几十万字的随笔,并以《理念:教育的制高点——延安支教日记(上、下)》在上海书店出版社出版发行,在一线教师当中引起了很大反响,很多教师因为这本书和K老师进行书信交流。什么样的实践可以获得道德成长?杜威认为,将个体与社会联结起来的实践,即具有功能性的实践有助于主体的道德成长。所谓功能实践是一种关系性的存在,这种相互性关系表现在行为者通过实践或行动实现个体与共同体、实践能力与实践环境的有机统一。其次,功能实践通过对实践的技术层面与道德层面的强调实现行为者自身的持续生长。最后,功能实践既强调遵循共同体的需求而行事,同时它又是个体行为者实践能力的展现。[①] 在K老师和Y老师身上充分体现出功能性实践对其师德养成发挥的重要作用。

S老师、F老师在师德养成过程中,表现为"外在主导"的特点,其行为的出发点在于符合外在的评价标准,处理问题较为短视,顾及眼前,没有触及问题的根本。在人际关系方面,他者声音压过自我声音。例如S老师靠占用学生大量课外时间"抓学生",考查学生知识点的识记情况,

---

① 郦平. 功能实践与共同体:杜威哲学思想的伦理视域 [N]. 中国社会科学报,2013-01-14 (A05).

以此提高学生做题的正确率,而不是通过提高课堂效率提升自己的教学水平。这种处理问题的方式较为短视,虽然能够在短期内把自己所带学科的成绩提升,但是采取的方式,从根本上讲没有照顾到学生总体成绩的福祉。用功利主义的判断标准则是没有顾忌到学生总体成绩的最大利益,因而在师德上有所削弱和损伤。在访谈中,很多学生,特别是高三的学生,对老师占用大量课余时间盯人的做法表示不认同,"老师应该在课堂上把该讲的讲到位,而不是利用学生宝贵的课余时间补课,因为高三的时间真的太宝贵"。同事对这样的做法表示理解,但不认同,"老师怕学生考不好,课后给学生补课,可以理解,但是我不希望和这样的老师一起搭班,因为会很被动,他光想着把自己的学科成绩提升上去,学生没时间看其他的学科,甚至让学生没时间顾及对他来说更重要的学科"。

G老师、H老师、D老师、C老师的师德具有一种"内在性"的特点,在师德养成过程中,体现出一种"内在导向"的特征,即在工作中表现出一种自我观照和自我监督。当内在规范与外在规范发生冲突时,这部分教师往往能够守住内在规范,听从内心的声音,以符合自我秉性和道德良知的方式做出道德判断。托尔斯泰说过,凡是人,都是一部分依照自己的思想,一部分依照别人的思想生活和行动的。他们在多大程度上依照自己的思想生活,在多大程度上依照别人的思想生活,这就构成了人与人之间的一个主要区别。[1]也就是说,道德的完善不是来自外部,而是来自"自我",在G老师身上更加集中地体现了这种内在性。G老师说:"我知道别人眼中我是什么样,觉得我不合群,不容易接近,但是我自己清楚自己。"G老师出于个人选择做出"遗世独立"的姿态,背后是有基础和"资本"在支撑的,那就是认真完成工作职责,包括精心备课、重做PPT以及及时批改并反馈学生作业,并且所带班级的学生成绩在年级名列前茅,这些都是G老师"避开人群,躲避世俗"的资本。G老师深深把握住教师职业的根本,守住师道,不以迎合和取悦外界来获取他者承认,这是G老师的工

---

[1] 托尔斯泰. 复活[M]. 汝龙,译. 北京:人民文学出版社,1979:394.

作态度，也是他的人生信条。梁漱溟曾提出人生的三路向，分别是逐求、厌离、郑重。每当看到G老师在嘈杂的环境下安安静静地看书，便能感受到所谓的郑重而严肃的生活态度，一种忠于自我的生活方式。

通过对10位教师为期两个月的观察，研究者对高中教师师德状况有了更加细致的了解。他们作为高中教师中的一员，承载着新时期新背景下的教育使命，承担着培养社会主义建设者的历史任务，承受着新的环境带来的工作上的挑战，透过他们，我们更加直观地了解当前高中教师的师德状况。

首先，对高中教师的评价集中体现在课堂教学。高中阶段，无论是"优秀教师""师德标兵"，还是"学生喜爱的老师"，这些荣誉称号的评价标准主要在教学业务能力上。教师的"高光"时刻在课堂，教书育人是教师最核心的职责与任务。高中生面临高考升学压力，学业成绩直接关系着学生今后的发展和福祉，所以，学生、家长、学校等不同群体对学业成绩的要求决定了高中教师工作的重心在课堂教学、在学生的成绩提升，所以评价一位高中教师的核心竞争力在课堂教学。当一个教师的教学水平被外界认可时，即便这个教师其他方面表现得不完美，如"不合群""狂妄"等小"毛病"，外界对其依然是认可的，可以说瑕不掩瑜。而当一位教师的教学水平不被承认，他在其他方面即使有所特长，也只是起到点缀作用。

其次，潜移默化与榜样力量彰显传统师德的灵魂。"学高为师，德高为范"必然是师德最基本的要求。为此，在教书育人乃至生活之中，教师以"为人师表"为标准的自我约束与行为表现，有意识或无意识地向学生传达道德、思想、规则、情感、知识、文化、智慧、价值取向等，从而发生重要的影响作用，成为学生生命中的灯塔和引领者，这应该是师德的题中之义。

然后，公平的维护与践行是师德的一大原则。公平、正义是文明社会的标志，教育公平的维护，要求为人师者必须有教育的良心、做人的道德与良好的法律信仰，上升到实践层面，又需要艺术性的表现：①不歧视任何一名学生，在他的教育中，没有特权学生。②有强烈的规则意识，能够制定公平的规则，为每一名学生都提供平等的展示、竞争机会。③坚持公平教育，弘扬民主思想，在他的教育空间里，始终高扬公平的旗帜，充盈着正义的空气。④有维护公平与正义的勇气和行为，自觉保护学生的公平利益。公平的维护与践行，是师德的具体表现。

再次，教育时机的敏感捕捉与智慧处理是现代师德的必需。这是教师的职业素养和能力的体现。能够敏锐地感受与捕捉到教育中应该注意到的现象，包括学生情绪、行为、思想观点，还有突发事件、向好或向坏发展等，这是问题处理的前提。智慧处理，即采用恰切的手段与方式，达到结果的最优化，这是问题处理的手段与落脚点。教育现象的敏感捕捉与智慧处理，是师德表现的较高层次。为学生提供最合适、最优化的教育是师德的宗旨。这是意识，更是行动。首先，面向全体，因材施教，为每一名学生负责。其次，着眼未来，促进学生可持续发展，为学生终身负责。再次，树立育人的大目标观，即育人放在第一位，包括对学生的生命、环境、他人、自我等方面的教育，摒弃功利观。最后，教师应自觉遵循教育的规律。这是师德是否发挥正确而有效作用的关键所在。

最后，师德的养成具有特殊性。不同于法律规范对人的行为的强制性约束，道德的形成在于对符合道德的行为给予肯定、赞扬，对违背社会道德的行为给予批评谴责，所以道德规范对人的规约来自舆论压力与人际互动，以及人们对舆论和社会评价的认同与遵从。道德要求的全部目的，在于使人们能按一定社会的道德规范自我约束，师德的养成来自教师内心的认同，并付诸实践。所以，在师德建设过程中，要秉持一个宗旨，即"法律的归法律，道德的归道德"，两者相互联系、彼此增进。

第七章 高中教师师德养成及其规律

第一节 由他律到自律

在康德看来,自律与他律相对。他律是意志以外的东西对其立法,不是意志自己给自己立法,如人的感性欲望和偏好。他律所发出的指令是假言命令:我应当做某件事情,是因为我想要某种别的东西。比如:"我想维持我的声誉,我就不应当撒谎。"这便是一则假言命令。[1]自律是指意志自己给自己立法,意志本身是命令的发出者。自律的原则可以概括为:只能这样去选择,使自己选择的准则同时作为普遍的法则被一起包含在同一个意愿中。[2]还是拿撒谎来举例,即使撒谎不会给我带来丝毫恶名,我也不应当撒谎。这里把"不应当撒谎"当作一条诫命一般,任情境如何变

---

[1] 康德.道德形而上学奠基[M].杨云飞,译.邓晓芒,校.北京:人民出版社,2013:81.
[2] 康德.道德形而上学奠基[M].杨云飞,译.邓晓芒,校.北京:人民出版社,2013:80.

化始终保持其法则的绝对性。

道德自律的积极意义表现在三个方面：首先，道德自律的设定让人们的道德实践具有目标性。作为道德反思的一个目标，自律始终在远处指引着道德主体，虽不能至，心向往之。康德的道德自律由于设定了崇高目标，使得康德意义上的道德主体在实践和道德发展过程中具有进阶性，从而避免了在道德领域的混乱随意与堕落降维。受到现实环境和人自身条件的制约，虽然自律目标的实现可能始终是一个虔诚的愿望，但是有这个目标和没这个目标是大不一样的，有了这个目标，可以激发人们日益精进地越来越走向道德，朝着圣人境界迈进，消除人们在道德上的骄傲自满，保持一种道德上的谦虚和审慎的姿态。[1] 其次，道德自律让道德主体获得独立人格与尊严。[2] 康德认为，人的尊严的获得来自两个方面：一方面是人作为具有道德人格的理性存在者而言，人应该以某种合乎尊严的方式得到尊重，这是一种自在的或抽象的尊严；另一方面，真正的尊严是道德主体自我立法又自我服从所获得的，也就是说，尊严不仅仅在于人有尊严，还在于人能行出尊严或活出尊严来。当道德主体摆脱只受现象世界法则的支配，不再完全听凭他的自然偏好和情感而行事，积极践行他的自我立法能力，他便会激发人们"敬重"的道德情感，获得成为道德人的尊严。[3] 最后，康德的道德自律不是针对他人的，而是指向道德主体的实践理性自身，道德自律首先或主要是道德主体用来自省和保持自己人格同一性的。[4]

对于道德自律的过程与机制，很多研究者站在不同的立场提出了自己的观点。康德认为，人们要想达到自律，就必须不断地培养自己的理性能力，在道德判断力方面经受训练，使自己的意识提升到纯粹实践理性的法则，在道德实践中怀有明确的标准[5]，对"何为正当"有着明确判断并笃

---

[1] 邓晓芒. 康德的道德形而上学及其与儒家伦理的比较 [J]. 道德与文明, 2020 (2): 5-15.
[2] 姚云. 论康德自律的道德观 [J]. 伦理学研究, 2014 (1): 73-77.
[3] 张尧均. 从身份到尊严：西方尊严观的演变 [J]. 浙江学刊, 2019 (6): 148-158.
[4] 邓晓芒. 康德的道德形而上学及其与儒家伦理的比较 [J]. 道德与文明, 2020 (2): 5-15.
[5] 邓晓芒. 康德论道德教育 [J]. 清华大学学报（哲学社会科学版）, 2019, 34 (3): 1-14, 193.

信不已，尽力去履行德性义务，向完善的道德人格不断接近。[①] 在道德提升的方法论层面，康德提倡心理实验，将道德榜样和道德案例作为训练自己道德判断力的靶子，进行反复推敲和质疑，使自己的道德判断越来越精细和深刻，最终上升到对道德自律的深刻理解与认同。德行的价值主要是由牺牲或否定感性的东西而显示出来的，越是付出得多，越是难以做到，也就越是有价值。[②] 个体道德成长的过程，是纯粹实践理性与感性欲望的斗争过程，个体实现道德成长的跨越在于对普遍法则的遵循压过受感性欲望的支配。

心理学视角下，对自律问题给予较多关注的是道德认知发展，以道德认知为切入点，对个体道德的发展问题加以考察。道德认知心理学家侧重对道德主体认知层面的研究，以道德判断作为评定一个人是否自律的依据，借助道德两难故事，以道德推理的原则和过程区分个体的道德认知发展水平，心理学领域的道德认知发展理论进一步强化了把"伦理——价值问题"还原为理性的智识问题，希望用理性的推理和论证方式来解决道德世界的难题。[③] 从心理学的视角看，道德自律的产生需要具备一定的心理条件。彼得斯认为，可靠性、理性反思和意志力是自律的三个心理条件，也是自律者的三个特质。可靠性是指道德主体的自我确认，"我"的所有行为及其结果都是自我决定的结果，即一切道德准则、道德判断都是"生发于己"，我只相信我自己的东西，我只采纳我自己的准则和生活方式，做事出于"良心"而不是服从于外在强制，避免受外界干扰和胁迫。理性反思一方面是指道德主体依据现实情况，调整和修正自己既有的道德准则，罗尔斯称之为"反思的平衡"。另一方面，个体根据更加高位的具有普适性的道德原则对现行的规范进行"元批判"和"元反思"，在这个过程中，逐渐形成自己的行为准则。意志力主要是指个体不仅能构想出自己信奉的道德准则，而且在面

[①] 姚云. 论康德自律的道德观 [J]. 伦理学研究，2014（1）：73-77.
[②] 邓晓芒. 康德论道德教育 [J]. 清华大学学报（哲学社会科学版），2019, 34（3）：1-14, 193.
[③] 娄雨. 伦常明察与道德教育的奠基：舍勒价值现象学对道德教育的启示 [J]. 首都师范大学学报（社会科学版），2010（4）：63-69.

临具有相反倾向的不利环境时能够坚持自己的准则。[①]

　　社会学视角下,自律是个体与社会环境互动的结果,本质上是一种适应环境的积极的自我规训。达尔文在《人类的由来及性选择》一书中指出,我们的道德观念或良心作为一种高度复杂的思想感情,起源于社会本能,很大程度上被我们同胞们的称赞所指导,还受到理性和自我利益所支配,更被教育和习性所巩固。[②] 站在社会学的角度,个体的道德养成是基于社会认同与自我归类原则,将社会群体视作道德价值观的重要来源,社会群体影响个体价值判断和道德决策,个体的社会行为受到群体的影响。

　　法律、制度、惩戒手段是他律的有效手段,但仅凭这些制度手段不能实现师德建设的长效性,道德环境和伦理秩序作为"软制度"同样重要,通过舆论压力影响共同体成员,规范其行为。但是,这种影响需要共同体成员具备一定的心理基础,即对共享价值的认同,对舆论压力的忌惮,对荣誉与公信度的追求,这其中,羞耻感和荣辱观发挥着重要作用。所以,师德养成需要法律制度与道德秩序相互补充,同时需要共同体成员的道德心理做基础,即对共享价值的认同,对承认体验的追求,以及对蔑视体验的排斥与回避。

　　克里斯托弗在其著作《道德的起源:美德、利他、羞耻的演化》中指出,良心这种独特的人类自我意识是作为惩罚性社会环境导致的结果而出现的。惩罚性的社会选择过程中创造了羞耻的良心,而此良心内化了那些有利合作规则。[③] 个体道德行为是受群体"规则"所产生的"自我约束"。[④] 师德作为教师"后致"的德性品质,由教师群体外在规范和要求产生个体内在的道德心理,呈现出由他律向自律发展的规律。

[①] 彼得斯. 道德发展与道德教育 [M]. 邬冬星, 译. 杭州: 浙江教育出版社, 2000: 130-132.
[②] 达尔文. 人类的由来及性选择 [M]. 叶笃庄, 杨习之, 译. 北京: 北京大学出版社, 2009: 382.
[③] 博姆. 道德的起源: 美德利他羞耻的演化 [M]. 贾拥民, 傅瑞蓉, 译. 杭州: 浙江大学出版社, 2015: 20, 235.
[④] 李泽厚. 伦理学新说述要 [M]. 北京: 世界图书出版公司, 2019: 31.

第二节　理性思考和经验的相互印证与统一

当主体的道德经验与道德判断一致时，便出现积极稳定的内心体验，有利于道德的养成。当两者矛盾时，会出现消极的、不稳定的内心体验，不利于道德的养成。一般认为，师德由教师的道德认知、道德情感和道德行为组成。道德认知是对道德行为准则及其执行意义的认识，是社会的道德要求转化为个人内在品质的首要环节，是道德品质形成的基础和前提。道德情感是伴随着道德认知而产生的，是人的道德需要是否得到实现所产生的情感体验。道德情感与道德认知往往结合在一起，构成人的道德动机。道德行为则是道德动机的具体表现，也是衡量道德品质的客观标准。道德认知、道德情感和道德行为三者相互联系、相互制约，在道德培养的过程中要兼顾，对其中任何一项的过分重视和对其他成分的忽视，都不能培养出完善的道德品质。[①]

在教师师德养成过程中，教师直观感受到的师德规范与被教师思考的师德规范，即教师的道德推理和判断与实践结果只有相互印证，实现同一性，才能被教师更好地内化，即师德规范的合规律性在现实中被证明是有效的。举个例子，只有教师在理性认识上的"教师不能违规收受礼品礼金"与现实中获得的体验达成一致，才能使这样一条师德规范形成一条内在命令支配教师行动。

道德理性主义认为，道德的产生依靠人的理性，道德自律是意志的自我立法。道德行为是意志出于尊重规律而必然产生的行为，排除任何感性经验和个人偏好。经验主义道德观相信经验的有效性。道德不是来自理性的"普遍化检验"的思想实验，道德规范若想被行动者内化为自己的准则，

[①] 陈琦，刘儒德. 教育心理学[M]. 2版. 北京：高等教育出版社，2011：360.

必须经过经验有效性的验证，即获得道德效力，如"不能说谎"需经过行动者因说谎产生的不好的经验与不说谎产生的好的经验（这种经验不管是精神层面的还是物质层面的，麦金泰尔把行道德之举而所得称之为"内在利益"）加以印证，才能让行动者真正将其内化成自己的准则。

国内外的许多案例已经反复证明，脱离教师生活经验以及内在道德需求的师德建设是不可能取得良好效果的。以真实的师德情境为基本前提的师德养成，还原教师真实的师德体验才能获得教师的认同，帮助教师养成真正的师德。师德养成应是道德主体在道德实践中知情意行不同层面相互印证、统一的结果。仅有"知"而无"行"，道德认知就会失去其根本价值。由于从"知"到"行"还存在着情感、意志、行动、智慧等复杂的因素，因此，知与行之间并不存在一一对应的因果关系。在心理学家看来，知行合一的道德行为背后一定含有情感、意志等其他重要的心理因素。其心理历程常常是：感知道德情境——道德认知因素，产生相应的情感——道德的情感因素，思考如何行动——道德的智慧因素，采取实际行动——道德行为，坚持道德行为——道德意志因素。依据这一规律，我们容易理解，一个教师良好道德的形成，需要一个较为漫长的时间，他既需要在教育实践中不断提高道德认识的水平，又需要在道德冲突中体验积极的道德情感，并用意志支配自己的道德行为。只有这样，才能最终完成"凝道成德"的过程，把社会所要求的职业道德规范变为制约自己行为的内在原则。[①]

我的体会是这么几个，老师要想师德高尚，首先不能有不良生活习惯。你仔细观察就会发现，凡是有不良生活嗜好的人，都容易被人拉下水，容易犯错误。一个老师，不要沾染黄赌毒，这说得严重一点，再具体一点就是不要养成打麻将的习惯，不要养成动不动就去那些泡澡泡脚的地方消费的习惯。这不是一种自律吗？我觉得首先不要养成不良生活嗜好，让自己失去一种约束。（20200604-KYS）

[①] 傅维利. 简论师德修养 [J]. 中国教育学刊，2001（5）：43-46.

K老师的从教生涯，见证了很多因为不良嗜好而被"拉下水"的老师，有些是业务能力很强的老师，甚至当上了领导，但是就因为一次"不自律"而葬送了自己的教师生涯。这些经验强化了K老师对于"教师不自律早晚会出事"的认知。但是，师德在现实生活中的效力是长周期、长时效的，短时间有时很难看到成效。

第三节　在解决道德冲突中实现自我超越

小胜靠智，大胜靠德。科尔伯格提出道德认知发展阶段理论，在现实中，教师的师德养成表现出生成性与超越性的特点。在师德养成过程中，各种诱惑始终伴随着教师，也考验着教师。调研中发现，有些教师炒股，有些教师利用网络平台做兼职。对于这些现象，K老师有着自己的看法，并且谈了自己的切身体会。

对于我个人来说，最重要还是因为从事了教育这个行业，所以要遵从行业规范。假如说我不是在教育这个行业，我在其他职业上可能环境也把我逼的请人家吃饭、抽烟、喝酒、打麻将、唱歌、桑拿，企业管理上叫"维护客情"，这是个专业术语，维护客情就是维护你生意的顾客的情感，用什么东西可以交换？给他年终发一个贺卡可能不行，他需要实际的。教师职业道德是一种身份性的道德，因在教育岗位，所以必须考虑行为规范。如果是做生意的、开工厂的那就不一样。K老师认为，师德是一种身份性道德，教师的行为有着内在的职业规定性。正是对教师职业特点的准确把握和教育本质的深刻理解，使得K老师不断提升自己的内在修养，摆脱低俗的嗜好和趣味，实现自我的内在超越。

K老师认为，教师要有长远的追求，要树立职业理想信念。教师只有树立远大理想、坚定崇高信念，拥有大视野大格局，才有可能为社会、为民族培养出栋梁之材，教师自身才能获得更好的专业发展。"教师因为有长远的追求，就不会被路边的一块小石头绊住脚。这就是四有好老师所说的理想信念。我理解的老师的理想信念是一种境界，这个境界我更多地理解为知识分子的一种人文关怀。没有这种人文情怀，难以达到师德的较高境界。"K老师作为东部地区教师的代表经常到西部边远贫困地区支教，和当地教师保持密切的联系和接触。"支教让我深刻认识和理解咱们国家贫困地区基层教师的生活状况。对这些学校和老师，我愿意尽我所能给予帮助。"当被问及教师的这种人文精神和社会关怀是如何形成的，K老师指出，"一是深入生活，了解社会，特别是了解一些底层人的生活状况，和社会保持深度的接触。二是要阅读，通过阅读丰富自己提升自己"。

在K老师看来，教师树立理想信念、保持人文情怀可以帮助教师克服和超越眼前利益，追求更高、更远的目标。当教师克服了世俗的诱惑，用K老师自己的话说，"那么老师将会立于不败之地，他不用害怕见到领导，他走的是教师专业发展的正道，会感到更加自由！不会整天畏畏缩缩"。这是教师通过自己的努力实现了自我超越。

鲁洁教授指出，道德，作为人类的一种精神活动，它是对可能世界的一种把握，道德反映的不是实是而是应是。它不是人类现实行为的写照，而是把这种现实行为放到可能的、应是的、理想的世界中加以审视，用应是、理想的标准做出善恶的评价，以此来引导人的行为。这种应是与实是、理想与现实的矛盾运动，构成了人类的道德活动，不断推动人类向至善方向前进、也使每个个体不断自我完善，自我升华。道德的这一特性也规定了道德养成的超越本质。

人是一种超越性存在。人总是在超越现存的生活，超越现实的规定性，超越是人的存在方式，也唯有人是以这样的方式存在的。[1] 人的自我超越，其实质是每个人对他既有生活意义的超越。生活的不同意义对待构成了人

---

[1] 鲁洁. 超越性的存在：兼析病态适应的教育[J]. 华东师范大学学报（教育科学版），2007（4）：6-11，29.

之不同的规定性，体现了不同的生活境界。人是在追寻和实现更有价值的生活活动中，超越原有的生活观念和态度，生成新的生活意义，改变生活的样态和生活的方式，从而实现人的自我超越、自我提升。①

人的自我超越也就是人的自我创造，在自我超越中，人赋予自己新的规定性，创造出新的自我。人的最根本的创造就表现在他的自我创造中，人总是在不断地进行自我创造，不断地提高自己的人生境界，不断地赋予自己的生活以新的意义。这也是我们每个人所应遵循的人生之道。一个真正有道德的人，一定是一个具自我意识、有主体内在追求、能进行自我创造的人。②

从系统论的角度，我们能更好地理解斯宾诺莎有关道德改变以及伦理学的思想，成为一个愈加开放的、复杂的、内在有组织的、"一致的"（coherent）（这是斯宾诺莎的术语）与系统的心灵和自我——自觉地认同于、从属于、聚集于越来越大的复杂适应系统里——提供了一种能够把自我从这样的世界中解放出来的方法（可能是唯一的方法）：人最初的狭隘、孤立、守旧、疯狂的眼前世界，总是把个人特别是下级的从属群体的成员奉献给该群体之内或之外的人的世界。此处的道德问题在于，一般说来，人们都是其当前局部环境的被动反应。悖谬的是，个体性这个成就是通过更大、更宽泛，然而唯独属于一个更大的世界和宇宙的东西实现的。自我从根本上说是超越自身的，这意味着几乎我们所有人都是在更宽泛的（和预置的）意义上的道德行动者。然而这不能使我们远离内在的和外在的群体之恶，这是我们伟大的人的弱点。朝向更大的社会和自然环境的范围、更广泛的认同和内在的自我组织的道德转变，也导致了更强的个体性、对当前情境的独立性以及来自此处的一种永恒扩张的、自我纠错然而又可靠的观点。斯宾诺莎估计，这种自由是极少数人的令人陶醉的、罕见的

---

① 鲁洁. 道德教育的期待：人之自我超越 [J]. 高等教育研究, 2008 (9): 1-6.
② 鲁洁. 道德教育的期待：人之自我超越 [J]. 高等教育研究, 2008 (9): 1-6.

成就。

悖谬的是,"我们自身是由环境构成的"这个认识是我们这种能力的源泉,即把我们基本的求生和自我发展的生物学渴望转变与导向更为复杂的内在动力的能力。我们在我们自身中发现宇宙,也在宇宙中发现我们自身,我们属于世界,而非在世界之外。为什么要是道德的?为了自由。为了扩展自身以超越狭隘守旧的局部环境的自我的醉人的喜悦。为了在无限宇宙中的存在感,人是这个宇宙的微小的、局部的表达。为了在危险的、不可预期的、短暂的存在中的一种提高了的行动感——这些都是斯宾诺莎的答案。所有这些都是取决于个体、他或她的欲望的个人的答案和目标。它们不诉诸外部的或者普遍的标准或价值,不诉诸正义或责任感,甚至也不诉诸良心。但通过揭示并建立与世界的联系,他们诉诸他人之爱、世界之爱及内在于自身的喜悦。它们诉诸一种转化了的欲望,这种欲望即自由、整全、和平、与他人共处和充分利用世界的欲望。开放自身以让世界更广泛地对之起作用,以发现内在于世界中的自身——无疑这是更广泛地在这个世界中行动的基础——是通往自由的悖谬路径。

态度上的革命性变化是随着道德能力的概念而产生的,如果放弃了自由意志,我们就会认识到,必定如此的东西必定真是如此,必定已经如此的东西不可能是其他东西,我们能够逐渐把我们自己接受为我们所是的人,把他人接受为他们所是的人。在我们的道德观上朝向超越自身的自我(一种在越来越大的社会和自然世界中接受与发现自身的自我)的转变将以一种不同的方式进行,它是革命性的:它会把我们引向一种生态学和宇宙的视角。我们所有的人都可以通过在机构的结构上的变化而踏上一条新的路径,机构的结构孕育了更广泛的社会多样性和对根深蒂固的规范、合理性、等级性的批判视角。我们能够普及一些思想,这些思想为所有个人提供一种关于自由的和欢乐的新的道德视野。我们预置的局部主义、地方主义能够被社会地、政治地和环境地改变与拓展,并被科学地了解,最终将我们最好的东西呈现出来并为所有人指明通向更广阔而自由的道路。①

肯尼斯在其著作《关系性存在：超越自我与共同体》中提出人作为关系性存在的观点，指出"一切意义皆产生于协调或联合行动。关系并不发生于个体之间，个体的功能产生于关系之中"。关系主义思想试图通过关系性实践超越个体自我和共同体。他指出，现代社会是关系型社会，个体培养关系性思维非常重要。关系性思维认为关系是"人造"的，不是与生俱来的秉性，而是当两个作为个体的自我相遇时创造出来的。②教育的基本目标是发掘参与关系过程（从当地到全球）的潜能。教师是作为一个多重关系性存在走进课堂，携带着大量前置关系，包括与他者的关系、与社会的关系以及与世界的关系等。这些关系中的任何一种都在教师身上留有潜能的残基（a residue of potentials）。当教师和学生相遇，他们身上印刻着关系的多重性，各自携带着多重技能。从这种意义上来说，学生和教师的相遇产生了一个新的关系圈，后者把他们二者联系起来，或许可以赋予他们各自更加丰富的潜能。③肯尼斯指出，有很多有效的方法可以丰富师生关系，如建构对话式课堂、对学生赋权等。

第四节　兼顾整体与长远利益

教师美好生活离不开师德。师德与教师的个人生活之间是一种微积分关系，所谓"积善成德，积德改运"。我们要如何抓住道德的本质，实际上

---

① 瑞文. 超越自身的自我：一部另类的伦理学史、新脑科学和自由意志神话 [M]. 韩秋红，刘金山，谢昌飞，等译. 北京：人民出版社，2016：505-510.
② 格根. 关系性存在：超越自我与共同体 [M]. 杨莉萍，译. 上海：上海教育出版社，2016：33.
③ 格根. 关系性存在：超越自我与共同体 [M]. 杨莉萍，译. 上海：上海教育出版社，2016：255.

"我们谈论的是一个人应该如何生活"。对于教师而言,探讨师德的本质,应该将教师的生活囊括在内加以审视。只有这样,才能对教师的师德状况进行全面的认识和解读。道德具有充分的现实性,不是虚无缥缈或者仅仅隐藏于人的精神层面,需要对它进行深刻反思,才能如实地显现。教师作为道德主体,其动机是出于对自我幸福的关注、出于对美好生活的渴望。威廉姆斯认为,一个人应该如何生活的问题,超越了仅仅是一瞬间的决定,"要求对一个人的整个生活进行反思"。

师德是教师一种整体和长远的自我观照与利益谋划。以K老师为代表的一类老师,一方面着眼于维护长远的利益;另一方面善于理性作为,顾及行为的社会关联以及对他人利益的波及与影响。[①]

优秀教师在道德上表现出一种实践智慧,亚里士多德将其视为一种"明智"。道德上的明智是一种审慎的能力,一种能够避免极端并适应境遇需求的权衡能力,一种对情境的理性把握的能力。明智被亚氏确定为一种理智德性,明智与道德上的卓越性密切地关联在一起。不仅如此,明智还是一种基于被理解为总体的好生活之视角的道德自我反思。[②]以K老师为代表,在从教过程中,其对自己的生涯有着清晰的规划,对教育和教师职业本质有着个性化的理解,靠着从教与为师的理想信念统摄和规范自己的专业发展及言行。图7-1呈现的是优秀教师的师德景观。

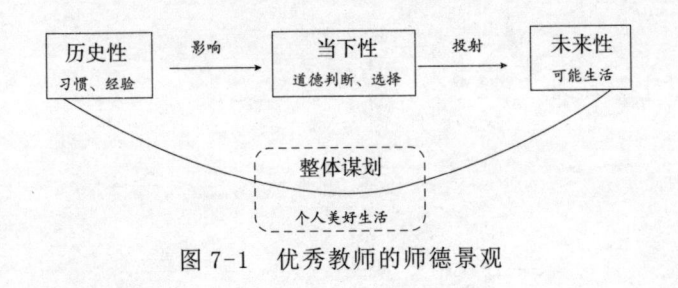

图7-1 优秀教师的师德景观

[①] 甘绍平. 个体的崛起与道德的主体[J]. 哲学动态, 2021(8): 101-117, 129.
[②] 甘绍平. 论两种道德思维模式[J]. 伦理学研究, 2016(4): 28-32.

优秀教师道德实践可从三个维度进行解读，分别是历史性、当下性和未来性。其行动具有承接以往的经验和习惯，面向未来的规划和期许，立足当下的现实环境的特点。历史性维度包括教师的生活阅历、道德经验、个人习惯，有的老师目睹了同事违反师德而前程尽毁的下场，有的老师从师德榜样那里获得了教育。当下性是指老师对当前社会道德秩序和规则系统的自我认识与把握，如能力至上是很多老师在当下社会规则和价值系统中对一个人认可与承认标准的判断，在这样的判断下进而指导教师们的教育教学实践。未来性是指老师们对个人美好生活和生涯发展的想象与预判，如一些老师为了站稳讲台，打磨自己的教学，备好每一节课，在他们看来，教学水平才是一个老师未来发展的保障和根本。在教师具体的道德行动中，三个维度都发挥作用。其道德、行动包含过去、当下、未来三个维度，三个维度三位一体，但并不总是和谐一致。当老师对未来美好生活有着清晰的规划在面对困难与挑战的时候，表现出较高的职业韧性和能动性。换句话说，师德是教师将过去的习惯和未来展望与当下的决策联系起来的能力。①

教师道德实践背后传递出教师对美好而有意义的教育生活的理解，体现了教师对教育美好生活的追求与尝试。教师的道德实践作为一种"明智"的行动，具体表现在教师对以往经验的反思与回顾，对当前环境做出的审慎的判断，以及对未来职业发展的规划和展望。

---

① BIESTA G, PRIESTLEY M, ROBINSON S. Talking about education: exploring the significance of teachers' talk for teacher agency[J]. Curriculum studies, 2016, 49 (1): 38-54.

第八章 师德养成的影响因素

师德养成的影响因素包括两个方面：一是来自教师自身，二是来自外部环境。对于师德的养成，首先应该观照教师主体性的复归，主要涉及教师的道德体验和道德反思，道德环境对于教师师德养成具有重要的影响，道德榜样对教师的师德养成具有引领作用。

第一节 道德体验

杜威实用主义哲学强调道德的体验性。杜威借助亚里士多德的实践智慧概念，强调道德的实践性、经验性特点，强调"情境"与"慎思"。在杜威那里，道德经验是主体的创造性与感受体验的统一。在他看来，一般道德理论和原则，无论多么有根据，在理性层面无论多么符合逻辑，这种应然性也不能替代个人做出决定。道德活动是具有情境性、充满行动者体验与理解的活动。杜威强调道德体验的优先性，而不是规则规范的优先性。

调研发现，促使高中教师道德观念转变与行为调整，羞耻感与荣辱

-183-

观发挥着重要作用。教师践行师德规范一方面是自我的内在要求，同时也希望获得周围人的尊重，霍耐特称之为对蔑视体验的排斥和获得承认。耻感是一种积极的道德情感，它既是道德自律的内在根据，亦是道德义务、责任、良心的特殊存在方式。有耻无违是社会风尚清明的基本条件之一。① 调研中发现，在学校遭受蔑视体验让教师们"蒙羞"，倒逼教师"为获得承认而斗争"，羞耻感转化为教师积极自我要求和提升的内在动机。羞耻感是个体违背道德或感到个人无能时，基于是非观、善恶观、荣辱观而产生的一种自觉指向、自我的痛苦体验。它源于人对自身存在本质的自觉，其作用在于使人朝向高层次的价值，实现自身的存在意义而免于向低层次的价值沉沦。羞耻感是一种积极的道德情感。从道德维度来看，羞耻感具有标识、导善、自制等功能。②"羞耻"（shame）的意思更多指的是，行动者做了不符合规范的事被别人知道，或者可能会被公之于众而产生的情感体验。羞耻更关注于外在的东西，外界的道德评判造成心理上的影响和变化。生活于亚洲的人们更容易产生羞耻感，因为对亚洲人来说，"面子显得很重要"，而中东的"荣誉文化"尤其突出。③拥有羞耻感促使人们具备是非观念。

在学校环境下工作和生活的教师，与学校成员互动过程中不断接受学校成员的反馈，其行为和心理受到反馈信息的影响。S老师讲述了他"蒙羞"与"获得承认"的经历。

前段时间我压力很大，我带的班级成绩不是很好，开学第一次考试除了政治是倒数第二，其他每一门都是倒数第一。第一次月考虽然成绩有一点点提升，但是总的还是倒数第一，所以我压力也蛮大的。开班主任会，虽然我年纪最小，但是当着领导和其他班主任我感觉很没面子。然后主任跟我说你多花点时间，他们也没有一定要我干吗，我给我自己

---

① 高兆明. 耻感与存在 [J]. 伦理学研究, 2006 (3)：1-5.
② 李虹. 羞耻感的功能 [J]. 学习月刊, 2008 (19)：20.
③ 博姆. 道德的起源：美德利他羞耻的演化 [M]. 贾拥民, 傅瑞蓉, 译. 杭州：浙江大学出版社, 2015：19-20.

压力，我说我肯定不能这样，哪怕我最差的话我也得进步，对。然后我就多花时间，多答疑对吧？然后多找学生聊聊。在下学期的时候，期中考试就已经不是倒数第一了，期末考试倒数第四的样子。进步蛮大的，至少我的班级已经不是标红色的，自己可以稍微地松口气，不过还得继续努力。我花了蛮多时间和精力的，成绩也上来了，至少不被领导说了。（20200603-SCY）

　　S老师愿意在学生身上投入更多的时间和精力，源自他所经历的"蔑视体验"，即班级成绩倒数被大会点名所产生的羞耻感，为了摆脱被蔑视的体验与羞耻感，S老师愿意在学生身上付出更多努力。

　　有老教师G老师回忆，以前的社会环境让自己觉得在N校工作真的很有身份感，感觉到自己被社会尊重，这种尊重让自己以"N校老师"的标准严格要求自己。

　　那个时候，我们在社会上，真正感受到这个学校和这个学校的老师所受到的社会尊重。社会对N中学老师这种尊重真是不得了的。1992年学校搞一次活动，我们在活动之后，到饭店用餐，我们老师穿着校服进去，所有吃饭的人都停下来了，注视着我们，很敬仰的，说这是N中学的老师，我们那个时候上班经常穿着学校发的工作装。（20200529-GYC）

　　从G老师的描述中可以看出，当时的社会对N校老师的尊重是非常明显的。这种荣誉感提升了N校老师的职业认同感。尊师重教的社会氛围和良好风气能够激发教师献身教育事业的热情。党的十八大以来，习近平总书记围绕尊师重教多次发表重要论述，强调努力让教师成为社会上最受尊敬、最令人向往的职业。党和政府优先谋划教师队伍，优先投入教师所需，改善教师待遇，关心教师健康，维护教师权益，提高教师福祉，减轻教师工作负担。全社会努力营造尊师重教的文化氛围，社会大众将尊师、爱师、敬师充分转化为行动自觉。只有这样，教师才能安心、静心、舒心、潜心从教。

　　道德不是僵死的教条，道德主体不是机械被动的执行者。道德活动中的理性离不开体验，强调道德法则、道德义务的具体内容离不开情境。任何道德活动总是理性与感性的统一，教师的师德养成是在具体情境中进行的，离开教师的真实体验促进师德建设和师德养成缺乏根基与现实意义。

第二节 道德反思

一、反思与道德自我建构

中国古人强调"吾日三省吾身"，指道德主体对照规范，每天对自身的言行进行反思，实现对道德过失的自我警示促进道德修养，其目的在于规范行为，强化道德意识，不断地实现自我超越以完善德性修养。福柯同样强调反思对建构道德主体的重要意义，他把恢复人的主体性的反思称为人的"自我技术"。自我技术是指个体通过自己的力量，或者他人的帮助，进行一系列对身体及灵魂、思想、行为、存在方式的操控，以此达成自我的转变，以求获得某种幸福、纯洁、智慧、完美或不朽的状态。[①] 福柯的自我技术，从关注自我开始，把对自我的关注与外在的道德规范有机结合起来，用福柯自己的话说是将两者"兼容"，最终目的是塑造人的主体性。

福柯的自我技术包括三种类型，分别是自我审查、自我书写和自我修炼。

自我审查可视作个体的自我反思。反思对于个体主体性的复归与塑造非常重要。斯多葛派称之为对自我与良知的审查，包括对已经做过的事情与应当完成的事情的复核。自我审查有三种主要类型：第一，作为对现实的回应的思想的自我审查（笛卡尔派）；第二，有关规则与思想之关系的自我审查（塞涅卡式）；第三，有关隐秘的思想与内在的污秽之关系的自

---

① 福柯. 自我技术 [M]. 汪民安，编. 北京：北京大学出版社，2015：54.

我审查。①自我审查可以分为倾听、记忆提取、现实比照几个环节。首先要学会聆听的艺术，因为只有学会聆听才能辨别真伪，在保持安静的状态下，聆听自己的理性之声。其次，通过记忆提取的方式进行反思。塞涅卡认为，个体反思有如一场审判，审查我们已经做过的事情是否符合道德法则。塞涅卡指出自我审查就是把自己应当做的事和已经做的事之间进行比照，看两者之间是否相符合还是存在出入，从而使得自己的行动准则在这一过程中逐渐显现出来，反思者的主体性得以彰显，从而重新振奋起自己的道德动机。反思使得主体退回到自己内部，去发现——不是为了发现自己的过错和深层感受，而只是为了想起行动的规则和主要的行动定律。这是一条以记忆术为本位的公式②，自我审查、判断以及自我规训，都是通过记忆机制把真理叠加于自我之上，也就是通过记忆规则的方式，指示通往自我知识的道路。③

相比自我审查，福柯更看重自我书写对个体主体性塑造的重要性，以至于福柯花了大量笔墨讨论自我书写。自我书写的一个主要特征就是包括记录下关于自己的事情以便重读，例如写论辩性的文章以及书信，记录下那些对自己而言必要的真理，以使它们能重新发挥作为准则的功用。福柯认为，观照自我与一种连续的书写行为相关联。自我是需要写出来的东西，既是书写活动主体，又是书写活动的一个主题或者对象。奥古斯丁书写《忏悔录》、歌德书写《少年维特之烦恼》等便是作者在书写过程中道德自我不断生成涌现的例子。这种经验自我的形式使得个体的内省变得越来越细致详细。书写在无意识中不断与道德意识发生勾连，书写帮助人们不断与内在自我建立新的联系。④

斯多葛主义认为，自我修炼并不意味着舍弃自我，而是渐进的自我思虑，或者逐渐掌控自己的过程（mastery over oneself）。其方法不是舍弃现实，而是获得并吸收真理。其最终目的不是要为另一种现实的来临

---

① 福柯. 自我技术 [M]. 汪民安，编. 北京：北京大学出版社，2015：100.
② 福柯. 自我技术 [M]. 汪民安，编. 北京：北京大学出版社，2015：74-80.
③ 福柯. 自我技术 [M]. 汪民安，编. 北京：北京大学出版社，2015：96.
④ 福柯. 自我技术 [M]. 汪民安，编. 北京：北京大学出版社，2015：69-74.

做准备,而是进入这个世界的现实,它包括一整套的实践活动,人可以借此获取、同化真理,并将真理转化为一种永久性的行动准则。Alethia(真理,真实)变成了 ethos(生活习惯,风俗)。这是一个越来越主体化的过程。自我修炼包括一些练习方法,这些方法能够让主体将自己放进一种特殊的情境中,以证实他应对问题的能力,以及使用他所配备的话语装备的能力。因此,这是一个自我测试的阶段。真理是不是已经被我们充分吸收并转化为伦理,是我们在面对实践的时候能够以道德的方式做出适当的反应。其中一种方式是默想,即一种想象性的道德实验,个体把自己置放进一个具体的情境,在其中想象自己的回应方式。在这样一种想象性的练习中,人对自己将会使用的推理方式进行判断,以测定一种行为或者一个具体事态。想象将如何表述可能的事态,以测试自己的应对——这就是默想。与默想相对的另一种自我修炼方式是自我训练。默想是用来训练思维的想象性体验,自我训练则是在一个真实的情境中进行训练,即便这情境是刻意制造出来的。

　　福柯认为,自我主体性恢复的重要手段是自白,即个体把自己的思想全部说出来,或者写下来,把意识最细微的运动记录下来,对自己进行自我剖析和全面揭发,成为自己的阐释者。自白是个体通向道德自我的有效途径,而那些无法被表达出来的东西,就成为个体内心隐秘的角落,无法进行善恶的定夺。福柯认为,从18世纪至今,言语表现的技术,经由所谓的人文科学,以积极的方式建构一个新的自我,塑造个体的主体性,而不再舍弃自我完全臣服于各种外在规范,个体生活命运的这种变化成为一个标志性的历史转折。[①]

二、自我书写与师德养成

　　前面说过,福柯认为,道德反思需要借助一定技术手段表达呈现出来。没有一种可以帮助理解自我的技术手段,生活的艺术和有德性的生活

---

① 福柯. 自我技术 [M]. 汪民安, 编. 北京: 北京大学出版社, 2015: 101.

便不能被习得。过去的哲人、智者、修道士主要通过沉思、倾听、自我反省的方式进行自我关注和自我塑造,而书写——为自己也为他人书写的行为——到了很晚的时候才开始作为主体自我反思、自我塑造的重要手段,被人们所重视。阅读、书写作为一种生活方式和自我训练的手段被大众所接受。书写常常关联着"沉思",关联着关于思想本身的训练,即重新激活思想所知道的事情。书写者想起某个准则、法则或是案例,思考它们,吃透它们,并且诉诸笔端。通过这种方式,书写者在不知不觉中被塑造成为道德主体,这种训练始终是指向实践,并要求书写者做好面对现实的准备。然而,人们也会看到书写以两种不同的方式联系着思维训练。一种采取线性"系列"的方式:它从沉思发展到书写这一行为,再过渡到赤身训练(gumnazein),即在真实情境中进行训练和磨炼——一种思想劳动,一种经由书写的劳动,一种现实中的劳动。另一种循环的方式:先是沉思,后是笔记,笔记促成了重读,而重读反过来再一次地发起沉思。无论如何,不管练习过程以何种方式进行,在整个联系所引发的过程中,书写构成了一个基本阶段。也就是说,将那些公认的、被认为是真实的话语塑造为理性的行为准则。作为自我训练的一个要素,书写,用普鲁塔克的一个表达来说,具有一种形塑性格(ethopoietic)的功能:它是将真理转变为气质的一个动因。[1]

调查发现,高中老师群体中有写作习惯的只占23.08%。访谈中,K老师讲述了写作和反思对于教师师德提升的重要意义以及如何操作。

你越反思,你越能提炼和提升你的境界与思想,所以我经常反思,我每天都有写作的习惯,而且我是早晨起来写,我不是晚上写。我给自己一个长远计划,比如说我已经有好几本书,那些说起来都是对教育行为进行反思,尤其是《理念:教育的制点——延安支教日记(上、下)》。我当初印的时候印了1万册,现在再版全部卖完。越来越多的同行发现,我写的这些东西贴近真实,那就是我所追求的,反思一定要真诚。有一

---

[1] 福柯. 自我技术 [M]. 汪民安,编. 北京:北京大学出版社,2015:223-225.

个老师给我留言,他说,我没有见过你本人,我能判断你绝对是一个真诚的人。现在很多老师是不想写不会写?当写作作为一种提升内在自我的训练,我觉得才是一种有效的或者说能够发挥作用的写作和训练。你发现没有,很多的老师宁可把时间耗费在各种各样的微信群、QQ群里,转发一些乱七八糟的东西,发表一些无聊的言论,都不肯去深入思考和写作。(20201202-KYS)

福柯提出两种自我书写方式:一种是个人笔记,另一种是通信。个人笔记从技术的意义上来说,可以是书本、公共登记簿,或是辅助记忆的私人笔记本。它们被当作生活之书和行为指南来运用。人们在其中写下一些引文、书摘、范例、目击到或者读到的行为、对所闻所想的反思和推论。它们构成了人们所闻所思所读的物质记录,因此,为随后的重读与沉思提供了一种积累的素材。

这些个人笔记不应被简单地认为是一种记忆辅助,可以时不时地拿来查阅,它们也不意味着是回忆失效时的替代品。更恰当地说,它们构成一种材料和框架,以便反复地进行这些训练:阅读、重读、沉思、与自己及他人交谈。这是为了使它们顺手听从话语谈论的支配,即"招手即来",不仅是指能够把它们召回意识,还指的是,无论何时,只要需要,就能够在行动中使用它们。这是一个为自己构造生命伦理逻各斯(logos)的问题,即构造一种有用的话语装备,随时准备拿出用来解释现实,赋予现实以意义。

个人笔记需要真实还原记录时的语境,借助那些已被言说的公认价值,借助话语的重现,发展出一套伦理系统和表达方式从而使书写者开始回归自我、接触自我、与自我一起生活。这就是个人笔记的目标:形成人们对片段逻各斯的回忆,并通过聆听或阅读的手段进行传播,这种手段在自己与自己之间建立联系。[1] 在个人笔记这里,是将残篇断简式的固有言谈进行挪用、整体化和主题化,从而将自我建构为一个理性行为的主体。[2]

---

[1] 福柯. 自我技术[M]. 汪民安, 编. 北京: 北京大学出版社, 2015: 227-228.
[2] 福柯. 自我技术[M]. 汪民安, 编. 北京: 北京大学出版社, 2015: 246.

第八章
师德养成的影响因素

通信作为另一种自我书写方式，为个人提供了自我训练的机会，通信产生的作用和影响是双向的，一方面通信工作是为自己工作，即回到通信者自身，让自己同能够与他者保持对话和联系，从而使自己得到改善。另一方面，通信对他人产生影响，例如给他人提供一些建议、劝勉和安慰。通信不只是借助书写而完成的自我训练，它实际上构成了某种展示方式——自我展示，即向他人展示内在自我。书信把写信者呈现在收信人面前。在这个意义上，书信建立了一种面对面的会见。所以，通信不只是为了相互建议和帮助，它也是相互凝视和检查。作为一种训练，书信致力于将真实话语，作为"个人资产"进行主体化。通过书信，我们将自己向他人的凝视敞开，并将收信者视为对自己行为和道德品质的评判者。这是将我们自己交给他人眼光和评价的一种方式，我们必须告诉自己，在我们思考的那一刻，这种凝视正射进我们的内心。如同那句道德箴言所说——"我们应该活着，好像活在所有人清晰的视野之中"。[1]

通信工作有赖于接受者，但是，写信人寄出的信，也给写信人自己带来压力。因此，写信包含一种"内省"。但是，"内省"与其说是自己对自己的解读，不如说是使自己对别人敞开心扉。将自我建构为"自己的检查者"，因此而去判断善恶、重新激活人们必须一直铭记的行为准则。通信是将他人的凝视和自己的凝视协调起来。当人们根据道德准则衡量自己的日常行为时，就会出现这种自我凝视。[2]

托尔斯泰写作《忏悔录》，是一项解剖自己的工程。他在书中这样写道，"我真心诚意想做一个好人，但我年轻有多种欲望。当我追求美好的东西时，我茕茕一身，十分孤单。每当我企图表现出构成我最真诚的希望的那一切，即成为一个道德高尚的人，我遇到的是轻蔑和嘲笑，而只要我迷恋于卑劣的情欲，别人便来称赞我、鼓励我。"[3] 托尔斯泰在他"功成名就"的状态下还能如此冷静、理性地剖析自我，不加掩饰、毫无保留地分享自

---

[1] 福柯. 自我技术 [M]. 汪民安，编. 北京：北京大学出版社，2015：239.
[2] 福柯. 自我技术 [M]. 汪民安，编. 北京：北京大学出版社，2015：245-246.
[3] 托尔斯泰，忏悔录 [M]. 冯增义，译. 南京：译林出版社，2018：7.

己的心路历程，对自己曾经犯下的错误全盘托出，展现了强大的内心力量和道德勇气。晚年的巴金直面"文革"带来的灾难，直面自己人格曾经出现的扭曲。他用真实的写作进行自我批判，填补的精神空白，以此来履行一个知识分子应尽的历史责任，这便是其精神自传《随想录》的创作背景。人们总喜欢对个人的"黑历史"避而不谈或是寻找辩护的借口，试图遮掩所有的过失，只留下光辉的一面。殊不知，正视真实的自己是为了更好地面向未来，成就更好的自己。说真话是需要勇气的，特别当那些真话会影响到自己的生活和生存的时候。大多数人都没有直面自己的勇气，而对自己坦诚成为自我书写与道德养成的关键。K老师在自己的书中和反思笔记中经常写到自己面对道德两难时的窘迫与困惑。通过教师的道德反思与自我书写，帮助教师恢复对道德的明察与主体性，恢复教师对善恶标准判断的明晰性。①

第三节 道德秩序

道德环境和道德小气候会影响人们的道德养成。道德秩序作为共同体成员人与人之间伦理关系的结构性存在，影响和规范人的德性品质与道德行为，良好的道德秩序能够维护共同体成员的人格与尊严，让人们过一种有德性的良善生活。在提倡创造师德建设有利环境，将中小学德育工作要求贯穿融入学校各项日常工作中的现实背景下，关注道德秩序建设，构建尊师重教的社会环境既是回应立德树人教育根本任务的体现，也是学校深化改革和发展的需要，更是师生道德养成的关键所在，具有非常重要的现实意义。当前，社会以及学校的道德秩序发生了很大变化，也出现了一些问题。

---

① 张任之. 舍勒的质料价值伦理学如何是现象学的？[J]. 理论月刊，2019（8）：5-11.

一、道德秩序隐忧

（一）学校管理道德式微

学校在从传统向现代的转型过程中，管理方式和组织秩序发生了深刻变革，学校管理目标也出现了多元、多样、多变的价值倾向。在具体的学校管理实践中，一部分学校将"有序可控""运转高效"作为学校组织秩序的目标，此种"效用至上"及其所引发的人际关系功利化等问题，使学校管理偏离了对伦理价值的观照。借助科层化的科学管理手段，在追求有效性、可控性的目标导向下，学校成员的价值理性逐渐式微，工具理性越发凸显。管理技术侵占校园组织秩序、影响学校人际关系的同时，观念上的"管理主义"也乘虚而入，以方便管理为首要考量的管理逻辑把组织成员看成"空心人"，要求成员服从权威，忽视共同体成员的个别差异，因为成员越是服从，管理起来越是方便。学校在管理主义思维的影响下，通过制定详尽的制度条款来填补管理上的漏洞，严明纪律、严苛执法，以期实现学校组织秩序的有序运转。"管理主义"之下，学校成员分化成管与被管的角色，管理者用"一刀切"的方式行使管理权，用挑毛病和不信任的眼光看待被管理者。在这种情况下，被管理者要么遵章守则，要么承担违纪产生的不利后果，导致学校里干群关系紧张，教师在学校日常管理中呈现出"行为主义"和"表现主义"，其主体性和创造性受到遮蔽。注重绩效考核、强化课程指令、采用大规模考试[1]，使得学校逐渐被事务性工作抢占了资源和话语空间，教师工作标准侧重于是否有效，忽视是否符合伦理规范，学校成员在不知不觉中丧失了追问道德善的意愿和能力，按部就班、循规蹈矩，学校组织系统看似有序，实则规避教育和人的复杂性，无力应对教育中的道德困境，放弃善的终极追求。

在科层管理大行其道的学校，一切都是规定好的，在规定好的空间和时间里以规定好的方式去行为才是最安全也是最好的表现。教师工作只在

---

[1] 索科特. 教师专业素养的道德基础[M]. 王凯, 译. 福州: 福建教育出版社, 2018: 33.

于符合要求，教育自身的特性和价值都不重要了。[1] 在这样的学校秩序之下，教师每天的工作是按要求完成"规定动作"，个体教师的教育实践创新被淹没在机械僵化的制度安排之下，特别在遭遇道德两难困境的时候，教师们首先考虑的是上级的意见，揣摩领导的想法，听从组织的安排，按照程序操作，宁可明哲保身，不做大胆尝试，因此丧失了专业发展和道德成长的契机。学校的科层化管理能够在很大程度上提高工作效率，但弊端也显而易见：一是权力过于集中，管理与决策的权力主要集中在"金字塔"的顶端，师生无权为与自身利益相关的很多事情做出决定；二是见"事"不见"人"，教导处、德育处、行政处等处室管理结构能够在最短时间内分门别类地将事情处理好，但在"事"上费心太多，对"人"的关注不足[2]，学校组织秩序中道德意涵的传递和表达逐渐被忽略与遗忘。

N学校的办公楼分为A、B两座，A座是领导所在的行政楼，B座是科任老师所在的办公楼，两座楼相隔不远，以校门延伸的中轴线为对称轴成"对峙"状，教师们口中的"A座那边"通常泛指学校行政领导。除非领导要求或者个人事务上的需要，学校教师一般不会去"A座"。空间上的区隔导致学校领导和教师之间接触与交流的机会与频率减少，无形中造成学校领导和教师之间心理上的区隔。学校在每一间教室安放了摄像头，而且实时监控，在考试期间发挥辅助监考的作用，但在平时则是对教师和学生进行规训的重要手段。学生在自习课期间有任何风吹草动都能第一时间被学校领导掌握，随即通知班主任，班主任即便不在场也能对学生进行"精准打击"，并且保有"铁证"。同样，学校教师在班级的一举一动也全都在学校领导的"注视之下"。

我在这感觉好像还是回到高中时代，天天有人管了。（20200623-SY）教师们抱怨学校的打卡和门禁制度，一些年轻的教师认为学校的做法"太不人道"。学校抓得非常紧。我觉得可以弹性一点，你上完课真的有事就

---

[1] BALL S J. Performativities and fabrications in the education economy: towards the performative society?[J]. Australian educational researcher, 2000, 27 (2): 1-23.

[2] 刘畅. 人本化管理：学校管理的本质和品质追求[J]. 教育学报, 2014, 10 (3): 56-61.

可以回去对吧?你比如说上次因为门禁系统,好多老师都被记了,其实就提前离校三四分钟,对不对?你有没有想想有些老师早上提前半个小时就到了,对吧?这你怎么算?人家早来的怎么算?对不对?(20200521-LY)

对于教师来说,其刚入职面临的困难不单是工作上的适应,更多的是一种"主体性遮蔽"的风险,这种风险会让新教师逐渐把自己本真的东西隐藏起来,以压抑本真性来迎合外界的评价,换取他者的认同。

学校通过分层的、持续的、切实的监督对教师进行管理,使规训变成学校的一种"内在"体系,即被安排成一种复杂的、自动的和匿名的权力关系。虽然监督依赖人实现,但是它俨然成为一种自上而下的关系网络。这个网络"控制"着整体,覆盖着整体,并从监督者和被监督者之间获得权力效应。在对纪律实行层层监督时,权力并不是一个被占有物或一项可转让的财产,它是作为机制的一部分发挥作用。这样就使规训权力既是毫不掩饰的,又是绝对"审慎"的。说它"不掩饰",是因为它无所不在,无时不警醒着,因为它没有留下任何晦暗不明之处,而且它无时不监督着负有监督任务的人员。说它"审慎",则是因为它始终是在沉默中发挥作用。纪律使一种关系权力(relational power)得以运作。这种关系权力是自我维系的。它用不间断的精心策划的监视游戏取代了公共事件的展示。[1] 由于有了这种监督观念,背后辅之以现代电子设备和先进技术,权力"物理学"对肉体的控制开始借助监视器、打卡机,进一步解放监督者,即使人不在场也能实时掌握情况,实现及时有效的控制。规训权力的全面渗透与规训技术的广泛应用对被监督者制造了进一步的压迫感。教师漫步在校园里,总是时不时抬头张望有没有摄像头,被"监视"的感觉取代了教师的自我关注和自我凝视。逐渐地,关注外在的评价、获得外界的承认压过了教师的自我评价和自我认同。

(二)人际关系紧张疏离

黄光国将中国人的人际关系划分为工具性关系、混合性关系、情感性关系

---

[1] 福柯. 规训与惩罚 [M]. 刘北成, 杨远婴, 译. 北京: 生活·读书·新知三联书店, 2012: 191.

三类。情感性关系主要表现为家庭、密友等人际关系。以家人为主，也会有类家人的情况。工具性关系主要表现为个人在生活中和家庭外的其他人建立工具性关系的目的，主要是为了获得他所希冀的某些物质目标。比如，司机和乘客的关系。混合性关系主要表现为交往双方彼此认识且有一定程度的情感关系，但其情感关系又不像家庭那样，深厚到可以随意表现出真诚的行为。情感性关系适用于需求法则。需求法则是，不管成员的贡献大小，利益的分配基于接受者的合理需求。例如，大人对家里的小朋友需求的满足。工具性关系适用于公平法则。每个人都应该依照其贡献比例的大小，获得相当的报酬。混合性关系适用于人情法则，有恩报恩，有仇报仇。讲究"礼尚往来"来维系关系，如果付出了没有回报，往往会出现反目成仇的情况。[1]

学校道德秩序困境表现在学校成员情感性关系弱化，工具性关系加强，成员之间信任度、凝聚力降低。学校课程设置和实施是以学科进行划分的，教师的区分和安排也遵循着学科化逻辑，两者之间具有高度的耦合关系，教师分门别类承担学校各类课程，同时也被分门别类地整合到学校组织秩序之中，不同教师被分配到不同学科组、不同办公室，使得教师对学科组的依附性明显大过对学校的依附性，与同一学科组教师的亲密度和认同感明显大过其他教师，囿于空间的区隔和学科分化，不同学科教师之间的交流减少，教师们习惯于在自己的学科领地工作。[2] 在科层管理下，学校成员被机械组合到一起，形成单元化的组织部门，但缺乏向心力和凝聚力。教师和学生在自己所属的部门空间里活动，教师对自己任教学科的捍卫、对所带班级的固守、因考试文化而导致的不良竞争，造成教师间信任度降低、关系疏离，甚至提防猜忌。

学校成员之间信任度降低、陌生感增加还在于现代学校规模的不断扩大，且学校规模越大，教师之间的关联度往往越低。有调查显示，教师数量在300人以上的较大规模学校，教师之间熟悉名字但不认识的情况占比为7.6%。教师数量在500人以上的大规模学校，教师之间相互不认识的占比为

---

[1] 黄光国. 人情与面子：中国人的权力游戏[M]. 北京：中国人民大学出版社，2010.
[2] 徐继存. 作为伦理实体的学校[J]. 教育研究，2020，41（4）：77-84.

16.4%。在大规模学校，不仅教师之间关联度较低，师生之间、生生之间的关联度也不高。除班主任外，能叫出全班学生姓名的任课教师不足五成，学生的交往范围基本局限于本班级，少数学生会与本年级同学交往。①

在社会信任度方面，高中教师对不同社会群体的信任度存在差异。信任度最高的群体首先是学校里其他老师，"比较信任"和"完全信任"的占比之和为67.81%；其次是学生，"比较信任"和"完全信任"的占比之和为67.23%，高中教师对学校领导的信任度较学生群体和普通教师群体偏低，"比较信任"和"完全信任"的占比之和为46.15%，而对陌生人的信任度则更低，"比较信任"和"完全信任"的占比之和为12.82%，有28.21%的调查对象对陌生人持"比较不信任"的态度，而有8.83%的调查对象对陌生人持"完全不信任"态度，如图8-1所示。

图8-1 高中教师信任度"洋葱图"

国外有研究发现，大规模学校和较小规模学校在师生满意度、学校认同感方面得分都较低，在师生关系、同事关系方面较小规模学校较之更加疏远，学校成员人际互动过程中缺少人情味②，学校成为"半熟人社会"甚至"陌生人社会"。社会价值观念的变迁，市场经济带来的巨大冲击，导致

---

① 吴维煊. 慎办大规模学校 [N]. 中国教师报, 2019-08-21.
② FOWLER W J, WALBERG H J. School size, characteristics, and outcomes[J]. Educational evaluation and policy analysis, 1991, 13 (2): 189-202.

教师在名利驱动的浮躁氛围下、在成绩优先的催促逼迫下，加剧了学校成员人际关系的紧张感。

共同体的形成和成员间的交流、沟通密切相关，当学校成员丧失交往和沟通的渠道与意愿时，学校共同体形成的机制便被阻断了。现实中，由于缺乏主体间的交流沟通，学校成员之间难以建立起彼此认同、相互承认的主体间关系。卢卡奇把现代人的这样一种处境定义为"疏离的""旁观的"人之境遇，主体若遭遇此境遇，将会丧失关怀与共感的能力，实践的主体不能以一种"合作的"方式参与到外部世界，难以建立自我与世界的联系。①当师生之间、同事之间不再直面相对，交往过程中不再倾注情感、诉诸尊重，人性逻辑被物性逻辑所取代，那么学校成员在具体事务上便难以达成共识，甚至发生争执和冲突。

（三）社会价值观变化

在金钱观方面，通过对教师的问卷调查，发现在高中阶段，老师们对自己目前收入的满意度为"一般"的所占比重最高，占到47.18%，其次是"比较满意"，占到27.12%，再次是"比较不满意"的占到15.25%，只有2.82%的高中老师对自己目前的收入非常满意，而有7.63%的高中老师对自己的收入很不满意，如图8-2所示。

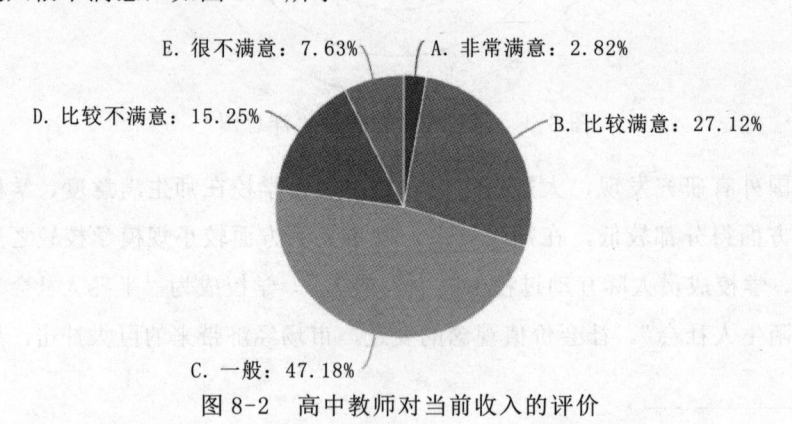

图8-2　高中教师对当前收入的评价

---

① 霍耐特. 物化：承认理论探析[M]. 罗名珍，译. 上海：华东师范大学出版社，2018：25.

第八章
师德养成的影响因素

在社会价值观方面，有40.4%的调查对象认为在现代社会个人能力最重要，有23.45%的调查对象认为人品最重要，有10.45%的调查对象认为金钱在现代社会最重要，如图8-3所示。而当被问及"您认为在现代社会做个老实本分的人会吃亏吗？"有66%的调查对象回答"有时会"，16%的调查对象认为"经常会"，11%的调查对象选择"一定会"，只有4%的调查对象认为"从来不会"，而3%的调查对象觉得"不知道或说不清"。

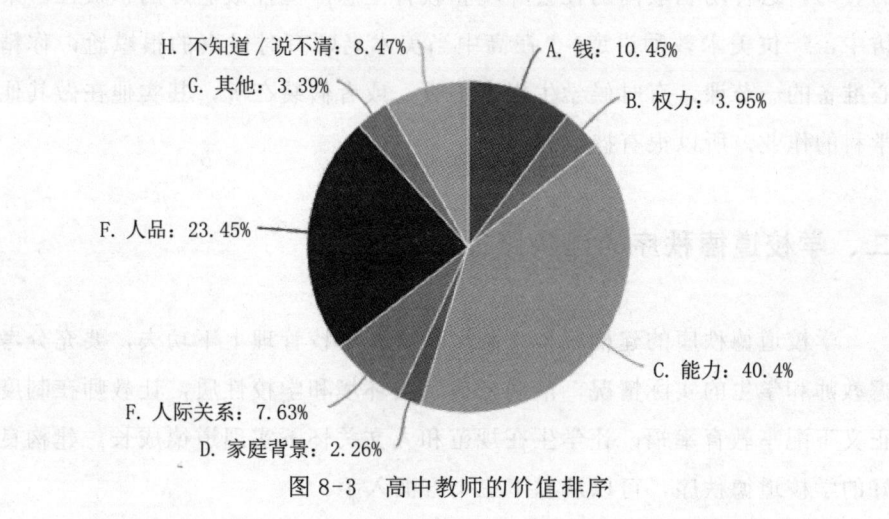

H. 不知道/说不清：8.47%
G. 其他：3.39%
A. 钱：10.45%
B. 权力：3.95%
F. 人品：23.45%
C. 能力：40.4%
F. 人际关系：7.63%
D. 家庭背景：2.26%

图8-3 高中教师的价值排序

Q老师从教近二十年，经历了不同层次的学校，教过不同时期的学生，在访谈过程中他描述了这样一段经历。

我之前遇到的一个学生犯了错误被我叫到办公室，他说，小错你睁只眼闭只眼，我说句实话，我就是为了把高中三年混完。他说我再不行，我最差，我回家的话继承我老爸的工厂，他说我老爸的一顿饭钱比你一个月工资还多。学生说我也不去给你捣蛋，给你搞什么大事情，你就这么算了，别来烦我了。意思是别影响他高中毕业，他为了应付父母，把高中糊弄完，混个毕业证。当然这是好几年前我遇到的学生。

像我们现在教书，说白了，包括班主任更多的还是对学生成绩上面的一种注重。在思想道德方面，像我们的老师，我们是不愿意管太多了，说实话也是一种自我保护，因为管太多的话万一出事情怎么办？班主任正好处在这个位置，他应该去管，但是管的时候说实话也都是很注意方式的。（20200713-QS）

学生的功利性还表现在对非高考科目，基本不会花太多的时间和精力，甚至应付作业、主动放弃，而且有些家长对这种情况持默许态度。这种风气严重影响教师的教学，甚至影响教师的职业认同感，特别是音体美学科的教师。这种功利取向的社会环境和教育生态严重挫败老师的积极性。采访中，一位美术教师讲道："在高中当美术老师有时候真的很尴尬，你精心准备的一节课，有时候学生根本不听，或者假装在听，其实他在做其他学科的作业，所以很有挫败感。"

二、学校道德秩序的建构路径

学校道德秩序的建构应该在制度设置和学校管理上下功夫，要充分考虑教师和学生的实际情况，准确把握现实环境和学校性质，让教师在制度正义下配享教育幸福，让学生在规范和人文关怀下实现道德成长。建构良好的学校道德秩序，可以从以下三个方面入手。

（一）规则主义与人文关怀相互补充

规则作为刚性的法，具有加强人与人之间的合作、节省交往成本、使社会行动可预期等功能，对维持社会秩序稳定具有重要作用。[①] 规则主义强调贯彻规则的彻底性，反对特殊情况的"网开一面"，因为如果允许在特殊情况下背离道德规则，就会鼓励人们在对他不利的情况下背离原则，从而导致社会道德秩序的混乱和破坏。所以，规则真正的价值在于不以人的主观意志而有所偏废。规则在建构校园共同体秩序方面发挥着巨大作用，每个学校在处理日常事务上都有自己的一套规则，这些规则或显性或隐性渗

---

① 高兆明. "规则意识"八议 [J]. 浙江社会科学，2017（7）：98-103，158-159.

透进学校管理、人际交往的各个环节。当然，合理规则有利于提高办事效率和维持良好的校园道德秩序，不合理规则会破坏学校成员间的人际交往秩序。

但是，学校不同于其他组织机构，学校更多的是面向人的工作，而不像企业更多的是面向产品的生产。附着在学校各项事务上的是人与人之间的情感交流和伦理规范，仅靠规则难以维系学校的道德秩序。教育面对的是有着丰富情感的鲜活个体，这就要求学校管理者在学校事务的裁定上既要秉持客观公正原则，又要加入人文关怀，在刚性制度下，加入柔性的情感关爱，让学校成员在民主、平等的氛围下体验到人情温暖。在实际操作中，可以从以下几个方面着手：首先，学校领导要转变观念，实施人性化管理。学校管理者要与教师进行充分的信息共享和情感交流，深入广大师生中间，听取意见，增进彼此了解，良好的干群关系有利于营造一种舒畅的心理环境。① 其次，让情感成为学校成员人际交往的润滑剂。学校管理者能够设身处地地考虑和解决教师在工作、生活上的实际问题，成为教师的工作伙伴和支持者。不同学科教师之间加强交流，冲破学科的藩篱，感受和体验彼此情感联系的价值与意义。最后，法理与情理并重，面对教育问题，教师需做艺术化处理。许多教师简单认为自己"一碗水端平"对待学生，就是平等、公正的。其实不然，因为这种平等、公正常常是法官式、刚性、不顾具体情境、形式上的平等或公正。② 这种简单操作有时得不到好的教育效果，学生需要公平对待，但同时需要爱与关怀，在有些情境下，对学生爱的教育甚至压过"无差别"的公平对待，所以，对"法与情"的权衡需要借助教师"择宜"的素养，即遵循"善"的目的，通过实践推理，根据具体情形采取最恰当策略的能力。③

---

① 潘荣华. 以人性化管理营造和谐教育教学环境 [J]. 中国教育学刊，2012（S2）：56-58.
② 孙建辉. 师德修养是"为己之学"：专访北京师范大学公民与道德教育研究中心主任檀传宝教授 [J]. 中国教师，2018（3）：16-21.
③ 陈向明. 教师最需要什么素养 [J]. 中国教育学刊，2018（8）：3.

（二）道德领导与商谈伦理相互配合

自上而下的道德领导和自下而上的民主协商对于学校道德秩序的营造发挥着积极作用，但两者的侧重点有所不同。道德领导是在管理和领导上追求公平和善，以道德主体自身的道德人格来影响和感化组织成员并形成道德权威，构建符合组织的道德文化的领导方式。[1]对学校进行道德领导的主体主要涉及学校管理者，也包括部分具有道德权威的老师。为实现对学校的道德领导，学校管理者（特别是校长）应站在学校道德的高地，以尊重、包容的心态识人断物，懂管理讲方法，通过具身化的道德行为影响学校成员，成为以身作则的典范，能够协调好学校内部各成员间关系、处理学校与外部世界的关系、平衡好学校各方利益。美国学者萨乔万尼认为道德领导能够抵及学校改善的核心，道德领导下的学校成员具有共享的价值观、信念和承诺，把什么是对、什么是善，与什么可行、什么有效看作同等重要。为实现对学校的道德领导，萨乔万尼认为，首先要甄别并澄清学校共同体的核心价值观，并把共享的价值观转化为学校成员的行为规范。其次要重视团队精神，将团队精神和学校成员之间的相互依赖关系作为学校团建的根据。最后要依靠共同体的非正式规范去强化专业及共同体的价值体系，借助共同体成员的能力和实践来回应责任与义务。[2]

要在学校内营造公平民主的道德氛围，确立一种多数人认可的价值标准，保证学校事务决策的正当性，单单依靠学校管理层的道德领导还不够，还必须建立起不同主体间的沟通和协调机制，通过协商和论证达到目的。哈贝马斯认为，合理的社会道德秩序要体现交互主体间人与人之间的关系，以交互主体间达成共识的道德原则来协调人与人之间的关系和行为。基于商谈伦理的学校道德秩序建设要求学校成员以话语实践为中介，通过意义

---

[1] 彭虹斌. 学校道德领导的内涵与研究范畴[J]. 教育科学研究, 2015（1）: 19-23, 36.
[2] 萨乔万尼. 道德领导：抵及学校改善的核心[M]. 冯大鸣, 译. 麦希施密特, 校. 上海：上海教育出版社, 2002: 42.

协商的方式进入互动状态①，借助商谈伦理，给予权力宰制下的学校成员开展对话、表达观点的机会，促进学校成员之间的理解，增进共识与合作，维护共同体团结。商谈要成为可能并得以顺利进行，首先必须保证学校成员公平的参与权和平等的话语权，让老师的声音和学生的声音广泛加入进来，排除权力、职位、身份对协商过程的干扰。其次，学校要善于创设一种开放的谈话氛围，尊重所有协商参与者及其观点，让谈话者在一种安全、尊重、平等、友善的环境下相互理解、达成共识。②

（三）自发秩序与人为秩序相遇融合

道德秩序有自发秩序和人为秩序之分，自发秩序是历史积淀下形成的所谓道德传统、公序良俗，对于学校来说，其自发秩序表现为学校受社会道德规范和价值观念影响而形成的与之相契合的道德秩序，是社会道德秩序的"浓缩"与"翻版"。人为秩序是指为了某一目的而依据组织或治理者的意志规定的秩序，它产生于一种有意的安排，该秩序的达成需要借助外在的强力，依赖命令与服从的关系。③为协调校园人际关系而设计的学校制度可看作道德秩序的人为建构。

学校嵌入社会之中，校园道德秩序受到社会伦理观念的影响，作为学校成员，无论是管理者还是师生，都应尊重学校自生自发的道德秩序，发挥好、利用好本土化的道德秩序。在历史积淀中形成的校园文化传统和道德秩序可以成为学校特色发展、内涵式发展的强大资源和优势。许多地区教育的成功很大程度上得益于当地人重视教育的人文积淀和尊师重教的社会环境，当地学校在此基础上，努力营造老师爱岗爱生、学生崇师好学的校园文化氛围，使学校浸润在崇尚知识，尊重人才的道德秩序之中。

但是，当学校倡导的价值观念、伦理秩序遭遇环境变化，与社会的道

---

① 曹卫东. 交往理性与权力批判 [M]. 上海：上海人民出版社，2016：128.
② 王凯. 基于对话伦理学取向的程序性师德观 [J]. 教育发展研究，2013，33（10）：45-49.
③ 张进铭，高雪萍. 自发秩序与建构秩序的相容性：以哈耶克法治理论为视角 [J]. 江西社会科学，2010（8）：59-63.

德秩序相冲突，作为学校成员，特别是学校管理者应该发挥能动性，妥善处理与协调这些矛盾与冲突，重塑学校道德秩序。比如面对传统的师生关系和新时期倡导的民主平等、互为主体的新型师生关系之间的张力，学校广大师生需要审时度势，结合地区文化和学校自身特点，发挥聪明才智进行人为建构。研究者曾经调研的一所中学，学校管理者为了营造尊师爱生的校园文化氛围，学生入学伊始便被要求见到老师要鞠躬。访谈中，该校的老师们说，"看到学生给自己鞠躬，感到被尊重，想偷懒都不好意思"。于是老师们愿意将时间和精力投入工作之中，如此便形成一种良性循环，这是人为秩序发挥作用的具体体现。人为秩序往往会因为领导的更换、政策的更迭而变化，相比自发秩序具有不稳定性。

自发秩序与人为秩序在建构学校道德秩序时是一种"双螺旋"的结构关系，即历史积淀形成的学校道德传统和适应新环境的制度设计在特定情境下相遇融合，形成一种混合秩序。这种混合秩序是在自发秩序搭建的结构性框架下进行的人为优化，以适应新形势新环境的需要。以变革学校道德秩序变革学校，通过建构学校道德秩序重塑学校成员的价值信仰，塑造师生校园伦理生活，这种整体性变革将是深入学校组织秩序机理且持久有效的变革方式。

第四节 道德榜样

榜样作为道德的化身，可以扩大和丰富人们的道德经验与认识。荀子说："礼者所以正身也，师者所以正礼也。"他认为掌握"礼"要靠贤师以身作则的榜样，所以他提出入学的门径莫若得贤人而师之。宋代的王安石则强调统治者的"以身作则"，他认为统治者在社会生活实践中的示范，可以收到"化民成俗"的效果。①儒家伦理的本质就在于它是立足于情感本位之上的德性示范伦理学。儒家的示范性道德人格，体现的是某个或某些道德德性的风范，这些道德示范和风范的重要性，就在于其在平凡生活中彰显德性，从而感动、激励和范导人们做好人，行善事。②在调研中发现，很多老师选择当老师、模仿着当老师都源于自己曾经的某位老师。有些师德故事对于回忆者来说值得一生铭记。

曾经就读于张掖师专的K老师深情回忆道："张掖师专那一批善良朴实的老师们，给我打下了作为教师的职业道德底色。向叙典老师永远充满精力、满血复活地教学、科研、管理。刘懋德老师为养家糊口与教学工作永远忙到从来不把梳子在自己凌乱的头发上亲密接触一下下。姜德望老师永远能够在孤独寂寞的环境中清静地看书备课。我年轻的班主任杨国学老师，永远谦虚、诚实、平等、善良、友好地对待每一位学生。那个时代，张掖师专的老师们，从来不以学生的家庭背景、经济条件区别对待学生。没有老师不发自内心地欣赏、加持、鼓励、帮助勤于学业的农家子弟——山丹实习一个月，罗茂林老师每次去品尝山丹小吃，一定要带上我这个穷学生，从来不允许我掏钱。分别近三十年后师生在上海重逢，我当年英俊帅气、多才多艺的张伟德老师，还一定要请我在东方明珠塔吃一顿饭，一定要请我到上海的家中做客，并且给我往返打的券。张老师的老母亲，一定要送给我女儿一盒上海特产冠生园的大白兔奶糖……"

K老师特别提到了一件关于刘懋德老师的事情，刘老师是K老师在当年的张掖师专时的系主任，当时刘老师把唯一一个在县城中学工作的机会给了农村出身但成绩优异的K老师，这让K老师时隔30年依然难以忘怀，对刘老师始终充满敬意。

K老师指出，学生对一位教师怀有怎样的情感，不是源自教师的职务和地位，而是教师的个人品行和工作上的细节。K老师说刘老师对待每一

---

① 鲁洁. 鲁洁德育论著精要[M]. 福州：福建教育出版社，2016：14.
② 王庆节. 道德感动与儒家的德性示范伦理学[J]. 学术月刊，2016，48（8）：32-39.

位学生都特别真诚，为人正直，对待教学工作认真细致，这一点让当时班里的所有学生印象深刻，并心存感激。2017年刘老师去世，班里的学生自发组织起来，为刘老师举办隆重的追悼会。K老师指出，一个师德高尚的老师，会永远铭记在学生的心中。刘老师敬业爱生的师德故事对K老师从教和职业生涯产生了深远的影响。这种精神滋养通过K老师对刘老师的回忆和叙事的方式发生作用与表现出来，一些关于刘老师师德故事的细节非常感人。出于对刘老师的崇敬，K老师在从教过程中自觉效仿刘老师的一些做法，这也是对刘老师精神品格的延续。

在师德养成的过程中，榜样学习发挥着重要作用。有研究指出，树立和宣传师德榜样、讲好师德故事不能满足于示范或呈现优秀教师表现出来的卓越品质。而是需要通过细致讲述发生在这些榜样身上、体现在教育教学细节之中的道德故事，尤其是那些涉及关键事件和道德困境的故事。刻画和呈现教师道德生活的完整性和复杂性，并在此基础上激发和引导广大教师对职业道德的理性反思和对师德榜样的深刻理解，并由此产生效仿和学习的心理倾向。在师德教育中，树立师德榜样，为教师提供一些道德思考的范例，比教师理解师德动机和行为得以产生的基础和条件，让教师深刻体会师德的意义和价值是师德建设的应有之义。[1]

实际的道德典范本来就是由一个个鲜活的、具体的道德行为者充当。[2] 榜样不是规范，而是以道德规范中所见的价值为基础的"人格样式"。[3] 时代不同，社会不同，对教师提出的要求存在差异。教师所要做的是顺应时代和社会发展潮流，立足当下，扎根本土，进而积极行动。

之前教育部等七部门印发的《关于加强和改进新时代师德师风建设的意见》中指出，做好优秀教师表彰奖励，依法依规在做出重大贡献、享有

---

[1] 程亮，翟金铭. 面向伦理决策的师德教育：为何与何为[J]. 教育发展研究，2021，41（24）：16-23.

[2] 韩燕丽. 道德典范示范效应再检视：一种基于美德伦理学的分析[J]. 华中科技大学学报（社会科学版），2020，34（1）：56-61，110.

[3] 张任之. 情感的语法：舍勒思想引论[M]. 北京：中国社会科学出版社，2019：220.

崇高声誉的教师中开展"人民教育家"荣誉称号评选授予工作，健全教书育人楷模、模范教师、优秀教师等多元的教师荣誉表彰体系。讲好师德故事，做好师德宣传工作成为当前师德建设的重要举措。时代呼唤具有崇高师德、敬业奉献、发挥引领作用的好老师，人民需要扎根群众当中、服务地方社会、改变学生命运的好老师。

第九章 结论与反思

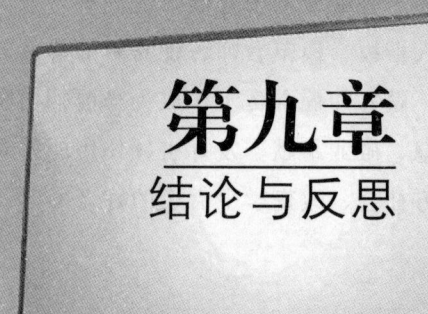

第一节 主要结论

一、高中教师师德现状及问题

  檀传宝认为，师德研究要关注教师伦理的三大时间之维：一是教师伦理赖以建构的大时代背景，二是教师生涯阶段对于教师伦理建构的影响，三是教师工作学段的特殊性对于教师伦理的规定性。在论及学段对教师伦理的影响时，檀传宝认为，到了中学阶段，教师慢慢成为文化课学习意义上的"业师"，对学生发展的实际影响力与学前和小学阶段会有明显下降。这是由于青春期儿童的独立性迅速增长，学生同伴群体的作用越来越大、甚至超过包括教师在内的成人社会的垂直影响力。因此无论是为了践行师生平等的道德原则，还是追求实际教学效率的提升，在中学阶段，教师对儿童自尊、个性的维护，对于青少年亚文化的理解等，都势必成为教师伦理的核心内涵之一。[①] 本研究印证和丰富了檀教授的观点。因为高考原因,高中教师的师德与教学业务能力有着密切联系,教学水平和提高学生学业成绩成为高中教师师德评价的重要指标。物质主义盛行的当下,老师们的价值观念也发生了巨大变化,能力取向、功利主义的思想影响教师的师德及其养成。

西方的师德偏重于一种"智识型"的师德样态,强调教师的道德推理和道德判断,利用程序的合理性对教师面临的伦理困境加以解决。我国文化语境下,则侧重于一种关系性、整体性的师德观,注重教师的整体人格。调研中很多老师用"气场""能量"这样的字眼来描述师德,强调教师的人品和榜样性,印证了为人师表、以身作则、言行一致、身教重于言教等本土化的师德观念。

教师在师德养成过程中存在以下两个问题:一是不能将动机和效果有机结合。师德的价值一方面体现在教师向善的意志和动机,另一方面体现在实际产生的好的结果,即促进学生成长和发展。一些教师认同师德规范的要求,例如教师要关心爱护全体学生,尊重学生人格,平等公正对待学生;教师要遵循教育规律,实施素质教育;循循善诱,诲人不倦,因材施教;培养学生良好品行,激发学生创新精神,促进学生全面发展等。但是在实际教学过程当中,教师对以上的师德规范难以贯彻执行,或是在执行过程中偏离师德的核心要义甚至"走样",难以获得理想的教育教学效果。例如现实当中,很多教师只关注学生的学业成绩,忽视了学生的全面发展。一些教师工作上勤勤恳恳,但是缺乏教书育人的成效。二是缺乏道德反思的意识和能力,教师不能将自律和他律有机地统一起来。师德规范不是为限制和约束老师提出的强制要求,而是为实现学生发展和师生共同成长所必须遵循的规律。一些教师由于缺乏反思的意识,囿于反思的水平,师德养成呈现出消极态度和被动执行的情况,缺乏长效性,难以提升师德境界。

---

① 檀传宝. 学段特性与教师伦理的时间之维 [J]. 教育研究,2020,41 (12):14-17.

针对以上问题，可以从教师的实践和反思两个方面构筑师德养成的路径。"实践—反思"取向的师德养成路径一方面需要教师勇于实践磨炼，增强情感体验。教师要知行统一、身体力行，加强实践锻炼，强调行动的重要性。另一方面，教师要加强道德自觉，时时检查反省自己的言行。教师可以将师德规范作为准则，以师德标兵为榜样，反观自身，不断提升师德修养。通过自己的内省、反思和共情，深入教育内部，直面教育中的实际问题，从伦理道德维度理解学生，开展教学工作。[①] 与此同时，教师在师德养成过程中，应当把自我价值与社会价值结合起来，了解社会、研究社会，用社会对教师职业道德的要求来时刻检点自己的言行，提高认识，付诸实践，从而在为社会做出应有贡献的同时，不断塑造自身人格，实现自身价值。涂尔干认为，最强的道德感就是能够把个人与社会（群体）联系起来的纽带，由自我与规范双重性构成一个平衡的个体或人格才是稳健的。理想的人格状态是个体对道德规范给予认同，拥抱社会，同时又具有个性化特征，两者和谐统一在同一个个体当中，能够融合在一个具体的人性构造里。师德养成同样如此，教师能够认同师德规范，并通过个性化的表达和实践，产生良好的教育教学效果，进而获得教师职业身份，形成完整的教师职业人格。

二、高中教师师德评价分析模型的理论构建

本研究尝试提炼总结出高中教师师德评价和分析框架，包括师德动机、师德能力、师德效果三个维度。在评价与分析教师的师德水平和描述其师德状况时，这三者具有一定的逻辑先后顺序和结构特征。

师德行为的最初动因源于教师的师德动机，师德动机是教师道德实践和师德养成的逻辑起点。师德内在动力系统与外在职业道德要求之间的相

---

① 陈向明. 范式探索：实践—反思的教育质性研究[J]. 北京大学教育评论，2010，8（4）：40-54，188.

互作用，使得教师的师德动机呈现出动态发展的过程特点。首先，教师对外在道德准则和职业规范的意识与关注，反映了师德动机的定向性过程。外在的道德准则与职业规范通过各种正式文件、法律法规、社会道德习俗等多种方式教育和影响教师。其次，通过内化与外化过程实现了师德动机的操作性作用。内化过程是教师将外在道德规范和职业规范纳入已有师德心理结构的活动。最后，通过社会性评价机制形成师德动机的反馈调节系统。①

其次，很多老师认为自己教育实践中的动机和出发点是好的，但是没有达到预期的效果，甚至与预想的背道而驰，这与教师的师德能力密切相关。研究发现，高中教师的教学水平和业务能力成为师德评价的重要指标。另外，面对复杂的外部环境，能够进行有效的沟通成为教师师德能力的体现。在人际互动的过程中，对于外界提出的各种要求，教师发挥主观能动性、展示师德智慧，做出明知的判断，都是师德能力的体现。

最后，师德效果主要体现在教师的人际关系层面，主要表现在教师与学生、同事、家长等能否有效互动，能否增进彼此的承认。在这个过程中，教师的自我承认与他者承认构成一体两面的关系。他者的承认增加教师的自我认同，教师的自我认同让教师获得"能量感"的同时，进一步获得他者的认同。师德不是教师的自我标榜，也不是教师的自我欣赏和自我感觉良好，而是在动态生成和动态调整过程中，建构的一种承认关系。

三、高中教师师德养成规律

（一）实践—反思取向的师德养成路径

林耀华在《金翼》一书中细致生动地描述了中国社会的人际关系对人的生活机遇乃至命运的影响。在中国社会，生活的圈子与人际关系在一定

---

① 林崇德，黄四林. 新时代师德修养动力的心理学透视[J]. 教育研究，2022，43（10）：56-61.

程度上决定了一个人或发达或潦倒的"风水"。[1] 人际关系体系处于一种持续均衡状态之中，这种均衡不时被外部力量所打乱直至建立新的均衡。个体能动性体现在能够对因人际关系所造成的生活上的失调做出调整，构建积极的自我概念，祛除世俗之心保存本心本性[2]，实现自我认同。对于教师来说，学校就是这样一种生活圈子，是围绕每一个教师所编织的强有力的网。抽掉学校当中的关键人物、扯断教师同他人建立的纽带，教师在校园当中的生活便会受到影响。当然，教师在学校当中的人际纽带是复杂的，当一些纽带松弛、失效时，教师的人际网络还会有其他一些纽带发挥作用。

有研究发现，人际关系和自我概念影响个体生命意义。在人际关系与生命意义的关系中，自我概念起部分中介作用。即人际关系通过自我概念进而影响生命意义体验。结果表明，可以通过改善人际关系和提高自我概念来提升个体的生命意义感。即带着一颗自我肯定之心，积极参与到社会互动中去。[3] 人际关系纽带是否牢固与人际关系网络是否铺展对教师的专业发展和个人成长有着重要影响，当然，人际关系不是先赋的，教师的个人品德和交往能力发挥着重要作用，同时，教师的内在自我在其中扮演着中介角色。

研究发现，师德作为一种角色伦理，是教师通过教育实践习得的内在规范。教师师德养成和师德规范内化的过程扎根于教师的教育实践和人际互动。教师是在关系之中成就自己，实现教师角色认同。评价教师这一角色的标准，不应是独立于角色的德性，而是所有的复杂性综合起来的关系，

---

[1] 林耀华. 金翼：中国家族制度的社会学研究 [M]. 北京：生活·读书·新知三联书店，2008：17-18.

[2] 张荣伟，李丹，WONG P T P. 圣人之道，吾性自足：自我概念对生命意义的影响 [J]. 心理科学，2020，43（6）：1506-1513.

[3] 张荣伟，WONG P T P，李丹. 人际关系和自我概念对生命意义的影响：一项追踪研究 [J]. 心理科学，2020，43（5）：1154-1161.

教师在关系中的成长才是重要的。①

（二）道德影响"一体化"有利于师德养成

研究发现，师德规范能否被教师内化成行为准则，需要通过个体经验的验证。例如"教师不能有偿补课和违规收受礼品礼金"，很多教师看到其他老师因为有偿补课和违规收受礼品礼金"出事"之后，才把这一师德规范内化成自己的行为准则。师德养成对外部环境的依赖性很强，良好的师德养成环境很重要，它是提供教师师德体验的前提与保障。老师的教学水平得到学校领导、学生和其他老师的认可，并且获得奖励与尊重，老师自然会把教学作为立业之本，进而投入更多的时间。再比如，当老师用心备课，精心施教能够从学生那里得到承认与尊敬，学生懂得感恩老师，老师们会愿意付出更多的时间和精力投入工作。来自学生、家长、同事、社会等多方面的评价反馈，影响教师的道德体验，当这些体验具有内在一致性时，可以帮助教师实现师德规范的内化。

教师所受的道德影响来源十分广泛。各种道德影响形成了一个多维度、多层次的系统，作为整体系统中的一个子系统的学校对教师的道德影响是否能奏效，很大程度上取决于整个系统内部各组成部分之间是否协调统一，以及学校内部各种影响因素是否协调统一。随着社会的发展，校内、校外的影响已具备空间上的不可分性和时间上的连续性，道德影响的一体化趋势突出。破除学校孤立论的旧观念，树立"社会—学校—家庭"三位一体的师德养成新思维是新形势下的必然选择。②

学校作为教师道德成长的主要阵地，是教师的工作场所和心灵的栖居地。学校的道德环境、人际关系影响生活在其中的教师的师德养成。同时，社会的道德秩序对教师道德状况发挥着奠基性的作用，一个有着尊师重教传统的社会会让生活于其中的教师获得从教的尊严，从而产生职业幸福感。

---

① 安乐哲，谭延庚，刘梁剑．儒家伦理学视域下的"人"论：由此开始甚善[J]．华东师范大学学报（哲学社会科学版），2016，48（3）：145-158，184．

② 鲁洁．鲁洁德育论著精要[M]．福州：福建教育出版社，2016：23-24．

此外，良好的家庭氛围、和谐的人际关系对于教师的道德成长同样重要。

（三）规范与超越：高中教师师德养成的一体两面

高中教师师德养成过程中，教师、师德规范、人际关系三者始终处在互动过程中。如图9-1所示。教师入职初期主要是对学校制度、教师职业规范、人际关系的适应期，在这个时期，个体对各种规范还处在了解与适应阶段，这个阶段的行动准则主要以"不出错，不被领导谈话"为出发点，教师的自我在这个阶段基本上是被隐藏起来的，或者说教师暂时被他律所主导。这个阶段，有些新入职的教师希望获得人际的认可甚至超过对规范的遵从，而老教师则更加辩证地看待规范与人际认可之间的关系，当他们因为遵从规范（例如上好课）而获得他人的承认，便能很好地将遵从规范和获得人际认可有机整合到一起，在既有的学校规则下获得利益并实现自身的专业成长。

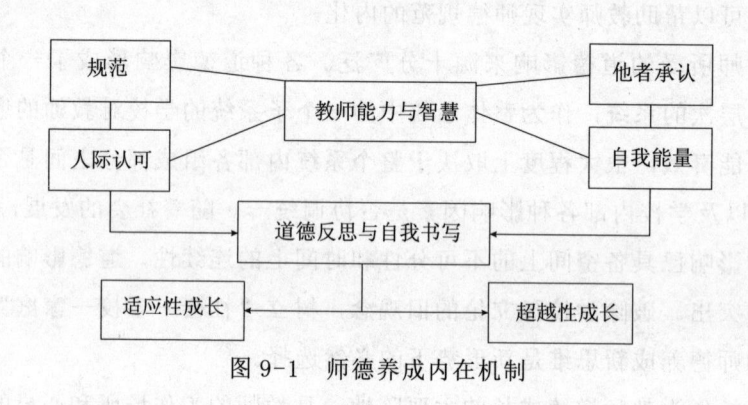

图 9-1 师德养成内在机制

对不同专业发展阶段高中教师的考察发现，师德养成呈现出适应性成长到超越性成长的差异性。适应性成长指教师为了获得认可，必须适应规范要求，必须让别人认为"我是可以胜任教师职业的"，努力成为别人眼中"好教师"的形象，这是适应性成长的特点。到一定阶段，教师通过自己的努力，取得了成绩，获得了人际认可，老师便具有了"能量"，从而激发了老师的道德自主性。当然，并不是说老师完全按照自己的想法"勇敢做自己",而是在规范要求下依然获得人际认可,达到"从心所欲不逾矩"的境界。教师的师德养成经历了从规范到超越的过程,借助教师的道德反思和自我书写,不同的教师走上了适应性成长和超越性成长的两种不同道路。

涂尔干认为,人性有两重性,一方面是个体性的存在,另一方面是与他人共同生活的社会性存在,个人永远处于这两种存在相互的矛盾冲突中,但也处在结合和融合的状态里,真正健康的人是由个体性与社会性共同组成的。触发道德失范的根本原因就在于自我与社会之间出现了断裂。要保持社会的稳定和个体的安全,最根本的是要进行一种社会的建设,达到社会的团结和对个体的包容,实现个体与社会的融合这样一种平衡。学校作为培养教师道德情操的主要地方,是落实教师职业道德的真正归属地,学校的道德秩序和人际规范影响教师师德的养成。

牟宗三就儒家文化中道德养成的内在超越性进行了深入的阐发,他认为儒家道德既是内在的,又是超越的,这种内在超越必定仰赖人的德性修养。[①]张世英指出,诸事困顿于心,说明自己的修养不够,要反求诸己,向内观照。不是对人间的离弃,不是对世俗追求的舍弃,而是跳入更大更广的境界中,存在于更具普遍性的规范和道德真理之中,拥有更多精神上的财富。道德的最高意义和价值在时间性之内的现实世界、此岸世界,而这种意义不在于仅仅死盯住眼前的利益,而在于超越眼前利益的有限性,体悟到眼前利益背后隐藏的更大更深刻的伟大事物,并试图与之感应,透过它看到更深远的一体性、整体性。[②]

师德养成过程中的超越性表现在两个方面:一是道德主体对感性欲望和自我利益的超越。访谈中,K老师提到曾经拒绝家长提供的买车的巨大优惠和便利。获得"人民教育家"称号的于漪老师直言,面对诱惑,自己不是没有心动过。但是于漪老师说,对待这种问题,须有个总的看法、总

---

① 任剑涛. 内在超越与外在超越:宗教信仰、道德信念与秩序问题[J]. 中国社会科学, 2012 (7): 26-46, 203-204.
② 张世英. 超越之路[J]. 南京政治学院学报, 2000 (4): 23-30.

的感情。① 这就是所谓教师要有理想信念，教师要给自己的专业发展把方向、定基调，只有这样，才能避免因一个错误而葬送了整个教师职业生涯。二是道德主体对世俗见解和不合理制度的超越。教师从接受外在要求到学会自律，是教师在师德养成过程中的第一次升华和超越，而教师从自律走向道德外烁，是师德境界的第二次超越。这次超越是教师从道德自律者成长为道德捍卫者的过程。② 面对学校领导，Y老师敢于直言，提出学校发展的建设性意见，并且愿意为年轻教师代言和发声，甚至主持公道。这是教师师德外烁的具体体现，是师德养成的高级阶段。作为道德榜样的教师除了要严于律己，对良好的道德品质率先垂范，同时要敢于对违规者进行批评和处罚，伸张正义，维护秩序。

于漪老师曾说，教师身上要有时代的年轮，要努力学习，不断提升认识，开阔眼界，跟着时代奋勇前进。教育教学和教师职业有其自身的规律，不以人的意志为转移，教师需要根据自己的实际情况，不断制定努力的小目标，克服工作中的小障碍，一个一个台阶上，一步一步攀登。在规范自己职业言行的过程中，进入"教师之门"，当入了教师的职业门道之后，不断超越自己，修正和否定自己不合时代前进步伐的做法与想法。③ 在规范中实现超越，既是教师专业发展之路，也是教师的个人成长和师德养成之路。教师在成长过程中处处遭遇规范，如何适应规范，从规范中借力最终超越规范是每一个教师需要认真对待并付诸实践的专业发展课题与人生课题。从某种程度上讲，符合规范的老师是合格的老师，但要想实现教师的卓越发展，需要教师付出额外的努力，而这部分的努力主要体现在教师的超越性成长和跨越式发展。超越规范实际上是将形式上的制度、规则逐步内化，在规范的基础上提出更高的要求。

---

① 于漪. 于漪全集17：教师成长卷[M]. 上海：上海教育出版社，2018：196-199.
② 傅维利. 道德外烁的时代价值及教育策略[J]. 教育研究，2017，38（8）：32-42.
③ 于漪. 于漪全集17：教师成长卷[M]. 上海：上海教育出版社，2018：196-199.

四、高中教师师德养成影响因素

作为行动者的个体,其社会行为是在各类规范和结构性因素的规约下产生的,所以规范的合理性或者制度正义就变得非常重要。一个缺乏公平正义的环境,不利于道德行为的产生。在中国的社会文化背景下,人际认可在教师的师德养成过程中发挥重要作用,同时,教师的个人因素,包括反思、能动性和实践等,在教师的师德养成过程中同样重要。

(一)外在因素

道德秩序作为师德养成的外在因素对教师发挥重要作用。道德秩序是建立在共识原则基础上的社会有序状态,表现为社会诸种道德关系、人们的道德言行、社会道德风尚。道德秩序体现在共同体成员的人际互动之中,通过人和人之间的语言交流与行为以"承认"及"不承认"的形式体现出的价值判断。

首先,研究发现,在特定文化场域生活的教师渴望获得外界的承认。这里的外界既包括对教师来说的关键他人,如学生、同事、学校管理者以及家长,也包括组织机构和制度。承认的方式多种多样,既包括物质上的,也包含精神上的,但是教师们更希望获得精神上的承认,即"周围人的尊敬"。

其次,对教师个人的能力与成就的承认是重要的承认原则,也是当前社会维系道德秩序与人际关系的主要原则。业务能力作为教师的立业之本,无论是学生群体、教师群体、学校管理者群体还是家长群体基本达成共识。当一位教师的教学水平得到认可,"任性或个性一点"也是被允许的,而且会以"有才的人都比较个性"的表达将其正当化、合理化。所以,在学校道德秩序的建构过程中,要对教师们的价值与成就给予及时且充分的承认。

再次,研究还发现,相比以个人价值与成就为导向的承认原则,学校道德秩序更应该强化情感性承认,关注教师的人格与主体性,实现对学校全体教师的承认。只有充分彰显教师的主体性才能帮助教师德性的养成,因为教师只有能够自由地选择道德行为,在道德关系中获得尊重,才能够承担道德责任，才能获得社会和他人公正的评价，才能获得道德回报和享受道德回报。① 通过赋权增能，营造信任分享的学校文化，激发成员的组织承诺感，让教师在学生管理和教学决策中不断强化自己的责任意识，承担决策后果，塑造教师的道德主体性。同时，对老师给予充分的尊重与承认，这种承认更多地体现在校园日常生活之中的人际互动与情感交流当中，表现在学校管理者是对老师的情意领导与信任，能够悦纳每一位老师。

最后，学校和社会要努力营造一种和谐状态的道德秩序。针对中国文化与国情，李泽厚曾提出"和谐高于正义"的道德秩序主张。② 中国社会从根本上来讲依然是注重人情的社会，人际关系与情感联结在社会秩序的维持上扮演着重要角色。学校成员之间的人际互动始终处在一种动态平衡状态。当学校管理者获得老师的承认之后，可以在一些决策上面独揽，甚至表现得有些"专制"。"你领导必须让我们老师服你，最主要的就是你的业务能力，课上得怎么样，还在不在教学一线，处理一些问题专不专业，假如能服众的话，老师们心甘情愿被你管。"当学校领导通过专业能力得到老师们的认可与承认才能更加有效地实施管理，否则，仅仅靠行政头衔很难在学校获得权威。基于承认基础的干群关系表现出一种和谐状态，即"管理与服从管理"的状态，这种情况也反映在师生关系当中。当老师的专业能力获得学生的承认时，老师在一些问题的处理上专权独断也是被学生认可的，基于承认基础的和谐人际关系高于形式化的、绝对的民主平等。

（二）内在因素

中国传统文化当中，道德的养成需要凭借"慎独"的能力。在无人监督之时，更须谨慎从事，自觉遵守各种道德准则。道德最终不是表演给别人看的，而是为了实现自我成长和精神提升。在精神提升之后，个体会获得一种幸福感和满足感的道德体验。

---

① 张凌洋. 经济学视域下中小学教师专业伦理研究[D]. 重庆：西南大学，2012.
② 李泽厚. 伦理学新说[M]. 北京：人民文学出版社，2021：306-312.

个体能否接受某种道德影响以及接受的程度如何，要由他们按自身的目的、需要等因素所做出的选择而决定。从一定意义上说，个体接受任何一种道德影响都是一个自我创造的过程。我们并不否认个体自身的需要、目的、情感、认知等主体因素很大程度上都在外部影响下形成，然而它一经形成，就成为一种现实的力量，制约、限定人们对外部影响的取向和水平。研究和关注这个环节的特点、规律和运行方式，避免道德影响的落空，从而干预和阻碍道德养成。[1]

对于教师来说，当先赋的性格与后致的职业规范具有同一性的时候，教师能够很快实现职业角色的转换，在自我和教师身份之间保持同一性。而当其性格、习惯与职业规范所要求的不一致，甚至相互抵牾时，则需要教师做出选择和调整，此时教师的能动性与智慧便发挥重要作用。加之时代和社会环境的变化，人们价值标准的变迁，每一个教师在专业发展的同时，也在经历着自我身份的建构与道德成长。

师德养成可以借助一定方式和手段，如道德反思和自我书写。首先，教师的师德养成需要借助道德知识。同样的遭遇，有些老师能够反思出道德意义，有些则不能。掌握一定的道德知识，可以帮助教师进行道德反思。维特根斯坦说过，语言是思想的载体。为了应对日常实践的复杂性，教师需要学习伦理知识，这对将教学作为一种道德实践并加以概念化至关重要，同时也对教师言说师德行为、讲述师德故事起到一定的辅助作用。有些老师能够用一些自己总结的本土概念进行道德言说和思考。教师成为道德的践行者和学习者的前提是掌握一定的道德知识，只有这样，才能进一步谈论教学中的道德议题。否则，老师们对道德的言说与思考则不够系统深入。经常能够看到西方有关教师专业伦理的研究是借助康德、功利主义，或是亚里士多德的道德哲学的思想框架进行师德的论述与表达，利用我国的师德传统和伦理文化，构筑有中国特色的师德话语体系，应成为今后师德研究的着力点。其次，深化道德反思需要借助教师的自我书写。调研发现，只有22.88%的高中教

---

[1] 鲁洁. 鲁洁德育论著精要[M]. 福州：福建教育出版社，2016：24.

师有"写随笔"的习惯。写作作为自我建构的重要手段,是教师自我审查与自我创生的途径。在书写的过程中,教师对教育过程中道德困境的分析和思考可以帮助教师厘清问题的矛盾点与冲突点,帮助教师获得道德上的"明察"。好的自我书写是把自我放在特定的社会背景之中,将自我与道德语境相统一,以此获得更好的自我理解与社会理解。西方将这种自我书写的方式视作一种自我治疗的手段,并且运用到医学当中。麦金泰尔将这种自我书写视为主体的"道德叙事",他把这种建设性方案发展成为个体塑造道德品质、提高自己的德性修养的实践手段。①

第二节 研究的反思

一、关于方法

人文社会科学研究的特点在于研究者自身作为研究工具。研究者自身如果缺乏方向感和学术直觉,对研究没有拥有感与投入感,很难成就一项好的研究。王鉴教授曾说:"写文章容易,做研究难。"缺乏情感的带入与深入的思考,浮于人云亦云,所思所写,只是停留在描摹事物的大概轮廓,没有透析事物的纹理,而在纹理处往往潜藏着揭示问题的答案。

对于师德研究,方法影响结果。为期两个月的调研,研究者认真倾听教师们的心声,尝试与教师们进行深度交流,努力走近教师。教师们对研究者的研究很感兴趣,给予了充分的支持。研究者和研究对象之间的彼此承认与尊重对于研究的推进非常重要。为了不干扰教师们的日常工作,每

---

① MACINTYRE A. Ethics in the conflicts of modernity: an essay on desire, practical reasoning, and Narrative[M]. London: Cambridge University Press, 2016: 20.

次访谈之前,研究者会提前一天甚至几天和教师约好访谈时间与地点。在征求教师们的同意下,进入他们的课堂进行观察。针对研究过程中涌现出的问题,研究者与教师们进行深入的沟通交流,听取教师们对本研究的建议。不得不承认,有些建议确实给予研究者很大的启发,让研究有所提升。正是基于和教师们的持续互动,研究才得以顺利开展。当信任和尊重作为研究的基础,研究者和研究对象就自然地深入问题的核心,有些老师表示本研究帮助其重新思考教师工作。[①]研究者和研究对象在一问一答之中深入师德的核心,有老师说"你的访谈让我对师德有了更加深入的认识"。研究者和研究对象通过深入的交流,让双方都获得了成长的机会和空间。

交流过程中,很多教师的遭遇让研究者心生同情,也有很多教师的经历让人感觉温暖与振奋。在调研结束之后,研究者依然和部分教师保持着电话联系,彼此已经建立起非常深厚的友谊。教师们希望借助研究者的研究,把他们真实的想法传递出去。研究者的研究或许不能帮助教师们解决任何现实问题,但真诚地倾听,以及心与心的交流本身便具有意义。

二、关于研究结果

黑格尔曾在《小逻辑》里说:不去认识真理,只去认识那表面的有时间性的偶然的东西——只去认识虚浮的东西,这种虚浮习气在哲学里已经广泛地造成,在我们的时代里更为流行,甚至还加以大吹大擂。[②]虚浮、功利又何尝不是在两百年后的今天流行,在精心粉饰后获得了一定市场。蔑视道德、对道德现象嗤之以鼻成为时代通病,对道德的重视需做全体动员,并做出旷日持久的努力,其工程浩大且细致入微。同样,师德治理任务艰巨。不仅需要宏观层面的国家宣传、政府严管、社会舆论监督,还需要中观层面的地方道德秩序和学校文化环境,更需要微观层面的教师的教

[①] ANSEN D T. The teacher and the world: a study of cosmopolitanism as education [M]. London: Routledge, 2011: 30.
[②] 黑格尔. 小逻辑[M]. 贺麟,译. 北京:商务印书馆,1997: 35.

育实践和人际互动。在道德环境与伦理秩序的建构上,学校发挥主要作用,因为学校是教师专业发展的根据地,也是老师道德生活的主要场域,其道德"小气候"对于师德的养成尤为关键。李希贵校长认为,师德建设的关键驱动点是教师的成就感、教师被爱和教师的安全感。一个人首先是被爱,才能有爱心。当老师珍惜各自的行业、岗位、事业时,感觉非常有成就感、自豪感时,往往才会有爱心。因此,教育管理者要从多方入手,如培育教师的职业自豪感和事业的成就感、关心爱护教师、替教师解决后顾之忧,提高教师生活水平等等。作为情感共同体的学校要让教师感受到校园内的人际温暖,感觉教师是一个美好的职业。学校管理的高阶目标在于把学校打造成为师生道德共同体。作为道德共同体的学校应把尊重教师主体性与人格作为教师管理的出发点和落脚点。学校应珍视与尊重每一位教师的人格尊严,这种尊重与承认不仅涉及对教师成就和优点的赞赏及肯定,还涉及教师主体地位的承认[1],满足教师被尊重与被承认的体验感,让老师因师德而有所"得",所谓"德,外得于人,内得于己",让师德在学校环境中获得存在感。师德的综合治理重在多点联动,在网络发达的今天,防止有关师德不良舆论的发酵,及时制止恶意抹黑师德的网络暴力言行,还师德建设一片朗朗乾坤,这样,类似张桂梅老师这样的师德标兵和时代楷模会越来越多。作为教师自身,应该有意识地维护好自己的人格与尊严。从善如登,从恶如崩。教师自降身份,为家长和同事所不齿,更会直接损害教师在学生心目中的地位和形象,而且这种自毁形象是不可挽回的。黑格尔曾说,人应尊敬他自己,并应自视能配得上最高尚的东西。[2] 想要获得外界的承认,首先是教师的自我承认,打铁还需自身硬,教师权威的树立需要通过自身的努力和行动。

在中国的文化背景下,教师、人际关系、规范之间在师德养成与师德规范内化的过程中呈现出三角互动的关系。学校环境下,教师师德行为的

---

[1] 严文俊. 地方法制规范性的论证路径:基于规范性来源问题史的考察[J]. 苏州大学学报(法学版), 2020, 7 (2): 87-100.

[2] 黑格尔. 小逻辑[M]. 贺麟, 译. 北京: 商务印书馆, 1997: 36.

发起与维持涉及多种因素，包括教师与多主体的人际交往与互动。基于对人际关系网络的维系，教师通过践行师德规范获得他者的承认。区别于西方道德所依靠的普遍法则对人的强制，中国文化背景下，关系伦理和人情法则表现一种灵活性与情境适应性，使得中国人在面对规范时常常需要择宜和中庸的"智慧"。

师德首先强调关系性。成为一名高中教师意味着个体在规定好的行为和关系中建构教师自我。离开与教师互动的他者就无法理解教师，只有在特定关系中才能更好地评价教师的行为是否合理。所以，师德评价需对教师的各种关系做全息式的呈现和解读。

放在特定的关系当中，对教师的师德进行评价将是具体鲜活的，而非模糊笼统的。评价教师师德水平，要看特定情境中他们与特定学生的关系。首先需要考虑的，不是某种普遍规范，而是看老师是否"与某某学生相处融洽"、是否"有助于某某学生的成长"、是否"善待某某学生"、是否"增进某某学生的福祉"等等。

好老师因"关系性"而千差万别，某位老师与某位学生之间的师生关系本身具有自身的规范性，不能把这种关系归约为一般的原则而完全复制到与其他学生的人际互动当中。当我们想起某位好老师，我们想到的往往是他与学生之间一则则动人的师德故事，而不是某些普遍品格。

师德是我国文化语境下教师队伍建设的重要话语，根植于本土语境才能更好地开展师德建设。在我国传统文化视野中，师德养成的本质是教师的自我立德树人，是一种"为己之学"，教师在日常实践和伦常关系中以身体道，对师德规范进行具身感知，通过知行合一、自我统整等方式涵养自身的实践之道、人生之道和价值之道。指向德性的师德养成之路让教师能够无违本心进入自己的职业生涯，在成就学生的同时也成就自己。[1]

研究发现，规范与超越是高中教师师德养成的重要之维，在不同的教师身上呈现出各自特有的张力和状态。规范维度是指教师对职业角色和行

---

[1] 于泽元，王开升. 立德树人：师德的养成之道[J]. 教育研究，2021, 42（3）：149-159.

为的规定性,超越维度是指教师通过个人实践和反思,对职业角色和行为的规定性赋予个人意义的过程。从规范到超越的师德养成路径,其本质是教师在角色和行为的规定性中不断充实个人意义和价值观念,在教师角色中逐渐实现本真自我的呈现,在"破"与"立"中达到职业角色与本真自我的圆融。